KB060623

경기도 여주
동학농민혁명

동학총서

013

경기도 여주 동학농민혁명

임형진 황묘희 조극훈 장원석 이상임 박길수 홍일선 장주식 채길순

동학학회 엮음

모시는사람들

머리말

　1998년 창립 이래 동학학회는 동학에 대한 학제적 연구를 통하여 한국사
상의 정체성을 확립하는 데 기여해 왔습니다. 동학 연구의 범위도 협의의
동학에만 국한시키지 않고 근대사와 근대사상을 포괄하는 것은 물론 동서
고금의 사상 및 현대 과학의 사상과도 비교하는 광의의 동학으로 그 외연을
확대하였습니다. 그동안 동학학회는 서울과 지역을 순회하며 45차에 걸친
학술회의를 개최함으로써 동학의 글로컬리제이션(Glocalization)에 총력을
기울여 왔습니다. 지역 순회 학술대회는 2011년 경주 추계학술대회를 시작
으로 2012년 정읍 춘계학술대회와 고창 추계학술대회, 2013년 보은 춘계학
술대회와 예산 추계학술대회, 2014년 영해 춘계학술대회와 남원 추계학술
대회, 2015년 대구 춘계학술대회와 홍천 추계학술대회, 2016년 구미 춘계학
술대회와 김천 추계학술대회, 2017년 청주 춘계학술대회와 수원 추계학술
대회, 2018년 영동 춘계학술대회와 원주 추계학술대회, 그리고 2019년 전주
춘계학술대회와 여주 추계학술대회를 개최하였습니다. 또한 연 2회 단행본
발간과 더불어 등재학술지인 동학학보를 연 4회 발간함으로써 학회지의 질
적 제고와 양적 성장의 기틀을 마련하였으며, 홈페이지 개편 및 온라인 논
문투고시스템도 구축함에 따라 동학학보가 명실공히 권위 있는 학술지로
발돋움하게 되었습니다.

　2019년 11월 8일 동학농민혁명 제125주년을 맞이하여 동학농민혁명의
전개 과정에서 매우 중요한 위치를 차지하는 여주에서 「동학의 글로컬리제

이선: 동학농민혁명과 경기도 여주」를 대주제로 추계학술대회가 개최되었습니다. 학술대회에서 발표된 네 편의 논문과 두 편의 추가 논문, 그리고 부록을 추가하여 단행본으로 발간하게 된 것을 매우 뜻깊고 또한 기쁘게 생각합니다. 여주시·여주박물관 주최, 동학학회 주관, 그리고 동학농민혁명기념재단과 동학학회 후원회가 후원한 여주 추계학술대회는 여주 권역을 중심으로 전개된 여주 동학농민군의 활약상을 밝히고 그 역사적 문화적 의의를 성찰하며 그 성과를 학술대회를 통해 공론화함으로써 여주 지역의 진취적인 정체성 확립과 문화적 역량 제고의 계기를 마련하였습니다. 특히 동학농민혁명사에서 여주가 차지하는 역사적 위상을 사료 연구를 통해 실증적으로 규명함으로써 한국 근대사의 전환기에 여주 일대의 주민들이 기여한 실상을 밝혀낸 뜻깊은 학술대회였습니다.

경기도 여주 권역은 근대사회로 전환하는 과정에서 변혁운동의 중심지로서 역할을 했던 지역입니다. 수도 한양과 근접한 경기도 지역은 당시 어느 지역보다도 탐관오리들의 가렴주구가 극심한 지역이었습니다. 그런 관계로 특히 한반도 최고의 쌀 생산지인 여주 지역에는 동학이 빠르게 전파되었습니다. 1894년 동학농민혁명에는 1894년 9월 18일 동학 2대 교조 해월 최시형의 총기포령에 의해 경기도의 동학군도 적극 참여하였습니다. 당시 경기도 동학군은 북접의 통령에 임명된 의암 손병희의 휘하에 조직되었는데, 여주 출신 홍병기는 손병희의 최측근으로서 혁명을 수행하였으며 제2의 동학혁명인 3·1운동에는 민족대표 33인 중 1인으로 독립선언서에 서명하였습니다. 지금까지 동학농민혁명사에서 경기도 지역은 소외되어 있었으며, 특히 여주 지역에 대한 연구는 거의 이루어지지 못했습니다. 따라서 이번 학술대회에서는 여주 일대에서 동학이 전파된 실상과 그 의미를 밝히고 여주 출신의 동학농민군 및 동학 지도자들과 그 활동상을 종합적으로 검토함으로써 여주 동학의 실상에 대한 새로운 연구 성과를 학계에 제공하는 계기를 마련하였습니다. 나아가 여주 일대 동학농민혁명의 의의와 가치를 21세기 글로컬 시대의 시각으로 재조명함으로써 여주 지역 문화의 세계화에 기여함과 동시에 발전적 과제에 대한 통찰을 하게 될 것입니다. 역사학, 정치학, 철학, 종교학, 국문학 등 다양한 분야의 동학 전문가들이 모여 개최한 여주 추계학술대회는 경주, 정읍, 고창, 보은, 예산, 영덕, 남원, 대구, 홍천, 구미, 김천, 청주, 수원, 영동, 원주, 전주에 이어 열일곱 번째로, 경기도 여주에서 지역민들과 전문 연구자 및 대학생들의 참여를 통해 학문적 교류와 소통의 장을 마련하고 후속연구를 촉발시키며, 지역적 정체성과 애향심을 고취시켜 애국·애족·애민의 정신을 함양하고, 동학정신과 동학혁명의 가치를 후속세대에 전승하며, 아울러 국내외 전문가를 포함한 인적 인프라 구축을 통해 동학의 글로컬리제이션에 기여할 수 있었다는 점에서 그 의의가 크다 하겠습니다.

동학은 진정한 의미에서의 인간학이고, 동학학회는 이러한 진정한 인간학을 연구하고 그것을 삶 속에 투영시키는 학회입니다. 동학은 상고시대 이래 면면히 이어져 온 민족정신의 맥을 살려 주체적으로 개조·통합·완성하여 토착화시킨 것으로 전통과 근대 그리고 탈근대를 관통하는 '아주 오래된 새것'입니다. 동학의 즉자대자적(即自對自的) 사유체계는 홍익인간·광명이세의 이념을 현대적으로 구현하는 원리를 제공하고 나아가 평등하고 평화로운 세계를 창조하는 토대가 될 수 있게 한다는 점에서, 백가쟁명의 사상적 혼란을 겪고 있는 오늘의 우리에게 그 시사하는 바가 실로 크다 하겠습니다. 문명의 대전환이라는 맥락에서 볼 때 동학은 새로운 문명의 패러다임, 즉 전일적인 새로운 실재관을 제시함으로써 데카르트-뉴턴의 기계론적 세계관의 근저에 있는 가치체계의 한계성을 극복할 수 있게 한다는 점에서 서구적 근대를 초극하는 의미가 있다 하겠습니다. 특수성과 보편성, 지역화와 세계화, 국민국가와 세계시민사회의 유기적 통일성을 핵심 과제로 안고 있는 오늘의 우리에게 이번에 발간하는 단행본이 해결의 단서를 제공해 주기를 기대해 봅니다.

끝으로, 여주 추계학술대회 개최와 이번 단행본 발간을 위해 지원과 배려를 아끼지 않으신 여주시 이항진 시장님과 유필선 여주시의회 의장님, 그리고 구본만 여주박물관장님께 충심으로 감사드립니다. 그리고 이 책을 발간해 주신 '도서출판 모시는사람들'에도 감사의 마음을 전합니다.

2020년 1월
동학학회 회장 최민자

여주의 동학과 해월 최시형의 최후에 관한 연구

임 형 진
경희대학교

1. 시작하는 글

경상북도 경주에서 수운 최제우에 의하여 창도된 무극대도(無極大道)는 그의 남원행에서 비로소 동학이라는 이름이 부여되었고 이론적 체계를 갖춘 경전이 쓰여짐으로써 한국 사상의 집대성이자 정신문화의 총화로 완성되었다. 동학은 이처럼 수운 최제우가 영호남을 거치면서 이룩한 것이라고 할 수 있다. 그러나 얼마 안가서 대구에서 거행된 수운 최제우의 처형은 동학을 다시금 암흑시대로 들어가게 하였다. 수운 최제우의 뒤를 이어 동학을 포덕할 임무를 부여받은 해월 최시형은 이후 36년이라는 오랜 고행의 길 속에서 전국을 누비며 동학을 전파하였다. 그의 감동적인 행동은 수많은 소외된 민중들에게 빛이었으며 지난한 생활로부터의 탈출구였다.

이필제의 거사로 인한 관의 추적과 압박을 피해 강원도와 충청도의 산간지방을 넘나들던 해월은 1880년에 이르러서는 마침내 드넓은 평야지대인 전라도 땅과 옥토인 경기도지방으로 포덕의 영역을 넓혔다. 해월의 헌신적인 노력으로 도탄에 빠진 백성들은 앞다투어 입도하였다. 그리고 1894년에는 거대한 민중들의 노도와 같은 혁명의 물결이 한반도를 휩쓴 동학농민혁명이 발발하였다. 사람이 사람답게 대접받고자 했던 수운 최제우의 이상이 해월 최시형의 포덕으로 민중들의 마음을 일깨운 것이었다. 동학농민혁명은 전적으로 해월 최시형이 36년간 관의 추적을 피해 다닌 행각을 알아야만이 비로소 이해할 수 있다고 할 수 있다.

그러나 동학농민혁명의 좌절과 함께 해월 최시형의 오랜 고행의 길도 종결된다. 이미 늙고 병든 해월은 스승인 수운 최제우가 자신에게 도를 넘겼듯 3대 교주가 되는 의암 손병희에게 도통을 넘긴다. 그 현장이 바로 여주의 전거론이었다. 여주의 전거론은 우리 근대사의 새로운 출발을 알리는 세대교체의 땅이다. 그리고 해월이 체포되어 처형당한 뒤에 고단한 몸을 눕힌 곳도 여주의 원적산 천덕봉이었다. 이처럼 경기도 여주는 동학의 3세 교조가 탄생한 지역이자 해월 최시형의 영원한 안식처가 된 지역이다.

여주에서 동학은 새롭게 출발했다. 의암 손병희와 그의 수뇌들은 다시금 동학을 재건하고 조선의 모든 민중들에게 다시 또 사람이 하늘처럼 대접받는 세상을 만들라는 스승님의 말씀을 실천하기를 다짐한 장소였다. 동학농민혁명 이후 동학은 사라진 것이 아니라 오히려 더욱더 민중운동에 앞장섰다. 갑진개화혁신운동을 통하여 민중들의 위생적이고 실용적인 삶을 지향했으며 천도교로 변경된 이후에는 더욱 민도를 높이는 운동을 전개하였다. 국토가 일본에 강제로 병탄된 뒤에도 천도교는 3.1민족혁명이라는 거족적인 운동을 계획하고 주도하였을 뿐 아니라 이후 국내에서의 민족문화운동도 그들의 몫이었다. 어쩌면 여주시는 동학시대를 마무리하고 천도교시대를 열면서 민족의 앞길에 여전히 향도와도 같은 역할을 하는 시발점의 도시였다고 할 수 있다. 본 고는 경기도 여주 지역의 동학과의 관계와 함께 이곳에 묻힌 해월 최시형의 최후에 관한 연구이다.

2. 경기도의 동학

조선 말기 수운 최제우에 의하여 창도된 동학은 모든 사람은 하늘을 모시고 있는 소중한 존재라는 개인적 자각을 통해 스스로 역사의 주체이자 세상의 주인이라는 의식을 심어줌으로써 삽시간에 전국적으로 확대되었다. 동학이 이처럼 짧은 기간임에도 불구하고 전국으로 퍼진 원인은 봉건적 신분질서하에서 억압받고, 탐관오리들의 가렴주구라는 이중적 착취구조에 시달리던 백성들의 원망 때문이었다. 수도 한양과 근접한 경기도지역은 어느 지역보다도 그 수탈의 도가 극심한 지역이었으며 한반도 최고(最高)의 쌀 생산지인 여주 지역 역시 동학의 전파가 빨랐다고 할 수 있다.

동학이 경기도에 처음으로 포덕된 시기는 동학이 창도 된 지 2년 후인 1862년으로 보인다. 수운 최제우는 동학 창도 2년 뒤인 1862년 12월 경북 흥해에서 동학 최초의 조직인 접주제를 실시하는데, 이때 경기지역에도 접소가 설치되어 본격적인 교단조직체로서의 모습을 갖추게 되었다. 이때 김주서(金周瑞)를 대구·청도와 경기도 일대의 접주로 임명한 것으로 보아[1] 이 무렵 경기도지역에까지 동학이 포덕되었음을 알 수 있다. 김주서의 활동무대는 대략 경기도 남부지역이었을 것으로 추측된다. 그러나 경기도지역에 동학이 전파된 것은 이보다 20여 년 후인 1880년경이었다.[2]

---

1 姜溰, 『崔先生文集道源記書』, 1879(『東學思想資料集』壹, 亞細亞文化史, 1979, 179-180면) ; 이돈화, 『천도교창건사』 제1편, 천도교중앙종리원, 1933, 42면. 그러나 『천도교백년약사』에는 경기지역 접주로 李昌善이 임명되었다고 기록하고 있다. 비교적 최근 기록인 『천도교백년약사』보다는 과거의 기록이 정확하다면 김주서로 하는 것이 맞을 것 같다. 『천도교백년약사』, 천도교중앙총부출판부, 1981, 96쪽.
2 조성운, 「일제하 수원지역 천도교의 성장과 민족운동」, 『경기사론』4, 2001, 183-184쪽.

1883년에는 많은 사람들이 동학의 2대 교주인 해월 최시형을 찾아와 입도하였는데 이때 경기도지역에서 안교선[3]과 안교백, 안교강 등이 입도해 경기도 전역으로 동학을 전파하였다. 특히 안교선에 의하여 포덕이 된 안승관과 김정현은 경기도지역의 포덕에 크게 이바지하였다.[4] 서인주[5] 역시 수원 출신으로 1883년 해월 최시형을 방문한 이후 동학교단의 핵심적인 인물로 등장하였다.

경기도지역의 동학이 본격적인 기록으로 나타나기는 1886년(포덕 27년) 가을이었다. 『천도교서』와 『시천교종역사(侍天教宗繹史)』에 충청, 전라, 경기 등지의 인사들이 "재앙을 물리치는 방법을 미리 가르쳐 준" 해월 최시형을 만나보려고 많은 이가 찾아왔다[6]고 하였다. 강원도나 충청도에 동학이 먼저 들어갔으므로 이런 지역에서 유입되었을 것이다. 경기도 지평(砥平),

---

3 안교선은 호남 출신으로 1883년 최시형이 경주에서 『동경대전』을 간행할 때 윤상오와 같이 유사(有司)로 참여하였는데 특히 그는 경기도 지역의 포덕에 그의 형제들과 함께 크게 기여한 것으로 알려졌다. 『동경대전』癸未版, 跋文.

4 「수원종리원연혁」, 『천도교회월보』 191, 1926, 29쪽, "우리 군의 대도에 성운을 맞든 시기는 곳 포덕 25년(1884년) 갑신 2월경이었다. 호남인 안교선(安教善, 牙山人) 씨의 전도로 안승관(安承寬), 김내현(金㢿鉉) 씨가 선도가 되야 근근 발전했다"; 이병헌, 「수원교회낙성식」, 『천도교회월보』 292, 1936, 36쪽.

5 서인주는 청주출신이라는 설도 있다. 그는 일찍이 승려생활을 하기도 한 인물로 수운 최제우의 직접 제자이기도 하였으며 의암 손병희가 부각되기 전까지 해월 최시형의 최측근 인물이었다. 다만 동학농민혁명기에는 교단 기록에 나타나지 않는 것으로 보아 체포되었던 기간으로 추측된다.

6 『시천교종역사』第二編. 丙戌年條.(『東學農民戰爭史料叢書』 29. p.72). "八月風高氣爽 沴行漸息 於是忠淸全羅慶尙京畿 等地人士 聞師禳災祝釐 預驗之教 爭來摳衣者 指不勝屈也", 『수원종리원연혁』에도 "우리 군의 대도에 성운을 맞든 시기는 곳 포덕 25년(1884년) 갑신 2월경이었다. 호남인(충청 牙山人) 안교선(安教善) 씨의 전도로 안승관(安承寬), 긴내현(金㢿鉉) 씨가 선도가 되야 근근 발전하다"라고 기록되어 있다.

양근(楊根, 楊平), 광주(廣州), 여주(驪州), 용인(龍仁), 양주(楊州)지역은 강원도 홍천이나 횡성, 원주 쪽에서 들어갔을 것이다. 안성(安城)과 이천(利川), 음죽(陰竹) 지역은 충청도 진천이나 음성(陰城)지역에서 들어갔을 것이다. 그리고 진위(振威, 平澤)지역은 천안 쪽에서, 수원(水原)이나 남양, 시흥 쪽은 아산 쪽에서 들어갔을 것이다.[7]

안교선과 서인주 등의 포덕으로 경기도지역의 동학은 크게 성하였는데 1880년대 후반에 이르면 수만명에 달할 정도였다고 한다.[8] 교세를 바탕으로 경기도지역의 동학도들은 1892년부터 전개된 교조신원운동에 적극 참여하였다. 특히 이 운동을 주도한 인물은 서인주와 서병학이었다. 교조신원운동이 전개되는 과정에서 경기도지역의 입도자는 더욱 늘어났다. 특히 1892년 공주·삼례 교조신원운동 이후부터 입도자의 숫자는 비약적으로 늘어났다. 훗날 경기도를 대표할 수 있는 동학의 인물인 이종훈(李鍾勳)은 1893년에, 이천의 이용구(李容九)는 1890년에, 여주의 홍병기(洪秉箕)는 1892년에, 그리고 임순호(林淳灝)는 1893년에 입도하였다.

공주에서 교조신원운동을 벌인 것은 1892년 10월 20일경이었다. 충청감사를 상대로 수운 최제우의 억울한 죽음을 풀어주고 동학금령(東學禁令)을 철회시켜달라고 호소하기 위해 1천여 명이 모여[9] 5일간 시위운동을 벌였다.

(1892년) 7월에 서인주, 서병학 2인이 신사(최시형)를 찾아와 방금 우리들의 급한 당부(當務)는 대신사(최제우)의 신원 일사(一事)에 재하니 원컨대, 선

---

7   표영삼, 「경기지역 동학운동」, 천도교중앙총부 교리교사 자료. 1997.
8   「수원종리원연혁」, 『천도교회월보』 191, 1926, 29쪽.
9   『時聞記』 壬辰十月條.(『東學農民戰爭史料叢書』 2. pp.175~176). "壬辰十月二十六日 東學徒千餘名 聚於錦營下 以行其道之意 敢爲呈訴 錦伯趙秉式氏"

생(최시형)은 각지 도유에게 효유하여 소(疏)를 제(齊)하고 혼(魂)에 규(叫)하여서 대신사 만고의 원(寃)을 설(雪)하소서 했다. 신사의 일이 순성(順成)치 못할 줄 아시고 허치 아니 하시니 2인이 온의(溫意)가 유하더라. 10월에 서인주, 서병학 2인이 신사의 언(言)을 불준(不遵)하고 도인을 공주에 회집하여 서(書)를 관찰사 조병식에게 치(致)하다.[10]

이들은 함께 공주에서의 교조신원운동을 해월 최시형의 허락을 얻지 못한 채로 회합을 주도하였다. 해월 최시형은 1871년 영해에서 이필제에 의해 추진되었던 영해교조신원운동의 실패가 크게 트라우마로 남았기에 쉽게 허락하지 못했을 것이다.[11] 그러나 서인주와 서병학은 과감하게 그 운동을 추진하였고 1천여 명이 모였다고 하는데 그 참석인원은 대부분이 공주와 지리적으로 가까운 충청도 동학도들이었을 것이지만 주도자인 서인주와 서병학이 직접 포덕을 이룬 경기도지역의 동학도들도 다수 참석했을 것

---

10 『천도교교회사초고』, 포덕 32년조, 천도교중앙총부, 1920.
11 영해교조신원운동은 최시형에게 많은 영향을 미쳤다. 그 중 첫째는 당시 경북 북부 지역을 중심으로 형성된 교단의 조직이 크게 와해되었으며 해월 최시형은 강원도 태백산으로 은신하였다. 『최선생문집도원기서』에 의하면 영해교조신원운동에 교인 500여 명이 가담하였으며 그중 200여 명이 죽거나 체포되어 귀양가는 피해를 입었다. 또한 나머지 300여 명의 교인들 또한 더욱 가혹해진 지방 수령의 탄압과 체포의 위험에서 뿔뿔히 흩어졌다. 뿐만 아니라 해월 최시형의 양자 최준이도 죽음을 당했다. 태백산에서 은신생활을 하던 최시형은 한때 자살까지 결심한 적이 있다. 두번째는 영해교조신원운동의 실패는 후일 동학의 최고 지도자로 성장한 최시형의 지도노선에 상당한 영향을 끼친 것으로 보인다. 최시형은 이후 공주교조신원운동을 비롯하여 동학혁명에 이르기까지 매우 신중한 태도를 보이는데 바로 영해교조신원운동으로 인한 경험에서 바탕된 것이다.

으로 판단된다.[12]

그동안 관원과 유생들은 동학도를 이단자로 몰아 탄압하였지만, 이 운동을 통해서 어느 정도 사회적 인식을 바꿀 수 있었다. 김윤식(金允植)은 『면양행견일기(沔陽行遣日記)』에서 "초겨울에 동학당이 금영(錦營, 공주)에 만여 명이나 되는 무리가 모였다. 소원을 올린다며 의관을 갖추고 바랑을 짊어지고 성안에 가득했다. 8명의 장두(狀頭)가 포정사(布政司) 문밖에 꿇어앉아 한달이 넘도록 물러가지 않았다. … 비록 많은 무리가 모여 한달 이상 지났지만 별다른 폐단이 없었다. 두목의 명령에 따라 움직이어 자못 몸가짐이 바르고 정숙했다. 참으로 기이하고 신중했다"[13]고 하였다.

의관을 갖추고 질서정연하게 움직이는 동학도를 본 관원과 일반인들은 생각이 달라졌다. 겸손하고 위아래가 분명하며 상인들과의 거래도 신의가 있었다. 또한 탐관오리를 질타하고 외세를 물리쳐서 나라를 바로잡고 백성을 편안하게 하자고 부르짖으니 의롭기도 하였다.

경기도 동학은 1893년 2월의 광화문 복합상소에 이용구가 대표로 참여하였고 그해 3월에는 다시 동학도들이 집단적으로 충청도 보은 장내리(帳內里)에서 척왜양창의운동이 일어났을 때도 대거 참여하였다. 경기도지역 참가한 인원을 보면 그 세력을 짐작할 수 있다. 경기도 동학도들이 참가한 지역은 보은군수 이중익(李重益)이 보고한 문건을 모은 『취어(聚語)』에 의하면 수원, 용인, 광주, 양주, 여주, 안산, 송파, 안산, 이천, 죽산 등에서 참가한 것

---

12 성주현, 『동학과 동학혁명의 재인식』, 국학자료원, 2010, 429쪽.
13 『沔陽行遣日記』(『東學亂記錄』上. p.246). "初冬東學黨 齊會于錦營 無慮萬餘名 稱以
    訴冤 會者皆衣冠擔鉢囊 充斥營城 狀頭八人 跪于布政司門外 月餘不退 … 雖聚衆閱月
    別無作弊進退皆遵 頭目之令 頗屬齊整云可怪가願也"

으로 되어 있다.[14] 참석인원에 대해서 구체적으로 기술한 것은 선무사 어윤중(魚允中)의 장계인데 경기도지역만 추려보면 다음과 같다.

　　북면 구치(九峙) 장리(將吏)의 보고에는 2일 신시(申時, 오후 3시~5시)부터 3일 사시(巳時, 오전 9시-11시)까지 경기 수원접 840여 명, 용인접 200여 명, 양주접(楊州接) 200명, 여주접 270여 명, 안산접 150여 명, 송파접(松坡接) 100여 명, 이천접 400여 명, 안성접 300여 명, 죽산접(竹山接) 400여 명이 … 원평에서 충주 쪽으로 갔다.[15]

　취어의 기록은 공주 길목을 지키던 장리(將吏)들이 돌아가는 동학도의 수를 보고한 것이나 실제로는 광주접 300여 명과 용인접 100명이 누락되었고 지평과 양근접도 빠져 있다. 또한 다른 길로 가거나 하루 늦게 간 인원수도 빠졌다. 이들을 합하면 대략 4,000명이 넘는 것으로 판단된다.

　고향으로 귀가한 동학도들은 보은민회의 위력을 스스로 느끼고 더욱 협력하고 능동적인 민중으로 변화되었다. 특히 경기도지역의 민중들은 그러한 면이 더욱 강하게 나타나고 있었다. 보은취회를 마치고 돌아온 1893년 10월 이천군 신둔면 남정리에서 발생한 사건이 그것을 증명한다. 즉, 『시천

14 『聚語』(『東學農民戰爭史料叢書』 2. p.54~57). “二十七日探知卽發報 二十六日戌時量 水原 龍仁等地 三百餘人 追後來赴” 二十八日探知 二十九日發報 “水原接云者 外論曰 數千名 實不滿六七百名 卽往距帳內 三馬場許壯才坪 堅旗設陣” 二十九日 探知三十日 發報 “午時量 廣州人數百名 馱錢四駄 … 入于帳內云”
15 『聚語』 宣撫使再次狀啓祚. (『東學農民戰爭史料叢書』 2. p.72~73). “北面九峙將吏錄告 內 自今初二日申時 至初三日巳時 黨民退歸者 京畿水原接八百四十餘名 龍仁接二百餘 名 楊州 驪州等地人 二百, 二百七十餘名 安山(按山)接一百五十餘名 松坡接 一百餘名 利川接 四百餘名 安城接 三百餘名 竹山接 四百餘名 … 問路自院坪 向忠州去”

교종역사』에 "이천군 남정동에 사는 김봉규(金鳳奎)라는 토호가 동학도인을
죽이고자 얼사(臬司, 按擦使)에게 밀고하여 죄를 꾸며 포박하게 하고 재산을
빼앗았다. 그러자 이용구(李容九)는 이천 동학도 수천 명을 모아 그가 빼앗
은 재산을 되돌려 받았으며 연류(連留)되었던 도인들을 석방시켰다. 경기도
백과 이천군수가 알선하였다"[16]고 했다고 기록하고 있다. 이것은 명백히 이
전의 수동적인 백성이 아닌 보다 적극적이고 또 자신감이 넘치는 행동이라
고 볼 수 있다.

한편 그해 11월경부터는 전국의 동학이 강하게 퍼진 곳을 중심으로 각 포
에 법소와 도소를 설치하기로 하였다. 법소(法所)[17]는 작은 군현을 중심으로
설치하고 본포(本包)가 있는 곳에는 동학의 본부 격인 도소(都所)를 두게 하
였다. 주로 충청도 지역과 강원도 등 해월 최시형과 오랜 기간 인연을 맺은
곳이 중심이었다.[18] 특히 김연국(金演局)의 집은 도소 중에 가장 큰 대도소의
역할을 하였다.

당시 경기도지역은 대부분 의암 손병희의 휘하에 있었다. 즉 손병희가 이

---

16 『시천교종역사』癸巳年十月條.(『東學農民戰爭史料叢書』29. pp.102~103) "先是京畿
道利川郡南井洞居金鳳奎 期欲戕害教人 密告于臬司 羅織捕縛 搶奪財産 於是李容九
聚集教徒數千人 于利川郡 因還覓其見奪之財産 解放被係之教人 畿伯與利川知郡 縱人
斡旋 始乃妥決散會"

17 법소의 사무는 접주 중에서 가장 어른 되는 접주를 장석(丈席, 어른)이라 하고 그가 집
무를 보았다. 그리고 법소는 대부분 교통이 편리한 곳에 설치하였다.

18 『侍天教宗繹史』壬辰年十月條. "김연국은 문암리에, 손병희, 이용구는 충주 황산리
(음성군 黃山里)에, … 차기석(車基錫)은 홍천에, 김치운(金致雲)은 인제에 법소를 설
치하였다. 그리고 본포(本包) 소재지에는 따로 도소(都所)를 두게 하였다"(『東學農民
戰爭史料叢書』29. p.102). "是時教門大闢 稱丈席爲法所 又稱法軒 金演局定包所于文
巖 孫秉熙 李容九定包所于忠州外西村黃山里 … 洪川車基錫 麟蹄金致雲等 各自該郡
組織 本包另實都所"

끄는 충의포(忠義包)는 광주, 용인, 여주, 이천, 음축, 안성, 충주, 진천 등 여러 지역에 상당수의 도인이 있었다. 충의포 산하에는 몇 개의 법소가 설치되었다. 그리고 충의포의 도소를 충주 외서촌(음성) 황산(黃山, 황새마을)에 설치하였다.

경기지역에 몇 개의 법소가 설치되었는지 기록이 없지만 1894년 9월 해월 최시형의 명령으로 실시된 항일전을 위한 총동원령 당시 12개 군·현에 법소가 설치되었다. 즉 보은집회 때 깃발을 내걸었던 수의(水義), 진의(振義), 죽경(竹慶), 광의(廣義), 양의(楊義) 등[19] 5개 지역 즉 수원과 이천, 진위, 죽산, 광주, 양주에는 도소가 설치되었다.[20] 이를 보아 1890년대 들어서 경기도지역의 동학은 다른 지역 못지않게 크게 성행하고 있었음을 알 수 있다.

3. 여주의 동학

예부터 귀한 쌀의 생산지로 유명한 여주는 지리적으로 경기도의 남동쪽에 위치해 동쪽으로는 강원도 원주시, 충청북도 충주시, 서쪽은 이천시, 남쪽은 충청북도 음성군, 북쪽은 양평군과 접하고 있다. 도시 가운데는 분지 형태로 천혜의 자연조건을 가지고 있으며 중심에는 여주강이 흘러 평화롭고 살기 좋은 지역으로 알려져 있었다. 특히 여주의 특산물인 좋은 쌀은 상

---

19 『聚語』二十日探知 二十一日發報.(『東學農民戰爭史料叢書』2. p.33). "又有各旗號 大旗斥倭洋倡義 五色旗各立五方 旗樣小中旗 忠義 善義尙功 淸義 水義 廣義 洪義 靑義 光義 慶義 竹慶 振義 沃義 茂慶 龍義 楊義 … 其餘旗小 小者不可計數"
20 표영삼, 위의 글 참조.

대적으로 탐관오리들의 탐학의 대상이 되었으며, 따라서 여주 지역 역시 여느 지역 못지않게 백성들의 고통이 수반된 지역이었다고 할 수 있다.

퇴행적인 형태가 집약되던 조선 말기에 등장한 동학은 삽시간에 삼남지방을 중심으로 확산되었다. 특히 사람을 하늘이라 일컬으며 모든 민중의 평등함과 존귀함을 선언한 동학에는 많은 사람들이 감동하였고 입도하였다. 삼남지방을 넘어서 점차 동학의 영향력이 북쪽으로 올라갈 때 가장 먼저 거쳐야 하는 지역이 바로 경기도 여주였다. 특히 여주는 지리적으로 강원도와 충청도 지역에서 중앙으로 향해 가기 위해서는 반드시 통과해야 하는 지역이었다. 해월 최시형은 오랜 기간을 강원도와 충청도지역의 산간지대에 숨어 살면서 동학을 포덕했다. 포덕을 위해 그는 무수히 많은 산길을 넘나들었고 여주는 그가 넘나들던 지역들과 경계지대이므로 당연히 그의 발길이 닿았을 것이고 자연스럽게 동학을 접하는 사람들이 많았을 것이다. 비록 여주의 동학에 관한 기록 부족 등으로 인하여 여주에 동학이 유입된 경로나 과정 등에 관한 연구가 제한적이지만 여주의 지리적 특성 등을 고려하면 충분히 가능하다고 할 수 있다.

여주가 동학에 처음 등장하는 기록은 1892년 홍병기(洪秉箕, 1869.11.5-1949.1.26)의 입도에서부터였다. 홍병기는 경기도 여주군 금사면 이포리에서 홍익룡과 한익화 사이에서 출생하였다. 아버지 홍익룡은 참봉의 벼슬을 한 양반이었으나, 그는 서자였다. 어려서부터 한학을 배우며 무예를 닦았고, 19세 때인 1887년에 무과에 급제하였지만 서자 출신이라는 신분적인 한계 때문에 고위직으로 오르기는 불가능했다.

이러한 신분적 한계에 울분에 처해 있을 때 동학을 접했다. 당시 사회는 민비 일파에 의한 전횡이 심했던 때로 전국적으로는 탐관오리가 들끓고 매관매직이 횡행하는 등 부패가 극에 달한 시기였다. 백성들은 도탄에 빠지고 물밀듯이 들어오는 외세에는 속수무책으로 무능하기 짝이 없던 민비정권이었다. 이러한 시기에 신분차 없는 만민평등과 사람이 곧 하늘이라는 인내천사상을 전파하던 동학은 홍병기가 매료되기에 충분했다. 홍병기는 24세때인 1892년 동학에 입교하였다. 그는 동학에 입교한 후 여주 지역에서 포교활동을 벌였고, 여주 지역의 접주로 성장하였다.

여주의 또 다른 인물인 임순호(林淳灝)는 1893년 입도하였다. 임순호는 동학농민혁명 당시 원주에서 동학군을 이끌고 참여하였으며 해월 최시형의 여주 도피처인 전거론을 제공한 인물이자 그가 원주에서 체포당할 때 함께 체포되는 등 수차례에 걸쳐서 피체된 경력이 있을 정도로 홍병기와 함께 여주의 대표적인 동학도였다.[21]

여주시가 본격적으로 동학에 등장하는 사건은 보은취회 때이다. 전술한 여주접이 등장하는 것은 취어와 어윤중의 장계에서이다. 특히 어윤중의 장계에는 경기도지역의 참여 인원을 구체적으로 적시하면서 여주에서도 270명이 참석했다고 기록했다.[22] 보은취회에 참석 인원이 기록마다 조금씩 다르지만[23] 약 30,000명이라고 했을 때 경기도에서 참석한 인원이 4,000명이고 그중에 여주의 동학도가 270여 명 참석한 셈이다. 물론 270명은 취회를 마치고 보은을 빠져나오는 인원을 헤아린 것이고 다른 길로 일테면 산길 등

---

21 임순호의 도호는 순암으로 그는 여주대교구장을 역임하는 등 여주 지역 동학과 천도교 발전에 큰 공을 세웠으며 해월의 최후를 기록으로 남기기도 하였다.

22 『聚語』宣撫使再次狀啓祚.(『東學農民戰爭史料叢書』2. p.72~73).

23 당시 집결인원에 대해 오하기문에서는 8만명, 어윤중의 장계에는 수만명, 일본외교문서에는 2만3천 명, 속음청사에는 2만7천 명이라 기록되어 있다. 보은군수는 3월 21일자 보고에서 2만여 명이라 하였다. 대부분 관의 기록으로 축소해서 보고했을 가능성이 있다.

으로 빠져나간 인원은 제외되었을 것이므로 대체로 부정확한 숫자이다. 따라서 홍병기 등의 역할 등을 고려해 볼 때 더 많은 숫자가 참석했을 것으로 사료된다.

1894년 갑오년의 동학농민혁명이 일어났을 때 경기도지역에서도 움직였다고 추측되나 구체적인 활동기록은 없다. 다만 『시천교종역사』에 "이때 각처 도인들은 보국안민을 부르짖으며 앞다투어 소란을 일으켰다"[24]고 하였다. 따라서 동학이 강했던 수원과 여주, 이천, 안성, 죽산 등지에서는 앉아 보고만 있지 않았을 것이다. 그것은 그해 3월에 고종이 광주에 있는 헌릉을 참배하고자 하였으나 '동학군의 기승'을 우려하여 연기할 정도[25]였다는 점만 보아도 경기도지역의 움직임은 틀림없이 있었을 것으로 판단된다.[26]

그해 9월 들어서 경복궁을 점령한 일본은 물러나지 않고 청일전쟁을 일으키자 전주화약으로 물러났던 동학도들이 다시 술렁이기 시작했다. 경기도지역 역시 타지역과 비슷하게 움직임이 일고 있었다. 당시 일본순사의 보고에 "지방 동학당은 또다시 발동하여 휘젓고 다닌다. 두령 중 김형식(金瀅植)과 김용의(金鏞喜, 鏞熙)는 직산·평택·목천·천안 등지를 총괄하고 있

---

24 『시천교종역사』第二編下.(『東學農民戰爭史料叢書』 29. p.106). "是時各處教徒 聲言 輔國安民 爭相揭竿而起"

25 『주한일본공사관기록』 1, 국사편찬위원회, 1986, 5쪽.(성주현, 앞의 책, 432쪽, 재인용)

26 이러한 판단은 경기도 지역의 포덕에 절대적 영향을 미치고 있었던 서인주의 존재 때문이다. 서인주는 전봉준의 스승으로 그에게도 크게 영향을 미쳤고 무엇보다도 금산지역의 제원기포에 주역인 조재벽에도 절대적인 영향을 준 인물이므로 경기도지역에도 틀림없이 무언가의 움직임이 있었다면 이는 전적으로 서인주의 영향 때문일 것이다. 다만 반대논리로는 경기도 지역의 대부분은 의암 손병희의 충의포 소속이었으므로 손병희의 명령없이 움직이기는 어려웠을 것이다.

다"[27] 하였다. 김형식은 직산과 평택(진위군도 관할)을 관할하는 대접주였다.
그리고 『일성록』 9월 10일조에도 동학당의 움직임과 그 대응을 다음과 같
이 기록하였다.

　　요즘 비도들이 기전(畿甸, 경기도내)의 죽산과 안성 양읍으로까지 침범(侵
犯)해 온데 대한 대책을 다루었다. 양 읍 수령을 교체하되 정부는 당찬 이를
선발해서 병력을 이끌고 가 부임하게 하였다. 죽산부사에는 장위영(壯衛營)
영관 이두황(李斗璜)을, 안산(安山, 安城)군수는 경리청(經理廳) 영관 성하영
(成夏永)을 차출하였다. 병정도 불일 내에 파송하여 동학도를 민첩하게 초포
(剿捕)하도록 윤허하였다.[28]

　이처럼 항일전을 위한 동학도의 봉기에 대한 관군과 일본군의 움직임도
활발해졌다. 관군인 이두황과 성하영 등이 부대를 이끌고 내려갔고 일본군
도 각지 병참소에 동학당 초멸을 지시하였다. 군용전신선을 확보하기 위해
부산에서 서울까지 요소마다 설치한 병참소를 중심으로 동학군 진압을 준
비하였다.[29] 경기도 관내에는 광주의 송파진(松坡津)과 곤지암(昆池岩), 그리
고 이천(利川)과 장호원(長湖院) 등 4개소에 병참소가 설치되어 있었다.

27 『駐韓日本公使館記錄』 1. p.421. 四, 東學黨에 關한 件. 附巡査派遣의 件 一. ③ 公信
　第35號. (巡査)上申書.
28 『일성록』 高宗編 三十一. 甲午九月初十日條.
29 19개 병참소(兵站所)는 구포(龜浦), 물금(勿禁), 삼랑(三浪), 밀양(密陽), 청도(淸道),
　대구(大邱), 다부역(多富驛), 해평(海平), 낙동(洛東), 태봉(台封), 문경(聞慶), 보안(保
　安), 충주(忠州), 하담(河潭), 장호원(長湖院), 이천(利川), 곤지암(昆池岩), 조현(鳥峴),
　송파진(松坡鎭) 등이다. 『駐韓日本公使館記錄』 2. 〈二, 京城釜山仁川元山機密來信〉.
　pp.354~355).

본격적으로 경기도지역의 동학농민혁명에의 참여가 이루어지는 시기는 해월 최시형에 의해 명령된 9월 18일의 총동원령 때였다. 1차 기포는 민씨 일족을 타도하고 폐정을 개혁하자는 데 있었다면 2차 기포는 항일전이며 반침략투쟁을 위한 기포였다. 『갑오실기』9월 24일 자에는 "정부가 임금에게 전라·충청 양도의 비류(동학군)들이 근자에 다시 퍼져 영남과 강원도와 경기 및 황해도에까지 이르렀다"[30]고 하였다. 경기도 동학군들도 수원, 이천, 안성, 음죽, 양지, 지평, 여주, 광주, 양근 등지에서 일어나기 시작했다. 『천도교서』와『천도교회사초고』,『천도교창건사』에는 경기지역 기포상황을 다음과 같이 기록하였다.

『천도교서』

안성 임명준(任命準), 정경수(鄭璟洙), 양지 고재당(高在棠), 여주 홍병기(洪秉箕), 신수집(辛壽集), 임학선(林學善), 이천 김규석(金奎錫), 전창진(全昌鎭), 이근풍(李根豊), 양근 신재준(辛載俊), 지평 김태열(金泰悅), 이재연(李在淵).[31]

『천도교회사초고』

시에 이종훈(李鍾勳, 경기도 便義長), 이용구(李容九, 경기도 便義司)가 안성 임명준(任命準), 정경수(鄭璟洙), 양지 고재당(高在堂), 여주 홍병기(洪秉箕), 신수집(辛壽集), 임학선(林學善), 이천 김규석(金奎錫),[32] 전일록(全日錄), 이근풍(李根豊), 양근 신재준(辛載俊), 지평 김태열(金泰悅), 이재연(李在淵), 광주

---

30 『甲午實記』十月二十四日條.(『東學農民戰爭史料叢書』6, p.312). "政府啓 兩湖匪類 近復蔓延 於嶺南關東畿海等地云"
31 『天道敎書』.
32 金奎錫를 全奎錫으로 잘못 기록한 곳도 있다.

염세환(廉世煥)과 … .[33]

『천도교창건사』

수원 김내현(金來鉉, 甭鉉), 음죽(陰竹) 박용구(朴容九), 권재천(權在天), 여주 홍병기(洪秉箕), 임순호(林淳灝), 신수집(辛壽集), 임학선(林學善), 광주 염세환(廉世煥).

천도교단의 기록인 천도교서와 천도교회사초고에는 여주 지역의 동학군 지도자로 홍병기(洪秉箕), 신수집(辛壽集), 임학선(林學善)을 들고 있으며 천도교창건사에는 임순호가 추가되어 있다. 특히 천도교단의 기록에는 이들 동학농민혁명에 참여한 분들의 입도년도를 다음과 같이 기록하고 있다.

『천도교창건록』

驪州 : 洪秉箕 1892년, 林淳灝 1893년, 朴源均 1894년, 李順化 1894년, 辛明甫 1894년.

『한순회관내연원록』

驪州 : 宋奭鎭 1894년, 林東豪 1892년, 林性春 1894년, 林學已 1893년, 李貞敎 1893년, 李良汝 1893년, 金鍾泰 1893년,, 鄭福伊 1894년.

경기지역에서 기포한 동학군은 우선 무기 확보가 시급했다. 산포수 도인

33 『천도교회사초고』 p.24.

이 얼마 되지 않아 총기를 제대로 갖출 수가 없었다. 무기를 구할 수 있는 곳은 관아의 군기고 뿐이다. 칼이나 창과 같은 것은 대장간에서 구할 수 있었지만 총기는 관아를 습격하지 않으면 구할 길이 없었다. 그래서 안성관아와 음죽관아를 공격했다. 이들 일자는 정확히 알 수 없으나 안성군수 성하영이 이 일로 파직[34]된 것으로 보아 그가 취임한 일자가 9월 24일인데 그는 늦게 부임하는 바람에 적절히 대응치 못한 죄로 파직됨으로 적어도 9월 22일경에 공격이 있었을 것이다.

9월 25일에는 음죽현(陰竹縣) 관아가 동학군의 습격을 받았다.[35] 동학군은 무기를 확보하기 위해 안성관아를 먼저 습격한 다음 음죽관아를 습격한 것이다. 이후로 경기도 남부지역의 동학도들은 무장을 하였는데 인근인 여주의 동학도들도 틀림없이 참여하였을 것이다. 이처럼 적극적으로 무장을 할 정도로 여주 지역의 동학도는 혁명에 동참하였을 뿐 아니라 선봉에 설 수 있었다. 이들 대부분은 의암 손병희의 충의포에 속한 한 연원(淵源, 包)이었다. 후일 의암 손병희가 해월 최시형으로부터 직접 통령 지명을 받는 데에는 이처럼 무장한 동학도들이 일사불란하게 움직였기 때문으로 추측된다.

일본군과 관군은 남쪽에서 크게 집결하고 있는 동학군을 진압하기 위하여 한양에서 출발하면서 자연스럽게 경기도지역의 동학도들이 첫 번째 공격의 대상이 되었다. 특히 9월 말부터 조직되기 시작한 민보군과 관군의 합동 작전은 경기도지역의 동학도들을 계속 밀리게 만들었다. 이들은 마을마

---

34 그러나 성하영은 동학군 초토에 공이 있다하여 10월 11일로 서산군수에 임명하였다. 『일성록』高宗編三十一. 甲午十月十一日條. "前安城郡守成夏永 向日論罷之後 連次剿匪 頗有著效 特爲分揀 瑞山郡守差下"

35 『兩湖右先鋒日記』1. 九月二十六日條.(『東學農民戰爭史料叢書』15. p.13). "自陰竹有移文來到云 昨日酉時 賊黨數千名 環匝官舍 奪去軍器云云"

다 동학도들을 학살했고 재산까지 빼앗았다. 특히 이두황 군이 이르는 곳마다 동학군은 색출되어 학살당했다.

　더욱이 합류한 일본군은 우수한 화력을 지니고 있었으므로 동학군은 속수무책이었다. 경기도 각지 동학군들은 도처에서 관군과 민보군, 그리고 일본군에게 날이 갈수록 체포자가 늘었고 학살당하는 숫자도 늘어갔지만 다른 방도가 없었다. 결국 경기도 동학도들은 동학세력이 강한 충청도 쪽으로 찾아가는 길밖에 없었다. 지평, 양근, 양주, 광주, 여주, 용인, 이천, 안성, 음죽 쪽은 황산(黃山)과 진천 광혜원(廣惠院)으로 갔다. 진위 쪽은 목천(木川) 세성산(細城山)으로, 수원(水原)·남양(南陽), 시흥(始興) 쪽은 내포 쪽으로 갔다. 『천도교회사초고』에는 민보군으로부터 당한 데 대해 다음과 같이 기록하였다.

　　10월에 경기도 지평군 맹영재(孟英在), 사병 800여 명을 모집하여 축보연병(築堡鍊兵)하며 홍천군부근에서 도인을 참살하는 고로 도인이 지보(支保)키 불능하여 충주군 황산(黃山) 충의포도소(忠義包都所)로 귀의하고 진천군 용수동(龍水洞) 허문숙(許文叔)과 조백희(趙百熙) 등이 역(亦) 사병 500여 명을 모집하여 동학당을 박멸한다고 성명하여 원근에 비격(飛檄)하니 경기·충청·강원 삼도의 도인이 참살을 피할 여지가 무한 고로 도인은 거개가 피란하여 황산도소로 역 귀의(歸依)하니 불기(不期) 회자(會者)가 수만에 달하였더라.

　　선유사(宣諭使) 정경원(鄭敬源)이 포군 500여 명을 솔하고 충주 사창리(社倉里)에 입하여 황산과 상거 1리 허에 주둔하였더라. 경기도 편의장 이종훈(李鍾勳)과 편의사(便義司) 이용구(李容九)가 정경원에 치서(致書)하여 면회담판하되 동일한 신민으로서 국사 급업(岌業, 위태롭다)의 시를 당하여 자상

장해(自相戕害, 서로 죽이는 것)함이 만부타당(萬不妥當)한 의(意)로 통쾌히 설명하니 정경원이 수(遂)히 10리 외 성산(星山)으로 퇴둔(退屯)하였더라.[36]

경기남부와 충청도 일대의 대부분은 충의대도소(忠義大都所)의 대접주 손병희의 지휘를 받았다. 이들은 대오를 편성한 후 10월 5일에 보은으로 향했다. 무기를 보강하기 위해 괴산읍을 습격해야 했다. 가는 길목에서 만난 일본군을 퇴각시킨 당동전투를 승리한 동학군은 괴산읍을 무혈입성하였다.

괴산전투에서 경기·호서동학군은 일본군과의 첫 승리를 거두고 청산으로 내려갔다.[37] 해월은 수만 동학군의 앞에 나타나 "앉아있으면 죽고 움직이면 산다. 하나같이 용진하라"고 명령하였다. 그리고 "대통령기(大統領旗)를 써서 손병희에게 주었다. 경기·호서 동학군의 통령이 된 손병희는 정경수(鄭璟洙, 安城)포로 선진(先陣)을 삼고 전규석(全奎錫, 利川)포로 후군을 삼고 이종훈(李鍾勳, 廣州)포로 좌익을 담당하게 하였고 이용구(李容九, 利川)포로 우익을 담당하게 하였다.[38] 여주의 동학도들은 비로소 손병희 부대에 편재되어 동학농민혁명을 맞이하게 된 것이다.

이후 여주의 동학군들은 의암 손병희의 지휘하에 공주 우금치전투의 패배에서부터 원평지구전투의 패배, 용산전투의 승리 그리고 마지막 보은 북실전투에서의 패배까지를 함께 하였다. 온몸으로 동학농민혁명의 현장에 있었던 셈이다. 특히 1894년 12월 24일(양력 1895년 1월 30일)의 되자니전투

---

36 『천도교회사초고』(『東學思想資料集』壹 p.462).
37 『兩湖右先鋒日記』十月十五日條.(『東學農民戰爭史料叢書』15. p.45). "東徒已於今十一日 移會于靑山地云"
38 『천도교회사초고』甲午十月條.(『東學思想資料集)壹. p.466).

는 동학군 최후의 전투로 비로소 험난했던 동학농민혁명이 마무리되었다. 그 현장을 여주 동학군도 함께했을 것이다. 순창에서 전봉준과 헤어진 의암 손병희는 끝까지 스승인 해월 최시형을 모시고 피난을 다녔다. 그의 곁에는 항상 여주 출신 홍병기가 함께하고 있었다.

4. 전거론과 동학의 세대교체

동학군을 해산한 손병희 일행은 산악지대인 강원도로 피신하였다. 인제 와 원주 등지에서 숨어 지내던 해월 최시형은 1896년 손병희에게 의암(義菴) 이란 도호를 주고 김연국에게는 구암(龜菴), 손천민에게는 송암(松菴)이라는 도호를 내려 주었다.[39] 70살에 이른 해월 최시형은 점차 후계구도를 염두에 두기 시작했다. 해월 최시형은 다음 세대를 이끌 지도자들을 3암 중에서 선 택하기 위하여 우선 집단 지도체제를 만들었다고 할 수 있다. 이후의 동학 서신들에는 경통 서명자를 의암·구암·송암 등 3명으로 연서하게 했다.

해월은 여주 전거론으로 오기 직전인 8월 추석에 자신이 후계자로 삼아 집단지도체제를 이끌었던 김연국, 손천민, 손병희 3명을 불러 "내가 일전에 너희들 세 사람이 마음을 합하면 천하가 다 달려들어 흔들더라도 어찌할 수 없으리라고 말했지만 아무리 생각해 보아도 너희들 운수가 각각 다르니 애 석한 일이로다. 앞으로 곧 급한 일이 생길 것이다. 그렇게 되면 너희들 세 사람이 오랫동안 한곳에 머물지 못하리라. 그러니 손천민은 당동(堂洞, 충청

---

39 海月先生文集 癸巳年條. "十一月 先生以龜菴二字 授演局之號". 海月先生文集 癸巳年 條. "至二月初旬 …此時先生 賜號孫秉熙以義菴 賜號天民以松菴".

북도 단양군 대강면)으로, 김연국은 보평(洑坪, 충북 음성군 금왕읍 도청리 보뜰)으로, 손병희는 수곡(水谷, 경기도 이천시 설성면 수산리 앵산동)으로 각각 헤어지라"고 말했다.

해월이 이렇게 세 사람을 각기 다른 곳으로 보낸 것은 우선 동학 교단의 안위를 위해서였다. 해월과 3인이 한 곳에서 동학 교단을 이끌어가고 있는 상황에서 만일 관군에 의해 한꺼번에 체포되면 교단 지도부가 하루아침에 와해할 수 있었다. 해월은 이러한 사태를 미리 방지하기 위해 3명의 후계자를 각각 다른 곳으로 보냈다. 다음으로는 집단지도체제를 정리하고자 하는 의도가 있었다. 해월의 말 가운데 3인이 '각각 운수가 달라 끝까지 같이 갈 수 없다'라는 내용에서 알 수 있듯이 해월은 집단지도체제를 정리하고 단일체제를 마련하고자 했다. 이를 위해 해월은 3인을 멀리 보낸 후 원로들의 의견을 들어 후계자를 선정하려고 했다. 또 동학혁명 이후 충청도와 경기도 지방에 되살아나는 동학 세력을 규합시키려는 의도도 있었다.[40]

이들 중 의암은 30대 중반으로 가장 어리지만 이미 동학농민혁명 과정에서 그 리더십이 검증되었다. 구암은 가장 오랜기간을 해월을 모신 신실한 인물이었기에 역시 해월의 신임이 절대적이었다. 송암 역시 해월이 판단하기에는 신실함과 리더십을 모두 갖춘 차세대 지도자였다. 이 시기까지는 아직 해월 최시형은 후계자를 지정하지는 않았던 것 같다.

동학농민혁명 이후 풍비박산난 교단은 점차적으로 안정되어 갔다. 특히 1897년 여름이 되자 전국에서 조직 재건이 시작됐다. 비록 병중이지만 최고 지도자인 해월 최시형의 존재가 뚜렷했으며 무엇보다도 구암 김연국, 송암

---

40 성강현, 「해월 최시형 평전」, 『울산저널』, 2019. 10.3일자.

손천민, 의암 손병희 세 사람의 활약이 컸다. 이들은 전국을 누비면서 흩어진 도인들을 모아 조직을 다시 일으켜 세우는 등 동학조직의 재건과 포덕에 크게 역할을 하였다.

원주의 수레너미, 청주의 높은터 그리고 이천의 앵산동 등지에서 숨어지내며 많은 법설[41]과 제자들과의 연통을 하던 해월 최시형이 여주의 전거론에 정착한 것은 1897년 8월이었다.[42] 이천에서 더위와 이질로 고생하던 해월 최시형은 노환까지 앓게 되어 8월이 되면서 하혈이 잦아졌다.[43] 손병희는 연로하신 신사를 편하게 지낼 수 있는 은밀한 곳을 물색했다. 때마침 여주 임순호가 원주 전거론(全巨論, 지금은 여주군 강천면 도전2리)[44]에 자신이 피신할 목적으로 새집 두 채를 지어놓은 것을 알았다. 1897년 4월에 이곳을 찾아왔던 손병희는 해월을 모실만한 곳으로 판단하고 임순호와 협의한 후 그리로 모시기로 하였다.[45]

41 이천의 앵산동에서 한 "향아설위" 교리 강론은 전근대적인 성리학의 한계를 넘어서는 살아있는 사람인 인간본위의 사고로 넘어가는 가장 한국적인 근대성의 출현이었다. "앞으로 모든 의례의 차림은 벽을 향해 차리지 말고 나를 향해 차리도록 하라. 한울님이 내 몸안에 모셔져 있거늘 어찌 나를 버리고 다른 곳을 향해 차리겠는가" 天道教書 布德38年條. 侍天教歷史에는 "師令 人人各卓 主我設位 而告天凡享需諸品 毫無差等"

42 9월에 이주하였다는 설도 있다. 아마도 해월 최시형이 먼저 오고 그 가족이 합류한 시점은 9월이었다고 보여진다.

43 『조석헌역사』 "간혹 下血之氣가 있었다"

44 전거론의 행정구역은 경기도 여주군 강천면 도전2리이다. 해월 최시형이 머무를 당시에는 강원도 원주군에 속하였으나 1924년 일제의 행정구역 개편으로 인하여 경기도 여주군에 이속되었다. 전거론의 지도상 이름은 현재 '전거원동'으로 되어있지만 문헌 기록에는 '전거언리', '전거원', '전걸언리' 등으로 기록되어 있다. 그리고 이곳 주민들은 '전거론'으로 부르고 있다.

45 『천도교회월보』, 通卷 第248號 1931, 8月 號. 「海月神師의 隱道時代」, 林淳灝. "갑오년 이후 지목이 일층 더 심하여져서 선생은 어디 가서 하로를 편히 계시지 못하였다. 그

여주의 임순호는 기꺼이 자신의 집을 해월에게 내주며 모시자고 했다. 해월 최시형은 그해 9월경에 가족까지 합류함으로써 완전히 전거론으로 이주하였다.[46] 임순호는 당시 마을 사람들에게 해월을 한양에서 낙향한 이교리(李校吏)라고 소개하고 그의 둘째 아들인 이시종(李侍從)은 한양에서 큰 집의 경비를 보고 있다[47]고 하여 마을 사람들은 그렇게 알고 있었다. 임순호는 해월 최시형의 안전을 위하여 주도면밀한 준비를 하였던 것이다.[48]

그러나 해월 최시형의 병세는 더욱 악화됐다.[49] 해월의 옆에는 임순호를 비롯해 손병희, 김연국, 손병흠, 김낙철, 김낙봉, 신현경, 염창순, 이용한, 이춘경과 임도여, 김용근 등이 모시고 있었다. 병중의 해월 최시형은 이제 비로소 자신의 후계를 지명하여 도통을 넘겨야 할 때가 왔음을 직감했다.

해월 최시형은 전거론에서 12월 24일 김연국, 손천민, 손병희 3암을 불러들였다. 이제 본격적으로 후계자를 정해서 도통을 넘겨주어야 할 시점이라고 해월은 판단한 것 같다. 해월은 3인을 앞에 두고 "너희들 세 사람 가운데

래서 나는 의암성사와 의논하고 선생을 편히 계시게 할 방법을 강구한 결과 사람의 발길이 드문 여주 전거러니라는 곳에 비밀히 집 두채를 작만하여 놓고 선생을 모시어 왔다"고 했다.

46 전거론은 여주와 문막 사이에 있는 골짜기를 들어가 깊은 산중에 있는 마을이다.

47 林淳灝, 앞의 글.

48 동학연구가인 표영삼 선생님은 1978년 8월에 이 마을에 사는 이화종(李和鍾) 어른을 만나 신사가 있던 집을 찾았는데 "조부인 이귀하가 이곳 접주였다며 신사가 살았다는 이야기는 처음 듣는다"고 했다고 증언하고 있다. 임순호가 얼마나 철저하게 해월을 숨겼는지 동학접주까지도 해월의 신분을 모르고 있었다는 것을 확인시켜준다.

49 임순호는 "그때 해월신사께서는 마치 학질같은 병을 앓으셨는데 몇 달이 가도 조금도 낫지 않아 날마다 몇 시간씩 고통을 당하시었다. … 다섯 달 동안이나 대소변을 받아내면서 간호에 힘을 다하며 널리 약을 구하여 써 보아도 차도가 없었다"고 했다. 표영삼, 『해월신사의 생애』, 천도교중앙총부, 60쪽 참조.

주장이 없으면 안 될 것이니 손병희로 주장으로 삼노라"라고 중대 결단을 내렸다. 즉 손병희를 자신의 뒤를 이을 동학 교단의 책임자로 선임했다. 이로써 3인의 집단지도체제는 손병희의 단일지도체제로 마무리됐다. 해월은 손병희에게 "우리 도를 잘 나타내서 후세에 편안하게 하라"고 당부했다.

처음 집단지도체제를 형성할 때부터 이미 해월은 의암을 염두에 두었는지 모른다. 일찍이 동학에 입도한 의암은 처음의 거친 성격을 고치고 가장 성실하게 해월을 보좌했으며 이미 동학농민혁명의 과정에서 리더십까지도 평가받은 상태였다. 다만 처음부터 의암을 후계자로 지명하기에는 우리 전통적인 연장자 또는 입도기간 등을 따지는 관례 등을 무마시킬 필요가 있었을 것이다. 그래서 해월은 잠시 동안이나마 3암으로 잡단지도체제를 유지한 것이 아닌가 판단된다.[50]

34년 전 자신이 수운 최제우로부터 도통을 전수받을 때 주변의 우려를 '하늘의 뜻이다'라고 평정했던 수운의 마음과 같은 심정으로 해월은 결정을 한 것이다. 천도교서에는 "12월 24일에 신사 도통을 의암에게 전하시고 송암·구암에게 여등 3인 중에 또한 주장의 불무(不無)할지니 의암으로써 북접 대도주를 삼노라"고 기록되어 있다. 비로소 해월의 높고 멀리 뛰어라[51]라고 했던 스승의 임무가 이제는 새로운 인물인 의암 손병희에게로 넘어가는 순간이었고 35년이라는 기나긴 고난의 길을 마감하는 순간이었다.

---

50 실제로 의암의 체제에 가장 반발을 한 인물은 구암 김연국이었다. 해월이 후계자 결정을 내린 이후 구암은 오랫동안 모셨던 해월을 떠나 고향인 강원도로 감으로써 불만을 표시하였다. 해월 사후 잠시 의암을 돕던 구암은 결국 시천교를 만들어 동학에서 떨어져 나갔다.
51 수운 최제우는 해월 최시형에게 유시로 다음과 같은 시를 내려주었다. "燈明水上無嫌隙 柱似枯形力有餘 吾順受隨天命 汝高飛願走"

의암 손병희로 세대교체가 된 동학은 이제 새롭게 출발하게 되었다. 괴멸된 동학조직을 재건하고 처절한 패배로 인해 떨어진 동학도의 마음도 위로해 주는 등 해야 할 일이 산적해 있었다. 무엇보다도 수운 최제우 이래로 동학이 꿈꾸었던 세상인 사람이 곧 하늘(人乃天)이고 누구나 하늘처럼 대접받는(事人如天) 세상을 향한 끝없는 지속, 이른바 제2의 동학혁명을 다시금 시작해야 하는 임무가 그것이다. 동학의 3대 교주로써 의암 손병희는 자신에게 부과된 역할을 다하기 위하여 진력하였고 그것이 바로 우리 근대사의 커다란 줄기를 형성한 동학 천도교의 민족운동이었다. 그 첫 출발의 지역이 바로 여주였다.

5. 해월의 최후와 여주

해월 최시형은 1898년 4월 5일 원주군 호저면 고산리 송골 원진여의 집에서 72세의 몸으로 체포되었다. 그는 서울로 압송되어 경무청을 거쳐 서소문 감옥에 수감, 모진 심문을 받아가 5월 30일에 사형선고가 내려져 6월 2일 육군법원 교형장에서 순도하여 여주 원적산(천덕산이라고도 하나 '원적산 천덕봉'이 맞음) 기슭에 고단한 몸을 누였다. 해월 최시형은 36년이라는 기나긴 피난시절 동안이 수운 최제우의 뜻을 이어서 시천주의 신관념을 재해석하여 실천적인 사인여천으로 구체화 시켰으며 몸소 그것을 실천하여 많은 사람의 감동을 이끌어 내었고 급기야 전국적으로 동학이 확산되게 하는 데에 일등공신이었다. 뿐만 아니라 그는 경전을 간행하였고 천지부모설, 이천식천, 향아설위 그리고 물물천 사사천 등 동학교의를 더욱 발전시켜 생활화하는 한편, 접제와 포제를 확립하여 육임제를 신설하는 등 동학을 조직화시

컸다. 만일 해월 최시형이 없었다면 동학경전과 같은 경전은 고사하고 한국 사상의 창조적 재탄생은 없었을 것이다.

여주의 전거론에 은신하고 있을 때 인근의 동학도들이 잇따라 검거되고 심한 문초 끝에 해월의 위치를 자백한 권상좌(權聖佐)의 증언으로 1898년 1월 4일 오후에 병정들이 전거론으로 들이닥쳤다. 이때 의암 손병희의 기지[52]와 해월을 뵈러 왔던 용암 김낙철의 위장 자백[53] 등으로 위기를 넘긴 해월은 그날 밤을 타고 전거론은 떠나야 했다. 추운 한겨울에 병든 노인인 해월 최시형을 교자에 태워 어깨에 둘러메고 야밤에 산길을 택한 어려운 도바리였다. 임순호는 다음과 같이 기록했다.

숲은 깊고 길은 험한데 어찌나 어둡던지 옆에 있는 사람도 잘 안 보이고 길은 눈에 쌓여서 어디로 갈는지 알 수가 없었다. 나는 등불을 들고 길을 찾는데 의암성사께서 멀리 불빛이 비쳐 오는 것을 보시고 내가 든 등불인가 하여 가보니 큰 호랑이가 앉아 있었다. 주저하고 계시다가 이윽고 호랑이가 사라지므로 호랑이가 앉았던 곳을 보니 길이었다. … 겨우 십리 정도를 가서 산밑에 초가집에 들어가 밥을 끓여서 시장기를 면한 뒤 지평군 葛峴으로 갔다. 李康壽의 집에서 며칠 있다가 홍천군 서면 濟日洞 吳昌爕을 찾아갔다.[54]

---

52 권성좌가 병정들과 함께 해월의 거처로 오자 의암이 나서서 "80 노인이 질병중인데 사대부의 집을 맘대로 왔다"며 무례함을 꾸짖고 권상좌에게 나를 아느냐고 호통을 치자 권상좌가 답을 못하고 물러났다.

53 용암 김낙철은 부안 사람으로 "신하는 나라를 위해 죽는 것이 마땅한 것처럼 제자된 몸으로 선생을 위해서 죽는 것이 이치다"하며 스스로 해월을 자초하고 체포되었다. 김낙철은 서울 경무청으로 압송되어 심한 고문을 받았고 해월이 체포된 이후에서야 풀려날 수 있었다. 후일 김낙철은 호남 동학의 중심인물이 되었다.

54 林淳灝, 앞의 글.

해월 최시형 일행은 1월 한달 동안을 강원도 산간지대를 숨어다녀야 했다. 해월의 병세는 더욱 악화되었고 1월 30일이 되어서야 원주의 호저면 고산리 송골에 정착할 수 있었다. 조석헌역사에는 "동 1월 매일(晦日)에 선생주 댁을 원주군 고산 광격면(光格面) 송곡리로 정하시온대. 방아재에 행차하셨난대 즉속(卽速)히 가대(家垈)를 신정하시니 그곳 주인은 진진여(陳眞汝, 元鎭汝) 씨라"고 했다.[55]

원주 송골에 간신히 의탁하게 된 해월은 차츰 병세가 회복되었던 듯하다. 그해(1898) 3월에 해월을 배알하러 왔던 평안도 출신의 나용환(羅龍煥)은 72세가 되신 해월은 초당에 단좌하고 계시며 청년 제자들을 만나셨고 자신에게는 먼길을 오느라 수고했다며 서북지방에 포덕이 크게 나고 있음을 매우 기뻐한다고 하셨다고 하며 머리가 거의 빠진 해월이 머리에 3층 관을 쓰고 계셨다고 증언했다.[56] 그러나 해월 최시형의 행복한 시간은 얼마가지 못했다.

그해 4월 초에 세찰사 송경인(宋敬仁)은 옥천 보은 군졸들을 이끌고 전거론을 찾아와 관련된 인물들을 체포해 치조하면서 원주 송골에 해월의 거처가 있다는 것을 알았다. 4월 5일 50여 명의 관졸들을 이끌고 원주 송골로 향했다. 마침 송골에는 수운 최제우가 득도한 4월 5일이라 많은 제자들이 있었지만 어찌된 일인지 해월은 하루 전인 4일에 그들 모두를 다 떠나라 했다. 임순호는 그것을 다음과 같이 기록했다.

4월 4일은 의암성사·구암·강암·신현경·나(임순호) 다섯 사람이 선생

55 표영삼,「해월신사의 생애」, 앞의 글, 64쪽 참조.
56 新人間 通卷第25號 1928年 7月號. 羅龍煥,「神聖兩席을 처음 모시든 그 때」.

을 모시고 있었는데 해월신사께서는 모두 각기 돌아가 향례를 지내라 하시고 다 돌려보내시었다. 그리고 나와 林道汝(신사댁 일꾼)만 남아서 해월신사를 모시고 있었는데 임도여는 나무를 하러 가고 나 혼자만 있었다. … 나는 해월신사 옆에서 짚신을 삼고 있었는데 … 심기가 답답하야 동구로 나갔더니 관병 사오십 명이 몰려오고 있었다.[57]

해월은 단신으로 체포되었다. 다른 사람보다 늦게 출발했던 임순호도 역시 체포되어 문막참에 이르렀을 때 여주의 동학도인 황영식이 나타나 전거론에서부터 끌려온 이치경 형제는 아무런 죄가 없으니 자기를 체포해가라고 하므로, 이치경 형제는 석방되고 대신 황영식을 체포하고 무수히 구타하였다. 이것을 보고 있던 해월 최시형이 큰소리로 꾸짖어 말하기를 "무죄한 사람을 때리는 것은 도리어 죄가 되나니 너희들은 한울을 두려워하지 않느냐."고 하자, 그들이 더 이상 행악하지 못하였다. 해월 최시형은 여주까지 선편으로 압송이 되어 일단 수감되었다가 배편으로 한강을 따라 한양으로 압송되었다.[58]

한양에 온 해월은 처음에는 광화문 경무청에 수감되었다. 경무청에서 10여 일을 갇혀 있다가, 다시 서소문형무소로 옮겨 수감되었다. 해월의 체포 소식에 놀란 제자들은 서둘러 한양으로 잠입하여 사후대책을 논의하였다.

---

57 林淳顥, 앞의 글.
58 문막점에 이르렀을 때 동학도인 황명현, 원용일 등이 눈물을 머금으며 따라오자 관에 배들이 주먹과 발길질로 행패를 부렸다. 해월을 따르는 제자들이 해월 선생의 피체를 얼마나 안타까워했는가를 보여주는 광경이었다. 당시 여주에서 임순호의 부친이 큰 돈을 써서 임순호는 풀려날 수 있었다고 한다. 성봉덕, 「해월신사의 순도경위」, 『신인간』, 1990, 6, 37쪽 참조.

제자들은 우선 이종훈을 경무청에 순감으로 취직시키고자 돈 100냥으로 매관을 시도하여 첩지까지를 받았으나 곧 스승이 서소문 감옥으로 이감되자 소용없게 되었다. 이번에는 감옥의 옥졸들과 접촉하고자 시도한 끝에 드디어 이종훈이 옥졸인 김준식을 매수해 그에게 자신은 동소문안 참윗다리에 밥집을 하는 자라며 의형제를 맺고는 해월의 소식을 들었다. 이종훈은 옥중의 해월의 상태를 묻고 그에게 연통을 하였다. 해월은 곧 답신을 보내니 "…여러분의 안부를 몰라 궁금했노라. 내게 관한 일은 조금도 염려 말고 수도에 극진하라. 이번 일은 천명이니 마음 편안하게 최후를 기다리노라. 우리 도의 장내는 대도 탕탕할 것이니 내 뜻을 이어 형통케 하라. 그리고 긴요히 쓸 곳이 있으니 엽전 50량을 넣어 달라."고 했다. 이 돈 50량으로 떡을 사서 많은 죄수들에게 나누어주었다 한다.[59] 해월 최시형은 마지막 순간까지도 사람을 하늘답게 대한 인물이었다.

옥중에서 병세가 악화된 해월에게 당국은 중죄인이 병사하는 것은 법의 위엄에 손상을 준다며 재판을 서둘렀다. 5월 11일부터 시작된 재판은 5월 30일 교형을 선고함으로 급하게 마무리되었다.[60] 재판장은 조병직, 판사는

---

59 新人間 通卷第14號, 1927年 7月號. 一然 趙基栞,「海月神師의 受刑前後實記」; 표삼암,「원적산에 모신 묘소」,『신인간』, 통권 358호, 1978, 6월호, 44-45쪽 참조.

60 『시천교역사』, 戊戌年條. 해월의 재판 과정은 너무나 처참했다. 서소문 감옥에서 평리원까지 걸어서 왕래하며 재판을 받을 때 큰칼을 쓰고 걸어가는 도중에 목이 아파서 다리가 아파서 수없이 주저앉았다. 이종훈은 신사의 처절한 그 광경을 보고 가슴이 메어지고 피눈물을 쏟았다고 했다. "그 전목칼이 하도 무거워서 옥졸 한 사람이 칼 앞머리를 받들고야 평리원으로 들어오곤 했다. 들어오시다가 '아이고 목이야' '아이고 다리야' 하시면서 한두 번씩은 길에 앉으셔서 쉬어서야 했다. 이종훈씨는 신사의 곁을 따라다니면서 보았는데 신사 묵묵히 바라보시면서 퍽 비감하시는 때도 있었다. 자꾸 눈물이 쏟아져 곁에 있는 사람이 모르게 하는 것이 제일 고통스러웠다. 그렇게 십여 차례 재판을 받았다. 위의 글.

주석면·조병갑이었다. 동학농민혁명의 불씨가 되었던 고부군수 조병갑은 잠깐의 유배 생활을 마치고 다시금 권력자가 되어 해월 처형의 재판관이 되었다. 뒤틀린 우리 역사의 한 단면이었다.

6월 2일 해월 최시형은 서소문감옥에서 육군법원으로 옮겨졌다가 형이 집행되었다.[61] 당시에는 사형을 집행한 시체는 3일 후에 광희문 밖에 버리게 되어있어 해월의 시신은 육군법원 교형장 뒤뜰에 버려져 있었다.[62] 3일 뒤인 6월 5일 이종훈은 상여꾼들을 사서 야밤에 시신을 수습해 6일 새벽에 나루를 건너 송파에 도착하니 의암 손병희와 구암 김연국, 춘암 박인호 등이 기다리고 있었다. 이종훈의 눈물겨운 노고가 아니었다면 해월의 시신마저 잃어버렸을지도 모른다. 조기간은 다음과 같이 기록했다.

이종훈 씨는 그날 저녁으로 김준식과 같이 상여꾼 두 사람을 대리고 광희문을 향해 나가다가 본즉 좌포청 포교두목 閔興五라는 민배때기이가 문통에 떡 지키고 섰는 것이 보였다. 깜짝 놀라 슬그머니 돌아서서 동대문으로 나가서 성밖 길로 돌아서 다시 광희문 밖으로 돌아갔다. 캄캄한 밤인데다 비가 들어붓듯이 쏟아져 다니는 사람이 하나도 없었고 지키던 사람들도 다 돌아가고 말았다.

준비한 쇠초롱 하나, 황초 다섯 가락, 우산 하나, 베 한 필, 칠성판 하나를 가지고 김준식과 미리 약조하고 세워 놓은 〈동학괴수 최시형〉이라고 패를

<hr>

61 처형시간을 천도교사에는 오후 2시라고 했지만 이종훈은 오후 5시로 기억하고 있었다. 위의 글, 해월의 유언은 "나 죽은 10년 후에는 주문읽는 소리가 장안에 진동하리라"하였다고 한다. 표삼암, 앞의 글,「원적산에 모신 묘소」, 47쪽.
62 방치된 해월의 시신을 동학농민혁명시 아버지가 동학군에 죽은 이선재라는 자가 밤중에 넘어와 뒷머리를 난타하여 크게 상하였다. 조기간, 위의 글.

써 꽂은 신사의 무덤을 찾았다. 초롱과 우산은 김준식에게 들리고 상여꾼 두 사람을 데리고 시체를 파내는데 일꾼들은 시체를 손에 대기가 싫어서 흙 파는 괭이로 떠 들추려 한다. 이때 두 사람은 하체를 들게 하고 나는 상체를 들 테니… 하고 무덤 속에서 시체를 땅위에 끄집어 냈다. 몸에는 못쓰게 된 헌 요 한 겹이 감겨 있을 뿐이다.

칠성판 위에 올려 모시고 어떻게 할 수가 없어서 베를 그대로 칭칭 감으면서 머리를 만져 보니 뼈가 크게 상해 일그러져 있어 다시 바로 맞추어 싸게 되었다. 내리붓는 비속으로 밤새 광나루를 건너 廣州에 이르렀다. 의암·구암·춘암 외에 여러 분 교인들과 같이 그 곳 李相夏 씨의 뒷산에 장사하였다.[63]

광주 송파의 이상하의 뒷산에 모셔졌던 해월의 시신은 2년 후인 1900년 3월 12일에 이상하가 이종훈에게 동네 사람들이 관의 지목을 두려워하니 이장을 해달라고 요구했다. "동리 사람들이 신사의 묘가 내 산에 모셔져 있다고 지목하니 무슨 일이 생길지 모르므로 이장해 달라"는 것이었다. 이에 의암 손병희와 구암 김연국, 춘암 박인호 등이 모여 의논해 이장할 곳을 광주, 이천, 여주 등지에서 물색하였다. 이종훈은 자신의 집 가까이 모시기로 하였다.[64] 마침 춘암 박인호가 다니다가 보아둔 원적산 아래의 천덕봉이 명당이라고 하여 그리로 모시기로 하였다.

1900년 3월 11일 여주군 금사면 주록리 원적산 천덕봉(634m) 아래 소시랑봉 산중턱으로 이장하였다. 손병희와 김연국 등은 원적산에서 기다리기

63 위의 글.
64 이종훈의 집은 경기도 광주군 실촌면 곤재(곤지암) 장터부근인 사동(절골)이었다.

로 하고, 박인호가 유해를 거두어 운구하기 위해 송파로 떠났다. 송파에 도착한 박인호는 해월 선생의 묘소에 예를 올린 후에 유해를 거두어 준비해 가지고 간 칠성판에 두상으로부터 순서대로 모시고 칠포로 칭칭 감고 유지로 쌌다.

석양이 다 되어 박인호는 해월 선생의 유해를 등에 지고 송파를 출발하여 빠른 걸음을 재촉하여 그 밤으로 원적산에 당도할 예정이었다. 그러나 날이 어스름해지면서부터 비가 쏟아지기 시작하더니 밤이 깊어갈수록 더욱 세차게 쏟아졌다. 박인호는 도저히 갈 수가 없게 되자 음고개(경안고개) 마루턱에 있는 외딴 주막집 처마 끝에 스승의 성골을 모셔놓고 밤새 비가 멎기를 기다리고 있었다. 박인호는 아버님의 유골이라고 주인장을 속였다. 주막집 주인이 박인호의 거동을 내다보면서 아무리 효자기로서니 저럴 수가 있느냐면서, 따뜻한 국을 끓여 밤참을 해주었다. 새벽이 되어 비가 잦아들자 박인호는 다시 유해를 등에 지고 걸음을 재촉하여 원적산에 당도하였다. 기다리고 있던 손병희 등 제자들은 눈물로 스승의 시신을 천덕봉에 안장했다. 1900년 3월 12일이었다.[65] 동학의 길을 실천한 위대한 성인은 여주에 영원한 안식처를 가지게 된 것이다.

해월 최시형의 죽음 과정은 그동안 많은 연구를 통하여 어느 정도 구체화되었다.[66] 다만 여전히 남은 문제인 그의 처형 장소이다. 그동안 거의 무비

---

65 侍天敎宗繹史庚子年條. "庚子三月十二日 緬移于利川之 天德山乾坐之原", 天道敎會史 草稿에는 "5월 1일로 되어 있다.

66 천도교단의 공식기록 말고도 해월 최시형의 최후에 대한 기록은 많다. 특히 『신인 간』에는 1927년 7월호의 조기간, 「해월신사 수형전후실기」, 1977년 5,6월 합동호에는 「해월신사의 조서 및 판결문」, 1979년 6월호에는 순암 임순호, 「해월신사의 최후」, 1990년 6월호에는 성봉덕, 「해월신사의 순도경의」 등의 기록이 있어 연구에 크게 도

판적으로 해월 최시형의 처형지는 육군법원으로 알려졌다. 현재의 종로3가 단성사 극장 앞으로 추정되어 추모비가 그곳에 있을 정도로 확정되어 있다고 할 수 있다. 이는 전적으로 해월 최시형의 체포 이후 거의 전적으로 그의 뒷바라지를 했고 나중에는 시신마저 수습한 이승훈의 증언에 따른 것으로 판단된다.[67]

그러나 2016년 "서소문역사공원과 동학의 관련성 검증을 위한 역사고증 학술용역 연구결과 보고"[68]에서 해월의 처형 장소에 의문을 제기하였다. 즉 연구 보고서는 채길순 교수 등이 주장하는 종래의 견해대로 해월이 처형된 현장을 육군법원으로 보고 있는데 육군법원은 1898년 이후에 설치되었다고 주장해 그의 처형지는 수감되었었던 서소문감옥으로 판단하고 있다.

> 최시형은 1898년 음력 5월 30일(양력 7월 19일) 감옥서에서 교수형에 처해졌다. 최시형이 교수형을 선고받은 사실은 다음의 보고에서 확인된다.
>
> 報告書 第三十三號
>
> 部第七十三號 指令을 承準ᄒ야 被告 崔時亨은 大明律祭祀編禁止邪巫邪術條 一應左道亂正之術 或隱藏圖像 燒香集衆 夜聚曉散 伴修善事 扇惑人民 爲首者律로 絞에 處ᄒ고 被告 黃萬己ᄂ 同編同條爲從者律로 笞一百 懲役終身에 處ᄒ고 被告 宋一會ᄂ 同編同條爲從者律에 二等을 減ᄒ야 笞一百 懲役十年에 處ᄒ고 被告 朴允大ᄂ 同編同條爲從者律에 一等을 減ᄒ야 笞一百 懲

움이 되고 있다.

67 이승훈의 증언을 바탕으로 기술한 조기간의 기록이 그것이다.

68 "서소문역사공원과 동학의 관련성 검증을 위한 역사고증 학술용역 연구결과 보고"는 서울 중구에서 의뢰한 서소문공원의 카톨릭성역화 작업에 이의를 제기한 타종교단체의 주장을 검증하기 위한 용역프로젝트였다.

役十五年에 處홀 事로 宣告ᄒᆞᆸ고 報告ᄒᆞ오니 照亮ᄒᆞ심을 爲望.

高等裁判所判事 朱錫冕

議政府贊政法部大臣 趙秉稷 閣下

大臣 協辦

光武二年七月十九日

接受 光武二年　月　日 第四百五十五號

(「報告書 第三十三號」, 『司法稟報(乙)』, 국사편찬위원회 한국사데이터베이스에서 인용)

그런데 최시형이 수감되어 있던 감옥서는 "이 달 11일에 좌우 감옥소와 거기 있는 죄인들을 서소문 안 그 전 선혜청 대동아문으로 옮기더라."(『독립신문』 1896년 5월 16일) 한 것에서 볼 수 있듯이 서소문감옥으로 판단된다. 그런데 채길순은 최시형이 1898년 6월 2일 육군법원으로 이송되었고, 그곳에서 처형당한 것으로 파악하였으나 육군법원은 최시형이 처형당한 이후인 1900년 9월 14일 '육군법원을 설치하는 건'에 관한 조칙에 의해 설치하여 1907년 8월까지 운영되었다. 따라서 최시형이 처형당한 곳은 서소문감옥이 옳은 것으로 판단된다. 다만 그의 시신이 효시되었을 것이라는 점은 추측은 가능하나 자료상으로 확인은 되지 않는다.[69]

보고서의 내용은 종래의 해월 처형지에 대한 전면적인 부정이었다. 아직까지는 어느 것이 옳은지의 판단이 되지 않는다. 더욱더 많은 자료를 찾아보아야 하고 또 다른 기록들과 특히 기록을 잘 남기는 일본 측의 사료도 검

---

69 한성대 역사연구팀, "서소문역사공원과 동학의 관련성 검증을 위한 역사고증 학술용역 연구결과 보고", 2016, 34-35쪽 참조.

토해볼 필요가 있다. 다만 여기서 짚고 넘어갈 필요가 있는 부분은 기존의 주장에 대한 철저한 검증이다. 그리고 새로운 유추 해석이 필요할 것이다. 즉 육군법원에서 처형당했다는 주장은 이종훈 등 목격자들의 증언에 절대적으로 의존한 결과였다. 어쩌면 육군법원이 설치되기 전에 그곳에 교형을 위한 시설이 있었고 나중에 증언하기를 육군법원에서 처형당한 것이었다고 할 수도 있다. 아니면 한성대 팀의 고증대로 해월은 그동안 수감되어 있었던 서소문감옥에서 전래대로 처형당한 것인지도 모른다. 실제로 전봉준 등도 수감되어 있었던 전옥서에서 교형으로 처형되었다. 여전히 남는 처형지는 이후의 연구과제가 될 것이다.

6. 마치는 글

예로부터 여주시는 문향의 도시이자 가장 백성을 사랑했던 세종대왕의 능이 있는 이른바 민본의 도시였다. 충청도, 강원도와 인접해 청정하고도 수려한 경관과 풍부한 수량을 자랑 하고 그를 바탕으로 대한민국에서 가장 유명한 쌀의 생산지이기도 하다. 그러나 풍성한 만큼이나 조선시대 보수 기득권 세력이 일찍부터 터를 닦아 상대적으로 탐학이 심했던 지역이기도 하다. 역설적으로 이러한 사회경제적 배경으로 인하여 상대적 박탈감이 더욱 심했을 소외되고 상처받은 백성들이 다수를 차지한 고장이기도 하다.

경기도는 동학이 창도된 1860년대에 이미 접주가 있을 정도로 동학에 관심이 높았다는 사실이 이를 방증한다. 동학이 추구했던 만민평등의 시천주 한 인간들의 세상인 지상천국을 위한 노력에 여주의 동학이 빠질 수가 없었을 것이다. 1894년 갑오년 당시 다른 어느 지역 못지않게 여주의 동학도들은 열심히 참여하였다. 많은 접주들의 수가 그것을 확인시키는데 대표적인 동학도인 홍병기와 임순호의 행적에서도 읽을 수가 있다. 특히 홍병기와 임순호는 모두 끝까지 한치의 흐트러짐도 없이 해월 최시형을 추종했으며 의암 손병희에게 의리를 지켰다. 그들은 진실한 동학도이자 천도교인들이었다. 여주인들의 특성을 그대로 반영한 것이 아닌가 싶다. 여주가 동학의 도시가 될 수 있는 이유는 세종대왕 이래로의 민본의 정신이 가장 잘 구현된 도시이기 때문일 것이다. 세종대왕이 민본의 원칙과 방향을 제시했다면 동학은 그것을 생활 속에서 구체적으로 실천한 이념이자 종교이고 운동이었다. 특히 여주는 가장 높은 신분인 세종대왕과 가장 하찮은 신분이었던 해월 최시형이라는 위대한 선각자들이 영면하고 있는 장소이다. 극과 극이 만나는 것처럼 여주에서는 민본의 정신이 함께 꽃피고 있는 것이다.

더욱이 여주에서 해월 최시형은 의암 손병희에게 동학의 도통을 전수시켰다. 동학시대의 막내였던 의암 손병희는 이후 우리 민족의 근대화와 위대한 3.1혁명을 주도한 인물로 성장하였다. 그는 일찍이 동학농민혁명의 최고 지도자로 참여하였고, 혁명의 좌절 속에서 동학 재건의 임무를 부여받고 그것을 위해 최선을 다했다. 도통을 전수받은 이후 관의 추적을 피해 적국인 일본 망명생활 중 오히려 일본인들의 높은 민도에 자극받아 국내 우리민족의 개화와 혁신을 위한 운동을 전개하였다. 고육책으로 동학을 천도교로 개칭해 천도교시대를 연 맏장자가 되었다. 그리고 그는 천도교를 당시 조선반도내에 최고의 종단으로 만든 종교지도자였으며 그것을 바탕으로 3.1혁명을 이끌었다. 3.1혁명 이후 서대문형무소에서 일제의 모진 고문으로 옥사당할 수밖에 없었으나 당시 전 민중의 마음속에서 의암 손병희는 최고의 민족 지도자로 꼽혔다. 여주는 근대의 위대한 지도자 의암 손병희의 출발지이자 우리 근대 민족운동사의 한 획을 긋는 첫발자욱의 도시임에 틀림없다.

여주 동학인 홍병기의
동학사상 실현과 민족운동의 전개

황묘희
인천대학교

1. 들어가는 말

19세기 말 민씨 척족 세도정치의 폐해와 청·일을 비롯한 외세 침탈의 심화 등 대내외적 위기와 혼란에 직면한 시기에 청년기를 맞은 홍병기는 조선 민중의 구원과 시대개혁을 제시한 동학에 입교하였다. 그는 동학을 통해 조선 사회의 신분 차별에 따른 불평등과 지배 계층의 수탈 때문에 곤궁한 조선 민중의 처지를 깨우치는 시대인식을 갖게 되었다. 이후 동학인 홍병기의 일생은 동학 입교와 동학혁명에 참여, 민회운동과 갑진개화혁신운동의 전개, 3.1운동의 계획과 민족대표의 참여, 3.1운동 이후 민족독립운동의 전개 등 근대개혁운동과 민족운동을 중심으로 전개되었다.

즉, 동학에 입교한 후 여주 지역의 동학 포교에 진력하면서 접주의 위치까지 오른 홍병기는 1894년 동학혁명이 전개되자 여주 동학교인들을 이끌고 기포하여 반정부 반침략 전쟁에 참여하여 동학의 보국안민 척왜 민족사상을 실천하였다. 그리고 천도교의 중진으로 성장하면서 손병희의 측근으로 그를 지원하며 동학교단의 재건과 민회운동을 통한 개화혁신운동에도 크게 기여하였다.

또한 일제에 국권피탈이 되어 강점당한 후 폭력적인 식민 통치가 전개되자 천도교 중진들과 함께 3.1민족독립운동을 계획 추진하여 민족대표로서 독립만세운동을 주도하는 등 여주의 대표적인 동학인이며 항일 독립지사로 민족운동의 전면에 서서 일생을 살았다.

이처럼 홍병기는 한국 근현대사에서 역사적 의미가 크고 중요한 사실에 동참하고 있다. 이에 본고에서는 홍병기가 동학-천도교를 통해 어떻게 개혁사상과 항일 민족운동을 실천하고자 했는지, 당 시대를 극복하고자 어떻게 동학혁명운동과 3.1민족운동 등에 주도적으로 참여하였는지를 들여다봄으로써 인암 홍병기라는 인물의 역사적 가치와 위상을 인식해 보고자 한다.

2. 동학 입교와 시대개혁인식의 형성

19세기 접어들면서 조선 사회는 대내외적으로 위기에 빠졌다. 이 시기 왕실 외척 세력인 특정 가문이 권력을 독점 전횡하는 세도정치가 전개되므로 국가 기강 해이에 따른 매관매직의 성행, 지방 탐관오리들의 가렴주구와 부정부패 등 폐해가 심화되었다. 또한 지방 관리들의 중간 수탈이 극심해지며 국가재정은 더욱 궁핍해졌고, 삼정 체제가 관리들의 수탈 고리로 악용되어 농민층의 피폐함은 극에 달하였다.[1]

---

1 삼정은 지주제, 신분제, 군현제와 현물경제체제를 기반으로 하여 세금의 총액을 각 군현에 정해주는 총액제로 운영하였다. 국가가 토지와 인구를 개별적으로 파악하지 않고 토지와 세금부담자의 증감에 상관없이 조세를 공동부담하게 함으로 세금을 안정적으로 수취하려는 정책이었다. 그러나 중앙정부가 수세업무를 군현의 수령과 향촌지배세력에게 전적으로 위임함으로 농민들에 대한 무제한적인 수탈이 가능하게 되었고, 조세부담은 양반이나 부유층보다 일반 농민층에게 전임되었다. 부농이나 지주들은

이에 더하여 일본의 강제 개항과 경제적 침략이 전개되면서 자본주의 경제체제의 유입과 대외무역의 확대, 시장의 개방 등이 되어 근대 경제체제의 준비에 미흡한 채 산업구조의 변화가 초래됨으로 반식민지적 경제구조로 재편되었다. 이 과정에서 곡물의 상품화와 수출을 가장한 수탈의 증가는 농촌 경제에 큰 타격을 주었다. 다수의 농민들은 토지를 잃고 소작농이나 노동자가 되어 농촌사회에서 점차 이탈되었다. 조선왕조의 국가적 위기는 서양 세력과도 충돌하여 더욱 심각해졌다. 서세동점이라는 상황이 조선에도 이르렀고, 병인·신미양요는 서양 세력의 무력 침략이 현실화된 결과였다.

이처럼 대내외적 위기가 심화되자 이를 배경으로 동학이 창도되었고, 농민 대중은 시대 상황에 점차 조직적으로 저항했다. 1862년 삼남 지방의 각 군현에서 임술농민봉기가 폭발한 이후 1894년 동학농민혁명이 전개되기 이전까지 농민 봉기는 각 지역에서 다양한 갈래로 전개되었다.

홍병기(洪秉箕, 1869.11.5-1949.1.26)는 이와 같은 국내외적 상황이 전개되던 1869년 경기도 여주군 금사면 이포리에서 출생하였다. 본관은 남양(南陽), 자는 운회(運晦), 도호(道號)는 인암(仁菴)이다. 아버지 홍익룡은 참봉의 벼슬을 한 양반이었으나 홍병기는 서자로 태어났다.[2] 어린 시절 한학을 배우고 무예에 능력을 발휘하여 1887년 19세 때 무과에 급제하였다.[3] 전근대

신분상승 등의 방법으로 조세부담을 벗어났고 이들의 몫까지 평민이나 하층민들이 부담해야 했다.

2 남양홍씨대종중앙종회, 『南陽大譜』第1部編 譜二, 1977, 13~21, 32, 51쪽.

3 무관급제 후 어떠한 관직에 임했는지는 정확한 자료는 없으나 조규태 교수는 서자였던 그가 부모의 배려로 기초적인 한학을 공부하여 무과에 급제한 것이 아닌가 거론하며 관리로써 생활을 하였더라도 이후 동학에 입교하여 포교활동에 전념한 것으로 보아 말단직이었다고 보았다.
조규태, 「동학인 홍병기의 종교적 활동과 민족운동」, 『한성사학』제24집, 2009, 86쪽.

적인 신분 질서가 남아 있는 시대적 상황에서 서자라는 그의 신분은 정치 사회적으로 불평등의 한계에 부딪칠 수밖에 없었다. 이미 1860년 수운 최제우가 동학을 창도하여 인간의 평등사상이 전파되었고, 1880년대 들어 서구 열강과의 수교 이후에 천주교와 개신교 등 서학이 점점 확산되는 한편 고종 정권의 개화 정책이 추진되는 등 그가 성장하던 19세기 중엽이라는 시대 상황은 전근대적 질서의 개혁이 필요한 시기였다. 그러나 아직 조선 후기 정치사회는 기존의 토대가 유지되었다. 따라서 시대 격변기에 청년기를 맞은 그는 신분에 따른 부당한 차별, 지배 권력의 횡포와 착취, 외세의 침탈과 개항 이후 개화 정책의 부작용 및 그로 인한 조선 민중의 피폐함의 가중 등 조선 후기 정치 사회가 직면한 전반적인 문제와 한계를 절감하였을 것이다.

홍병기는 24세 때인 1892년 동학에 입교하였는데, 동학에 입교한 배경이나 동기가 구체적으로 제시된 내용은 정확하게 확인할 수 없으나 이러한 시대적 상황의 개혁을 갈망하는 선택으로 보인다. 무관으로서 임무에 충실하기에는 아무런 희망을 발견할 수 없던 홍병기에게 만민평등과 사람이 곧 하늘이라는 동학사상은 당 시대의 불평등함에 맞닥뜨려 있던 그를 자극하기에 충분하였을 것이다. 신분 차별의 철폐를 실천한 수운 최제우와 해월 최시형의 포교는 그를 깨우치기에 충분한 시대의 개혁사상이었다. 이에 대해 조규태 교수는 홍병기의 동학 입교 동기를 서얼 출신이 인시천(人侍天)을 종지로 하여 인간 존중과 평등을 강조하는 동학사상에 매료되었을 것으로 보았다. 또한 유학적 소양을 갖춘 지식인이며 나라를 지키는 것을 본분으로 하는 무관 출신의 인물인 점에서 그는 서학보다는 유불선의 동양사상을 기

본으로 하는 동학에 더 호감을 가졌을 것으로 짐작된다고 하였다.[4]

　동학에 입교한 그는 교리의 연구와 수도에 정진하며 여주 지역을 중심으로 인간 평등과 보국안민의 동학사상을 전파하는 포교 활동에 진력하였다. 이후 그는 여주 지역의 접주에 임명되어 지역민들에게 자신이 동학을 통해 깨우친 시대개혁인식을 확대시키기 위해 포교 활동에 진력하여 여주 지역 동학 교세 확장에 기여하였다. 이에 1893년 3월 충청 보은에서 교조신원운동 집회가 개최되었을 때 양주, 여주 지역 동학교인 270여 명도 참석하였는데,[5] 이때 홍병기는 여주 지역 접주였으므로 휘하의 교인들을 이끌고 집회에 참석하였을 것으로 본다.

　이후 1894년 동학혁명에 참여하고 이 과정에서 이루어진 손병희와의 만남은 홍병기가 동학의 개혁인식과 외세의 침략에 대항한 민족의식을 구체적으로 실천해 나갈 수 있는 매우 중요한 인생의 경로가 되었다.

3. 동학혁명 참여와 여주 기포의 주도

　홍병기는 1894년 동학혁명이 일어나고 일본군의 조선 침략이 본격화되자 9월 여주에서 수십여 명의 교인들과 함께 기포하여 반침략 항일 전쟁에 적극적으로 참여함으로 한국근대사의 중심에 서게 되었다.

　1차 동학혁명이 일어나자 조선 정부의 원군 요청을 명분으로 청일 양군이 조선으로 출동하였다. 농민군 진압하려고 청군의 개입을 요청하였으나

4　조규태, 앞의 논문, 「동학인 홍병기의 종교적 활동과 민족운동」, 86쪽.
5　국사편찬위원회, 「聚語」, 『東學亂記錄』 상, 1971, 110~124쪽.

일본군이 출동하는 상황이 발생하자 청일 양국군대의 군사 충돌을 막기 위해 조선 정부와 농민군 간의 전주화의가 성립되었다. 그러나 일본군은 조선에서의 세력 우위를 확보하기 위해 조선의 개혁 정책을 지원한다는 명분으로 조선 정부의 철군 요구를 거부하고 6월 21일 새벽 경복궁을 무력 점령하고, 아산에 정박한 청군 선박을 선제공격하여 격침하는 청일전쟁을 일으켜 조선 침략을 본격화하였다. 이후 청일전쟁에서 승리한 일본은 개화파 정권을 앞세워 조선에 내정간섭을 강화하면서 보호국화 정책을 추진하면서 관군과 함께 동학농민군 진압에 나섰다.

대내적 정치 상황이 일본군의 침략전쟁 상황으로 전개되자 전주화의 이후 각지에서 정국 변화를 주시하면서 무장을 강화하던 동학농민군 지도 세력은 항일을 기치로 한 재봉기에 나섰다. 1차 동학혁명 당시 찬성하지 않았던 북접대도주인 해월 최시형은 1894년 9월 18일 각 접주들과 동학조직을 통해 교도들을 청산에 집합시켰다. 1차 봉기 때 교주 최시형의 승인없이 단독으로 결정하여 봉기하였던 전봉준의 남접 지도세력은 대외적 위기에 맞서 교주가 지휘하는 북접과의 연합이 필요하다고 인식하였고, 이에 최시형·손병희 등 지도부가 찬성함으로 보국안민의 기치하에 동학농민군의 통합이 이루어졌다.[6] 북접의 봉기는 전국의 동학농민이 봉기하였다는 의미로 최시형은 수만 명의 동학농민군이 모인 자리에서 "인심(人心)이 천심(天心)이라 이는 곧 천운소치(天運所致)이니 오등은 도중(道衆)을 동원하여 오도(吾道)의 대원(大願)을 실현하라."고 명령하고 손병희를 통령으로 임명하여

---

6 오지영, 『동학사』, 아세아문화사, 1979, 137~140쪽. 봉기한 동학농민군이 약 10만명이라 추산하였다.

동학군을 이끌고 항일전에 나서도록 하였다.[7] 이로써 전라도 지역을 중심으로 전개된 반정부 투쟁인 1차 동학혁명은 항일을 기치로 하여 전국적으로 확대된 2차 동학혁명으로 전개되었다. 2차 동학혁명은 일본군의 불법 침략을 막아 내고 나라의 안위를 지키기 위한 항일민족혁명을 기치로 재봉기한 것으로,[8] 전국 각지의 동학농민들이 뒤따라 봉기하였다.

이때 경기도 각 지역 동학교도도 주민을 이끌고 기포하였고, 적극적인 항일 전쟁을 위한 무장을 갖추기 위해 우선 관아를 공격하여 군기를 수중에 넣었다.[9] 여주 지역 동학 접주로 활동하던 홍병기는 임학선 등과 함께 여주 지역 동학교인과 주민을 이끌고 봉기하여 포악한 토반과 탐관오리를 응징하고 일본의 침략을 물리치기 위해 선봉에 나섰다.[10]

홍병기는 10월 여주 지역 교인들을 이끌고 경기도 편의장 이종훈, 편의사 이용구의 지휘를 받아 손병희가 지휘하는 충의포의 도소가 있는 충주 황산에 도착하였다. 당시 황산으로 집결한 경기도 동학교단의 인물은 여주의 홍병기를 비롯하여 광주의 이종훈, 황산의 이용구, 안성의 임명준, 정경수, 이천의 김규석, 전일진, 이근풍, 양근의 신재준, 지평의 김태열, 이재연 등이었다. 이들은 수만 명의 경기도 동학농민군을 전투 병력의 편제를 정하고 항일전쟁을 위한 식량과 무기 등 준비를 갖추어 나갔다. 홍병기가 속한 동학농민군은 황산에 집결 후 충주 무극장터를 거쳐 보은군 장내리로 향하던 중 충북 괴산에서 관군과 충주에서 온 수백 명의 일본군과 전투를 벌였다. 일

7   이돈화, 『천도교창건사』, 천도교중앙종리원, 1933, 65~66쪽. 이에서는 봉기한 동학농민군이 약 6만 명이라 하였다.
8   신용하, 『동학과 갑오농민전쟁연구』, 일조각, 1993, 287~288쪽.
9   『日省錄』, 高宗 31년 음력 9월 30일조.
10 앞의 『동학사』, 140쪽.

본군이 충주 방면으로 퇴각하자 그는 농민군과 괴산읍내에 들어가 하룻밤을 보내고 보은군 장내리로 이동하였다.

이곳에서 동학농민군은 중진·선진·후진·좌익·우익 등으로 대오를 정비하였다. 최시형은 각지 동학농민군이 보은에 모이자 손병희를 중진의 통령으로 하여 농민군을 총지휘하게 하였고, 선봉군은 정경수, 후군은 전규석, 좌익은 이종훈, 우익은 이용구 등이 맡았다. 이때 홍병기는 손병희의 중진에 편제되었는데, 이는 그가 동학혁명 과정에서 손병희의 신임을 받으며 이후 교단을 이끌어 나가는 중진으로 성장할 수 있는 인연이 되었다. 홍병기는 손병희가 이끄는 북접군의 일원으로 일본군의 침략에 대항한 본격적인 항일 전쟁에 나섰다.

홍병기가 속한 손병희의 동학농민군 부대는 해월의 명령에 따라 10월 16일 논산에서 전봉준이 이끄는 남접 세력과 합류하여 전국적 규모의 동학농민군으로 항일 전쟁을 수행하였다.[11] 세력을 통합한 동학농민군은 북상하여 공주를 점령하고자 하였다.[12] 공주를 점령하려고 한 것은 당시 공주가 충청도의 중심지로 이곳을 점령하면 이미 점령한 전주와 함께 호남, 호서 지역이 동학농민군의 수중에 들어올 수 있으며, 동학농민군이 관군의 저지없이 서울을 공략할 수 있기 때문이었다.[13] 당시 손병희부대와 합류한 전봉준은 손병희와 논의하여 충청감사에게 의로써 함께 일본군과 싸우자고 서한을 보냈다.[14] 그러나 이는 거부되었고, 김홍집 내각은 동학교단의 총동원령

---

11 『東學亂記錄』 상권, 263쪽.
12 『駐韓日本公使館記錄』 제1권, 174쪽.
13 앞의 『동학과 갑오농민전쟁연구』, 315쪽.
14 『東學亂記錄』 하권, 383~384쪽.

이 내려지고 농민군의 항일 전쟁 태세가 이루어지자 신정희를 도순무사로 임명하고 순무영을 창설하도록 하는 한편, 각 군현에는 민보군을 조직하여 동학농민군의 진압에 나서도록 하였다.

동학농민군은 10월 21일 논산을 출발하여 노성과 경천에 군영을 설치한 뒤 이곳에서 이천, 효포, 대교 등 3개의 경로로 동시에 진출하여 공주를 삼면으로 공격하였다.[15] 손병희, 홍병기의 동학농민군은 대교 쪽으로 진출하였다. 먼저 이인 방면으로 들어간 동학농민군은 10월 22일 이인역을 공격하여 점령하였다. 이에 관군은 일본군과 합세하여 동학농민군을 공격하여 치열한 전투가 전개되었으나 이인전투에서 동학농민군은 승리를 거두었다. 이어 10월 24일 효포를 공격하자 관군과 일본군이 놀라서 그대로 도주하였다.[16] 이날 동학농민군은 대교를 점령하였는데 관군에게 공격을 받았으나 이를 물리치고 이인, 효포 방면의 동학농민군과 합류하였다. 연이은 전투에서 승리한 동학농민군은 사기가 충천하였으나 패퇴한 관군과 일본군은 전력을 보강하여 동학농민군 토벌에 나섰다. 이후 웅치, 홍주 등지에서도 치열한 전투를 전개한 동학농민군은 공주 우금치전투에서 혈전을 벌였으나 막강한 병력과 우세한 무력에 패퇴하고 말았다. 이에 대해 조선 정부는

일본군이 산마루에 나란히 서서 일시에 총을 쏘고 산속으로 은신했다가 적(농민군)이 고개를 넘고자 하면 곧 또 산마루에 올라가서 일제히 총을 발사하였는데 이리하기를 40, 50차 하니 시체가 산에 가득히 찼다.[17]

15 『東學亂記錄』하권, 172~173쪽.
16 『舊韓國官報』제1권, 개국 503년 11월 28일자, 아세아문화사, 765쪽.
17 『舊韓國官報』제1권, 개국 503년 11월 29일자.

라고 기록하여 얼마나 처절한 전투였는지 알 수 있다.

공주 우금치전투에서 패전한 동학농민군은 노성에 주둔하다가 일본군과 관군의 공격을 받고 11월 14일 전면적인 후퇴를 하였다.[18]

홍병기 소속 동학농민군은 공주에서 패퇴한 후 일본군과 관군의 추격을 당하여 장성으로 내려갔으나 일본군과 격전을 치르고 다시 북상하였다. 이때 홍병기는 손병희와 순창을 지나 임실에 이르러 그곳에 피신한 최시형을 만날 수 있었다. 계속 북상한 동학농민군은 무주에서 유생 이응백의 민보군을 상대로 전투를 하여 승리한 뒤 12월 12일 영동으로 들어갔다.[19] 이곳에서도 관군을 물리치고 보은으로 들어갔다가 일본군의 기습 공격을 받고 위기를 맞기도 하였다. 그러나 역습을 감행하여 일본군을 공격하므로 일본군은 "그들(동학군)은 고지를 점령하여 내려다보면서 우리(일본군)와 맞섰으며 매우 사나웠다. 싸움이 치열하게 벌어질 때 동학도가 우리 양측으로 나와 우리를 포위하였을 뿐만 아니라 중앙으로 공격해 와 오만하기가 이를 데 없었다."라고[20] 보고할 정도로 치열하게 싸웠음을 알 수 있다. 동학농민군은 패퇴하여 도주하는 일본군을 추격하여 공격하였으나 장기간의 전투로 무기 탄약이 고갈되자 일본군의 반격을 받았다. 동학농민군은 청주방면으로 철수하면서 일본군과 종곡에서 끝까지 혈전을 벌였으나 일본군의 화력에 수많은 희생자가 발생하자 최시형, 손병희, 홍병기는 더이상 전투를 감행하는 것은 동학농민군의 희생을 증가시키는 것이라 판단하여 12월 24일 충주 외

---

18 『東學亂記錄』 하권, 529쪽. 전봉준이 이끄는 동학농민군은 태인 성황산전투를 마지막으로 11월 28일 해산하였고, 이후 전봉준은 순창에서 밀고자에 의해 체포되어 처형되었다.

19 『천도교창건사』 제2편, 66쪽.

20 『駐韓日本公使館記錄』 제6권, 70쪽.

서촌 전투를 마지막으로 해산하였다.[21]

　이후 홍병기는 최시형, 손병희, 이종훈 등과 함께 홍천을 거쳐 인제, 여주, 원주 등지로 피신하였다. 피신하는 동안 손병희, 홍병기, 이종훈 등의 뒷바라지에 힘을 얻은 최시형은 1896년 1월 손병희에게 의암이라는 도호를 내려 주는 한편 동학혁명 이후 교인들의 상황을 살피게 하는 등 동학의 재건 작업에 착수하면서 혼신의 힘을 다하였으나, 71세 고령으로 노환이 겹치자 이듬해 12월 24일 손병희에게 도통을 전수하였다.[22] 하지만 1898년 4월 교주 최시형이 원주에서 관군에게 체포된 후 서울로 압송되어 투옥되자[23] 홍병기는 우선 최시형의 가족을 강원도 횡성으로 피난시키고,[24] 손병희, 김연국, 이종훈 등과 함께 최시형의 옥바라지를 하며 구출하고자 계획을 세웠다.[25] 그러나 결국 최시형이 역적으로 처형되어 신당동의 공동묘지에 가매장되므로[26] 동학농민군의 대일항쟁은 좌절되고 말았다. 그러나 2차 동학혁명은 정부의 무능으로 청일전쟁이 발발되었고, 항일 전투에서 비록 일본군의 화력에 패하였으나 실패한 것은 아니었다. 동학농민군의 폐정개혁운동과 대일항쟁은 수천 년 지속해 온 전근대적 구체제를 붕괴시키는 배경으로 작용하였고, 반일 민족의식을 제고하고 항일 무장투쟁의 선구가 될 수 있는 역사적 원동력이 되었으며, 그 역사 현장의 중심에 홍병기가 있었다.

21 『천도교창건사』 제2편 67쪽.
22 동학혁명백주년기념사업회, 『동학혁명백주년기념논총』 하, 1994, 29쪽.
23 표영삼, 「해월신사의 발자취」, 『신인간』, 1978, 12월호 75~77쪽.
24 『천도교창건사』 제3편, 14쪽.
25 『천도교창건사』 제2편 85쪽.
26 최시형의 시신은 처형되고 3일후 이종일이 야음을 이용하여 수습하여 손병희, 김연국, 박인호 등과 함께 광주의 산에 안장하였다.

동학혁명운동 이후 홍병기는 서울로 들어와 포교 활동에 전념하며 동학 교단 정비에 힘쓰는 한편 동학의 근대개혁운동을 적극적으로 실천해 나갔다. 또한 동학의 민족의식을 바탕으로 반침략 항일투쟁을 동학혁명으로 직접 실천하고 청일전쟁 이후 다시 러일전쟁 발발의 가능성으로 조선이 위기에 놓이자 손병희 등 동학 중진들과 함께 조선의 근대문명화를 위한 개화혁신운동과 민족운동을 전개해 나갔다.

4. 민회의 조직과 개화혁신운동의 전개

청일전쟁에서 승리한 일본이 요동반도를 획득하면서 제국주의 대열에 나서게 되자 러시아가 삼국간섭을 통해 요동반도의 반환과 조선과 만주에 대한 영향력을 확보하며 일본을 견제하고 나섰다. 이에 조선은 다시 러일전쟁 발발의 위기에 맞닥뜨리게 되었다.[27]

이러한 대외적 상황에서 동학교단은 해월 최시형이 순도한 후 정부의 탄압이 가중되자 손병희 등 교단 핵심 간부들은 각자 해산하여 감시를 피하기로 하였다. 이때 홍병기가 두물머리에 은거한 손병희를 찾아가 각지의 교도들이 지성으로 수도한다는 상황을 전달하자 손병희는 장래 동학의 진로를 심사숙고하며 수련에 임하였다.

그러나 동학교단의 승통 문제와 활동 노선 문제로 갈등이 발생하였다. 최시형 순도 이후 손병희와 손천민, 김연국 중심으로 운영되던 구조에서 김연

---

27 이종일, 『默菴備忘錄』, 1901년 8월 16일, 『한국사상』 17집, 1980.

국 등의 불만으로 후계자 문제로 분열이 일어났다. 손병희는 교도들에게 통문을 돌려 수도에 전념할 것을 독려하는 한편 1900년 4월 5일 설법 때 홍병기를 5명의 편의장 중 한 사람으로 선정하고, 대정이란 원직을 수여함으로 교단의 책임있는 위치에 서게 하였다. 홍병기는 동년 4월 23일 경기도 양평 이종훈의 집에서 거행된 입도식에 손병흠, 이종훈, 이용구와 함께 참석하여[28] 손병희를 지지한다고 표명하였고, 손병희는 동학 중진들의 결속을 위해 홍병기에게 인암, 이종훈에게 정암, 손병흠에게 강암, 이용구에게 지암이라는 도호를 부여하였다.[29]

그리고 동년 5월 홍병기는 손병희 등과 함께 스승 최시형의 묘소를 광주 원적산으로 이장하고[30] 손병희가 최시형의 도통을 계승한 3대 교주로서의 임무를 수행할 준비를 함께 하였다. 손병희는 교단의 일원화를 통해 지도체계를 확립할 필요성을 느끼고 1900년 7월 풍기에서 종통설법식을 거행하기로 하였다.[31] 이 자리에 참석한 홍병기는 손병희의 지지 세력이 되어 주었다. 홍병기와 손병희의 인연은 동학혁명 과정에서 홍병기가 손병희가 이끄는 동학농민군에 편성되어 항일 전쟁에 나서 고난을 함께하는 과정에서 서로 신임하는 관계가 형성되었던 것으로 보인다. 홍병기가 손병희의 집안을 돌보았다는 것은 손병희의 신임이 그만큼 두터웠다는 것을 알 수 있다.[32] 이 자리에서 동학혁명 후 평안도를 중심으로 서북 지역에 포교를 확대하여 동

28 「天道敎會史草稿」, 『동학사상자료집』 1권, 아세아문화사, 1979, 495쪽.
29 『천도교창건사』 제3편, 28쪽.
30 「천도교서」, 『동학농민전쟁사료총서』 1권, 아세아문화사, 1979, 304쪽.
31 『천도교창건사』 제3편, 21쪽; 「天道敎會史草稿」, 앞의 『동학사상자료집』 1권, 495쪽.
32 『천도교창건사』 제3편, 21~22쪽.

학교세를 신장시키며 활동하던 손병희가[33] 3대 교주로서 동학의 도통을 계승한다는 점을 재확인하고 공식화하였다.

이처럼 손병희의 도통 계승과 홍병기 등 교단 간부들의 노력으로 동학 세력의 확산과 조직 재정비에 활력을 되찾았으나 조선 정부의 탄압이 강화되었고, 손병희도 집요하게 추적당했다.[34] 당시 정세를 주시하던 홍병기는 예천군수 이소영이 관군을 동원하여 손병희 체포에 주력한다는 사실을 전달하여 피신케 하였다. 이 과정에서 손병희는 교주로서의 입지를 확고히 하고 포덕천하의 교리를 실현하기 위해서는 무엇보다 동학의 국내 포교라는 한계에서 벗어나 세계에 널리 창명하는 것이 시대적 흐름이고 정부의 탄압을 극복하는 현실적인 방안이라 생각하였다.[35] 이는 이미 서학은 정부의 공인을 받아 자유롭게 포교 활동을 하는데 동학만이 금압의 대상이 된 것은 잘못된 국가시책이라고 본 것이다. 이에 손병희는 통문을 발표하여 동학의 교단 재건을 본격화하는 한편 시대적 설득력과 필요성을 인식하여 교단의 활동을 동학의 근대사상을 실현하기 위한 개화혁신운동으로 방향을 전환하였다.

이에 1901년 3월 손병희는 조선 정부의 동학 탄압에 대한 대응책을 마련하는 한편 서구 근대 문명을 살펴보고 국제정세의 변화를 파악하여 국내 상황을 좀더 면밀하게 판단하기 위해서 외유를 결심하였다. 외유에 나서면서 홍병기, 이종훈 등 측근들을 불러 동학을 세계에 창명하고자 하나 그러기

---

33 김정인, 「일제강점기 천도교단의 민족운동연구」, 『서울대박사학위논문』, 2002, 19~20쪽.
34 『皇城新聞』, 1910년 2월 21일자.
35 앞의 『동학혁명백주년기념논총』 하, 46~47쪽.

위해서는 현재 문명의 대세를 관찰하지 않으면 안 되니 10년 정도 외유하여 세계의 형편을 살피고자 한다고 상의하였다. 이에 홍병기 등이 외유에 찬성하자[36] 홍병기 등에게 교단의 업무를 맡기고 외유에 나섰다.

원래 외유를 목적했던 곳은 미국이었으나 경비 문제로 여의치 않아 일본에 건너가 체류하면서 일본의 근대 문물 수용과 발전을 살펴보고자 하였다. 이때 손병희는 무엇보다 교육에 관심을 가져 동학교단 내 청년 64명을 2차례에 걸쳐 일본에 유학시켰다.[37] 홍병기는 손병희의 지시에 따라 국내에서 동학교인의 자제들 중 선진 문물을 습득할[38] 유학생을 선발하여 일본으로 파견하는 임무를 수행하였다. 유학생으로 선발된 사람들은 추후 동학의 개화운동을 이끌어 갈 인재로 양성하기 위한 인물이었으므로 홍병기의 선발 임무는 상당히 중요했다.

한편 손병희는 일본에서 체류하는 동안 일본에 망명해 있던 오세창, 권동진, 양한묵 등 개화파 인사들과 교류하며 문명개화사상의 적극적인 수용을 추진하는 한편[39] 동학을 중심으로 한 정부 개혁운동을 계획하였다. 러일전쟁이 전망되는 국제 상황을 주시하면서 동학조직을 동원하여 정부 개혁과 개화혁신운동을 일으키고자 한 것이다. 홍병기는 손병희와 함께 일본 육군 참모부의 차장 다무라 등과 제휴하여 친러파 내각을 붕괴시킨 후 대한제국을 개혁하려는 거사를 추진하였다. 그러나 다무라의 사망과 함께 거사를 도모하던 손병흠의 급사, 홍병기 등의 일본 상륙 불허 등으로 성과를 거두

---

36 『천도교창건사』 제3편, 27쪽.
37 황선희, 『동학 천도교역사의 재조명』, 2009, 253쪽.
38 의암손병희선생기념사업회, 『의암손병희선생전기』, 1967, 170~171쪽.
39 『천도교창건사』 제3편, 28쪽.

지 못하였다.[40] 이때 홍병기는 일본을 오가며 이러한 계획과 활동을 국내에서 지원하는 활동을 하고자 하였으나[41] 실행되지 못하여 다시 계획의 수정이 필요하였다.

이듬해인 1904년 2월 러일전쟁이 일어나자 손병희는 동학 간부 40여 명을 도쿄로 소집하였다. 이에 동년 4월 홍병기는 임예환 · 이종훈 · 나용환 · 나인협 등 동학지도자들과 함께 도쿄로 가서 손병희를 만났다. 손병희는 홍병기 등에게 국내에서 혁신 주도 세력으로 육성할 민회를 조직하라고 지시하였다. 홍병기 일행은 서울로 돌아와 대동회(大同會)라는 이름의 민회를 조직하여 전국적인 활동을 개시하였으나 일본군과 관군의 저지로 여의치 않았다.[42] 같은 달 홍병기는 박인호 등과 함께 다시 일본으로 가 국내 사정을 전달하였다. 손병희는 이들에게 단발과 함께 흑의(黑衣 · 개화복)를 입도록 권장하는 개화운동을 전개하도록 다시 지시하였다.[43] 손병희는 단발은 세계 문명에 참여하는 표준이며 마음과 뜻을 일치시키는 것이라고 강조하면서 지시하자 홍병기는 근대 문명을 수용하고 근대적 개혁을 추진할 수 있는 개화운동의 전개라 인식하고 전국적으로 전개될 수 있도록 적극적으로 활동하며 기여하였다.[44]

그리고 동년 7월 홍병기는 박인호, 이종훈, 엄주동, 나용환, 김명준, 전국환, 박형채, 최영구, 정경수 등과 모화관 산방에 모여 민회의 명칭을 중립회(中立會)로 바꾸어 각 지방의 교인들을 동원하여 조직을 확대 강화하고 개화

40 조규태, 앞의 「동학인 홍병기의 종교적 활동과 민족운동」, 90쪽.
41 『천도교창건사』 제3편, 34쪽.
42 「天道教書」 布德45年條, 『新人間』 1980년 7월.
43 『의암손병희선생전기』, 193~194쪽.
44 『천도교창건사』 제3편, 44쪽.

운동을 전개하고자 하였다. 그러나 중립회라는 명칭이 대한제국의 중립화를 주장한 친러 내각을 지지한다는 인상을 심어 줄 우려가 있어 민회운동을 부각하고자 시도하였으나 이도 결국 일본군과 관헌의 탄압으로 뜻을 이루지 못하였다.[45] 이에 10월 민회의 명칭을 다시 진보회로 바꾸고 강령을[46] 발표하였다. 그리고 이후 산발적인 집회는 지양하고 동학교인과 대중이 일시에 궐기할 수 있도록 하였다. 우여곡절을 거쳐 홍병기 등은 전국 각지에서 일제히 단발흑의를 내세우며 정치 개혁과 국정 쇄신을 위한 민회운동을 전개해 나갔다.[47] 홍병기와 동학 간부들의 활동으로 당시 전국적으로 단발한 사람이 20만여 명에 이르러 진보회의 개혁운동은 성과를 거두었다. 진보회는 전국 360여 군에 지방 조직을 설치하고 민폐 제거와 무명잡세의 혁파, 부패한 정부의 탄핵, 교육과 산업의 부흥 등을 주장하며 적극적인 개화혁신운동을 전개해 나갔다.[48]

그러나 진보회가 동학과 연계된 것을 파악한 조선 정부는 군대를 출동시켜 탄압하면서 일본군과도 교섭하여 동학에 대한 토벌도 전개하였다. 각 지방에서 동학교도에 대한 발포와 살상 구타 등이 일어났고, 많은 교인들이 죽임을 당하였다.[49]

이처럼 진보회를 중심으로 한 개화운동이 정부의 탄압으로 어려움에 봉

---

45 조규태, 앞의 「동학인 홍병기의 종교적 활동과 민족운동」, 91쪽.
46 1. 황실을 존중하고 독립기초를 공고히 할 것 2. 정부를 개선할 것 3.군정 재정을 정리할 것 4. 인민의 생명재산을 보호할 것.
47 윤석산, 『천도교』, 천도교중앙총부, 2005, 74~75쪽.
48 위의 책, 75쪽.
49 평안도 태천에서 수백명의 동학교인이 관군에게 쫓기다가 고치강에 빠져 익사를 당하기도 하였다.

착하자 손병희의 신임을 받던 이용구가 진보회를 친일 단체인 송병준의 유신회와 통합시켜 일진회를 발족시켰다. 이용구는 정부의 진보회 탄압을 빌미로 동학을 배신하고 진보회를 친일 단체 일진회로 만들어 버려 진보회의 문명개화운동은 실패하고 말았다.

그뿐만 아니라 이용구와 그를 따르던 일부 동학교인들이 일진회의 정치적인 힘을 믿고 위세를 부리면서 결국 을사늑약의 체결을 촉구하는 반민족 행위까지 벌여 동학교단이 친일 단체로 매도당하게 되었고 교인들이 의병에게 살해되기도 하였다.[50] 홍병기는 이종훈과 함께 일본으로 건너가 손병희에게 이러한 상황을 보고하였다. 국내 상황을 파악한 손병희는 1905년 12월 1일 동학을 천도교로 교명을 바꾸고,[51] 이듬해 1월 5일 귀국하여 이용구와 그를 따르던 교인 62명을 출교 조치하고 교단 재정비에 나섰다. 그리고 홍병기 등 간부들을 통해 교인들에게는 일진회와의 관계를 끊을 것을 지시하였다.

홍병기는 진보회가 일진회로 통합한 이후 친일 매국 활동에 나서자 일체의 관계를 끊고 천도교중앙총부에서 교직자로서 교단활동에 전념하면서 손병희와 함께 교단의 안정과 재정비를 위해 활동하였다. 그로서는 갑진개화혁신운동은 조선의 근대문명화를 위한 계획과 실천이었기에 강한 개혁의지를 가지고 손병희 등과 함께 진력해 왔으나 좌절되고 말았다. 교단의 책임자가 된 홍병기는 교주 손병희의 계획과 실천을 보좌하며[52] 동학의 근

---

50 조규태, 「일제의 한국강점과 동학계열의 변화」, 『한국사연구』 114, 한국사연구회, 2001, 196~206쪽.
51 『천도교창건사』, 274쪽.
52 『천도교창건사』 제3편, 21~25쪽.

대사회로의 지향 이념을 실천하기 위한 임무를 수행하였다.

　이후 홍병기는 친일세력을 출교하고 1905년 천도교로 다시 출발한 교단을 수습하면서 1906년 2월 10일 도집(都執)이란 원직(原職)과 현기사의 고문과원에 임명된 것을 시작으로 천도교단의 중진으로서 교단을 정비하고 교세를 확장하는 임무에 매진하였다. 그는 1906년 6월 천도교가 인민의 지식 개명과 국가 문화의 발전을 위하여 설립한 출판소의 이문관장(理文觀長)에 임명되어 교역자의 양성과 천도교의 포교에 책임을 다하는 한편 경상남북도의 교세 확대를 지원하기도 하였다. 홍병기는 이러한 임무 수행을 통해 자신의 근대개혁인식을 조선의 개명과 개화를 위해 실현하고자 하였다고 볼 수 있다. 이어 1907년 1월 현기사의 혜양과원(惠養課員)에 임명되어 교인들의 구호에 앞장섰고, 12월 현기사(玄機司) 진리과원에 임명되어 교리의 연구와 교역자 양성, 교리서의 보급에 진력하였다. 1908년 6월 경도사(敬道師)와 직무도사(職務道師)의 임무를 수행하였고, 1909년 10월 전제관장(典制觀長), 1910년 1월 현기사 장서리, 1911년 6월 대종사장(大宗司長)으로 임명되어 1916년까지 교단의 전반적인 업무를 관장하였다.[53] 대종사장에서 물러난 후에는 장로 등에 임명되는 등 교제 정비와 포교 확대, 교회 정비 작업 등의 임무 수행에 진력하며 기여하였다. 그는 개화혁신운동의 좌절 이후 1919년 3.1운동이 일어나기 이전까지 동학-천도교중앙총부의 핵심 간부로서 천도교의 정책과 노선을 결정하고 교인들을 이끄는 지도자의 위치에서 교단의 발전을 위한 활동에 주력하였다.

---

53 조기주 편저, 『천도교종령집』, 천도교중앙총부출판부, 1983, 15, 19, 31,38,50~54, 69,
　　84, 91~92쪽.

5. 민족대표의 참여와 민족독립운동의 전개

홍병기는 동학사상을 통해 체득한 항일 민족의식을 동학혁명에 이어 3.1 민족운동으로 더욱 구체화하여 실행하였다. 3.1민족운동은 일제에게 병합되어 피탈된 국권을 회복하기 위한 거국 거족적인 항일 독립투쟁이었다. 3.1운동을 계획 추진한 중추 세력이 천도교였으며, 홍병기는 천도교 측 민족대표의 1인으로서 민족운동의 선봉에 나섰다.

동학혁명 이후 천도교의 포교와 근대개화운동에 힘을 보태던 홍병기는 1910년 국권이 일제에게 강탈당하여 한국민이 식민 통치하에 놓이게 되자 나라의 독립과 국권 회복을 절실히 염원하였다.

제1차 세계대전이 종결되고 식민지 국가의 독립 문제가 제기되자 천도교 중진들은 국제 정세를 주목하였다. 이들은 1918년 말 신문(大阪每日新聞)에서 미국 대통령 윌슨이 제기한 민족자결주의의 내용을 보고 한국의 자결 획득을 위한 운동을 전개하기로 논의하였다. 이때 홍병기도 신문보도를 통해 종전 후 파리강화회의에서 민족자결주의가 제창되었다는 소식을 알게 되자 우리나라도 민족자결의 원칙에 따라 독립될 것이라는 생각을 하였다.[54]

천도교의 민중시위운동을 중심으로 한 독립운동 계획은 이미 1910년 9월 이종일의 보성사 직원들이 중심이 되어 추진되었다. 당초 갑진개화혁신운동의 계승을 목표로 하여 개화운동의 일환으로 계획되었으나 일제의 식민 통치와 국내외 상황에 따라 1919년에 이르러 방법 등이 구체적으로 계획 준비되었다.[55] 제1차 세계대전이 종결되고 식민 통치를 받던 약소국가의 독

---

54 이병헌, 『3.1運動秘史』, 시사시보출판사, 1959, 627~629쪽.
55 이현희, 『3.1운동과 대한민국임시정부』, 집문당, 1984 참조.

립 문제 등이 제기되고 민족자결주의 원칙에 따라 동유럽권 체코 유고 폴란드 등이 민족자결과 독립을 선언하자 국제 정세의 변화에 주목하던 천도교 인사들은 본격적으로 독립운동 계획을 추진하였다. 손병희, 권동진, 오세창 등은 미국 대통령이 제기한 민족자결주의 원칙에 근거하여 우리나라도 일제의 부당한 침략과 식민 통치에서 벗어나는 민족자결을 이루어야 한다고 생각하였다. 그리고 한국의 자결을 획득하기 위한 민족운동을 전개할 것을 본격적으로 논의하였다.

홍병기는 1919년 1월 상순 권동진을 만나 독립운동을 추진하자고 제안하면서 우선 이에 동참하는 동지를 모아야 한다고 강조하며[56] 보다 적극적인 독립운동을 추진할 것을 권유하였다.[57] 천도교 인사들은 1919년 1월 중순 상해와 연해주의 동포들이 파리강화회의에 대표를 파견하여 한국의 독립을 촉구하기로 하고, 일본 도쿄 유학생들이 독립운동을 준비한다는 소식을 전달받고 보다 적극적이고 구체적인 독립운동을 전개하기로 결정하였다. 그리고 1월 하순 각계 지도 세력과의 연대를 추진하여 기독교계, 불교계, 학생 계층과의 연대가 이루어졌고,[58] 민족대표를 선정하였다. 천도교에서는 홍병기를 비롯한 15명이 선정되었다. 당시 윤치호, 박영효 등 일부 지식인들은 우리가 독립을 선언한다고 일본이 들어줄 리 없고 섣부르게 행동하면 우리 민족의 희생만 크다는 이유로 반대하는 입장을 취하였다. 이에 대해 홍병기는 조선의 독립은 정당한 것이고 정의와 인도로써 하며 무슨 일이든지 된다는 믿음을 강조하며 이들을 강하게 비판하였다.

---

56 앞의 『3.1運動秘史』, 628쪽.
57 앞의 『3.1運動秘史』, 627쪽.
58 조규태, 『천도교의 민족운동연구』, 선인, 2006, 21~22쪽.

2월 25일경 천도교의 기도회 종료 보고와 국장을 배관하기 위해 상경한 홍병기는[59] 천도교중앙총부에서 권동진을 다시 만나 독립운동 추진 상황을 문의하였다. 권동진은 함께할 동지가 모집되었고, 이종일을 통해 독립선언서의 인쇄 및 배포가 준비돼 있다는 상황을 알려 주었다. 그리고 독립선언서를 일본 정부에 송부하고 강화회의에 독립운동의 취지를 통지하기로 하였음도 알려 주면서 홍병기도 민족대표로 선정되었다고 알려주었다. 그는 그 자리에서 승낙하며 즉시 참여하겠다는 의지를 표명하였다.[60] 민족대표 1인으로서 거사의 적극적인 참여를 결정한 홍병기는 2월 27일 종로 재동에 있는 김상규의 집으로 갔다. 이곳에서 민족대표들이 모여 독립선언서와 일본 정부에 보내는 건의서에 서명하고 날인하기로 하였다. 그는 이종훈의 인장을 받아서 천도교 측 민족대표들과 함께 독립선언서와 일본 정부에 보낼 건의서에 서명하고 날인하였다.[61] 천도교 민족대표 15명 중 9명이 그와 함께 앞서 동학혁명에도 참여한 동지들이었다. 그리고 이튿날 2월 28일 그는 손병희 집에서 천도교 대표인 권동진·오세창·최린·권병덕, 불교 대표 한용운, 기독교 대표 등 10인을 만나 독립선언식 개최 장소 등 구체적인 상황을 다시 점검하며 협의하였다.[62]

홍병기는 3월 1일 거사 당일 오전 이종훈에게 독립선언서를 전해 받아 읽어 보고 국권피탈 후 염원했던 민족독립운동을 실행에 옮기기 위해 오후 2시 거사 장소인 태화관에 참석하였다. 그는 태화관에서 다른 민족대표들과

---

59 국가보훈처, 『獨立有功者功勳錄』 제2권(상), 1986, 418쪽.
60 앞의 『3.1運動秘史』, 627쪽.
61 위의 책, 631쪽.
62 앞의 『3.1運動秘史』, 627쪽.

함께 독립선언식을 거행하였다. 그리고 전국 각지에서 독립만세시위가 전개되었고, 홍병기의 지역 기반인 여주에서도 4월 3일 천여 명의 군중들이 시위를 전개하였다.[63] 독립선언식이 끝날 무렵 일경이 출동하여 참석했던 민족대표 전원 체포되어 남산 왜성대 경무총감부로 연행되었다. 이후 예심과 최종 판결이 나기까지 혹독한 심문을 받으며 옥고를 치르다가 1920년 10월 30일 경성복심법원에서 징역 2년(미결구류일수 360일 산입)을 선고받고[64] 동지들과 경성감옥에 투옥되었다. 일제는 홍병기 등 민족대표 33인 등 48명을 체포 직후 내란죄로 기소하였으나 도중에 회유를 통한 친일 인사 양성 공작을 위해 이들의 죄목을 보안법 및 출판법 위반으로 바꾸었다.

홍병기는 일제의 국권피탈과 조선총독부의 폭력적인 무단통치 방식 및 민족 차별 대우 등을 강하게 비판하였다. 그는 이러한 자신의 항일 민족의식을 3.1운동 당시 일경에 체포된 후 심문 과정에서 분명하게 주장하였다.

홍병기는 일제 당국의 가혹한 취조와 심문을 받으면서도 무인 출신의 의연함을 잃지 않았다. 심문 당시 검사가 "앞으로도 또 독립운동을 할 것인가?" 하고 묻자 그는 "그렇다. 기회가 있는 대로 계속할 것이다"라고 단호하게 대답하였다. 홍병기는 4월 19일 경성지방법원 예심에서 판사(永島雄藏)가 독립운동에 참가한 것이 손병희와 권동진이 권고하여 참가한 것으로 처음부터 그런 생각을 가졌던 것은 아니지 않으냐는 회유성 심문을 하자 강경하게 처음부터 독립운동을 일으킬 생각이 있었다고 답하였다. 그는 심문 과정에서 자신이 국권피탈 이후 지닌 민족의식과 독립사상을 강하게 피력하면서 일본의 침략과 식민 통치를 비판하였다.

---

63 국회도서관, 『한국민족운동사료(3.1)운동편)』 1, 1977, 361~375쪽.
64 독립운동사편찬위원회, 『독립운동사자료집』 5권, 1971, 53~54쪽.

그는 판사가 무슨 일로 이 기회에 조선 독립을 계획하지 않으면 안 된다고 생각하였느냐는 질문에 원래 조선은 4천 년의 역사가 있는 나라로서 하루아침에 남의 나라 영토가 된 것을 나는 항상 유감으로 생각하였는데, 민족자결이란 문제가 제창됨에 따라 이때 독립을 계획하지 않으면 안 된다고 생각하였다고 답변하였다. 이어 일본 정치에 불평을 품고 있는지 물어보니 그는 조선을 식민지로 만들어 조선 민족을 망치기 때문에 불만이 없다고 할 수 없다고 분명히 말하면서, 조선인에게는 권리는 없고 대우는 해 주지 않고 교육은 일본인보다 낮은 식민지 교육을 하고 있다는 점을 지적하며 일제의 식민 통치를 강하게 비판하였다. 그러자 판사는 조선인에게 동등한 대우를 해 주지 않는다는 것은 어떤 일에 동등하지 않다는 것을 이르는 것이냐고 되묻자 그는 주저하지 않고 같은 학력을 가졌다 할지라도 조선 사람은 일본 사람 아래의 대우를 받는 것이 그 하나요, 경제적으로도 모든 것이 일본 사람보다 차별 대우를 받는 것이라 하면서 일제의 민족 차별의 부당함을 지적하였다. 계속하여 어떤 수단과 방법으로 조선 독립의 목적을 이루려고 하였는가 하고 묻는 판사의 질문에 독립선언서를 수만 매 인쇄하여 경성과 각 지방에 배포하여 인민에게 널리 알리고 또한 독립선언서를 일본 정부나 조선총독부에 제출하고자 하였고 이에 찬성하였다고[65] 하면서 3.1독립운동의 정당성과 자신의 민족 독립 의지를 당당히 역설하였다.

홍병기는 재판에서 징역 2년을 선고받고 경성감옥에 수감되어 2년간의 옥고를 치른 후 1921년 11월 4일 만기 출옥하였다. 동학을 통한 근대개혁인식과 민족의식을 동학혁명으로 실천한 홍병기는 3.1민족운동의 계획을 주

---

65 『每日申報』, 1920.9.22.

도하고 민족대표로 참여하여 동학을 민족독립사상으로 계승, 승화시켜 독립운동을 전개하였던 것이다. 즉 3.1민족운동은 한국 민족주의 사상의 뿌리인 동학사상의 민족의식을 계승한 것으로 홍병기는 동학의 민족의식을 3.1민족운동의 실천으로 풀어낸 것이다.

6. 3.1민족운동 이후 민족독립운동의 전개

1921년 11월 4일 나용환 등 민족대표들과 함께 출옥한 홍병기는[66] 교회혁신운동에 주력하는 한편 다시 동학의 항일 의식을 실천하기 위한 새로운 방향의 민족독립운동을 모색하였다. 이에 그는 당시 전국 순회강연을 하던 연해주 교구의 천도교인들과 1922년 7월 14일 고려혁명위원회를 조직하였다.[67] 이는 교주 손병희의 애국정신과 항일 의지를 계승하여 독립운동을 전개할 것을 설립 목적으로 하였다. 위원회의 조직에 핵심 역할을 한 홍병기는 위원장으로 선임되어 보다 적극적이고 혁명적인 항일운동을 전개하고자 하였다.[68] 홍병기로서는 손병희의 휘하에서 동학혁명에 참여하였고, 손병희의 지시를 수령하면서 개화혁신운동을 전개하는 한편 3.1운동 당시 민

---

66 『동아일보』 1921년 11월 5일.
67 문일민, 『한국독립운동사』, 1956, 234쪽.
68 고려혁명위원회 고문 이종훈, 부위원장 최동희, 비서 송헌, 외교부장 최동의, 해외조직부장 이동락, 국내조직부장 이동구, 해외선전부정 김광희, 국내선전부장 김봉국 재정부장 박봉윤이 선임되었고, 위원 김치보, 강창선, 지동섭, 김홍종, 강도희, 김문벽, 이동욱, 강명혁, 김명식, 손두성 등으로 구성되었다.
문일민, 앞의 『한국독립운동사』, 234쪽.

족대표로 활동하면서 누구보다도 동학 교주였던 손병희의 애국사상과 항일 민족의식을 이해하고 있었다고 본다. 그러나 일제강점기하의 국내에서는 혁명위원회가 목표로 한 적극적인 독립운동을 전개하기가 현실적으로 어려웠다. 홍병기는 최동희 등과 연해주에서 소비에트 러시아의 지원을 얻어 독립운동을 전개하고자 위원회의 방략을 전환하고 이를 위해 1924년 4월 5일 천도교최고비상혁명위원회를 조직하였다. 그리고 홍병기는 집행위원장으로 선임되어 최동희와 함께 만주와 국내에 회원을 파견하여 동지 규합과 독립운동 자금의 모집 등 실무를 주도하며 고려혁명위원회의 활동 지원을 요청하였다.

하지만 1925년 소비에트 러시아와 일본의 평화조약 체결 전후 한국 독립운동가들을 추방했기 때문에[69] 고려혁명위원회 홍병기 등의 계획은 좌절되었다. 동년 2월 중국 길림으로 간 최동희는 만주 지역 정의부, 천도교연합회, 형평사의 삼각동맹으로 혁명당을 결성하기로 하였다. 그리고 혁명당의 창당선언문 등을 결정하고[70] 1926년 4월 5일 고려혁명당을 창당하였다.[71] 앞서 3월 고려혁명당의 창당 계획을 이동구에게 전달받은 홍병기는 조선 독립과 함께 계급해방이라는 사회주의적 경향의 창당 목적에 처음에는 우려하였으나[72] 보다 적극적인 독립운동을 갈망하던 홍병기는 조선 독립을 우선하

---

69 조규태, 앞의 『천도교의 민족운동연구』, 203~204쪽.

70 창당선언문의 주요 내용은 계급의 기성제도와 현 조직 일체의 파괴, 물질과 정신의 자유, 평등과 이성적인 신사회의 건설, 제국주의와 자본주의에 대한 반항 및 각 피압박 민족의 결합과 통일전선 구축의 보조 등이다.

71 김창수, 「고려혁명당의 조직과 활동-1920년대 중국 동북지방에서의 항일독립운동」, 『산운사학』4, 1990 참고.

72 조규태, 『종교계의 민족운동』, 독립기념관, 295쪽.

여 4월 김봉국이 서울에 와서 창당 사실과 당원 명부에 등재되어 있음을 알리자 고려혁명당의 가입을 승낙하였다.[73] 홍병기와 함께 활동하던 천도교 동지들에게는 홍병기라는 인물의 필요성이 그만큼 컸던 것이라 하겠다.

그러나 활동을 시작한 지 얼마 안 된 1926년 12월 28일 고려혁명당의 중앙집행위원으로 활동하던 이동락이 장춘에서 일경에 체포되고 말았다.[74] 이에 혁명당의 조직이 탄로나고 당원들이 대부분 체포되었다. 이동락이 체포 당시 당과 관련된 문서를 다수 소지했기 때문에 혁명당의 조직과 인적 내용이 노출되고 말았다. 이에 홍병기도 이동욱, 김봉국 등과 함께 1927년 1월 19일 만주에서 체포되고 말았다. 60세의 고령으로 수감 중 고통을 받았으나 1928년 4월 20일 신의주지방법원에서 징역 2년의 형을 선고받았고, 그해 10월 18일 평양복심법원의 판결에서도 징역 2년의 형을 선고받았다. 이로써 고려혁명당에서의 활동은 성과를 얻지 못하고 좌절된 채 신의주형무소에서 옥고를 치르고,[75] 1929년 7월 5일 가출옥하였다. 이후 서울 재동에서 칩거하면서 자녀의 항일 독립 의식을 고취시키는 교육에 전념하며[76] 지내던 중 마침내 광복을 맞게 되었다.

광복 후에도 동학혁명을 기념하는 활동을 벌이면서 동학사상과 동학혁명의 역사적 의미를 전파하는데도 힘쓰는 등 대외적인 활동을 하였다. 광복 직후 12월 삼일동지회에서 활동하던 그는 독립촉성선서식을 거행하고

73 국가보훈처,『쌍공 정이형회고록』, 1996, 151쪽.
74 박환,「쌍공정이형연구(1897~1956)」『한국민족운동사연구』조동걸선생기념논총, 나남출판, 1997, 615쪽.
75 앞의『쌍공 정이형회고록』, 123쪽.
76 1930년 홍병기의 아들 홍여섭은 국치일을 전후하여 독립의식을 고취하는 격문을 붙이다 체포되었다.『매일신보』, 1930년 9월 11일.

대한민국임시정부 봉대를 천명하며 3.1민족사상을 고양하는 활동을 전개하였다.[77] 또 1947년 2월 천도교당에서 개최된 동학혁명 53주년 기념대회에 참석하여 동학혁명의 역사적 의미를 설파하기도 하였다.[78] 그러나 홍병기는 1949년 1월 17일 교통사고를 당하여 머리에 부상을 입고 다리가 절단되는 고통을 겪었다. 사고 직후 육군병원으로 호송되었으나 결국 1월 26일 81세를 일기로[79] 동학을 통해 조선의 근대개혁과 민족의 독립을 위해 바쳤던 일생을 마감하였다.[80]

7. 맺음말

홍병기는 한국근대사에 동학-천도교의 지도자로서 조선 민족의 독립운동과 근대개혁운동에 앞장선 독립운동가이자 애국지사였다.

19세기 말 조선은 근대로 전환하는 시기로 고종 정권의 개화 정책이 전개되었으나 여전히 전근대적 신분질서에 따른 차별과 수탈, 억압으로 농민 대중들의 피폐함은 악화되었다. 무과에 급제하였으나 서자라는 신분 차별로 더이상 자신의 꿈을 키울 수 없는 현실 속에서 청년기에 들어선 홍병기는 인간의 본질적인 평등과 존귀함을 제시하고 보국안민의 민족의식을 강조한 동학에 입교하여 시대를 극복해 보고자 하였다.

---

77 『중앙일보』, 1945년 12월 8일.
78 『조선일보』, 1947년 2월 11일.
79 『동아일보』 1949년 1월 20일, 29일.
80 앞의 『獨立有功者功勳錄』 제2권(상), 418쪽. 정부에서는 1962년 선생의 공훈을 기려 건국훈장 대통령장을 추서하였다.

여주에서 동학 포교 활동에 진력하며 접주로서 성장한 홍병기는 반정부 반침략의 2차 동학혁명이 일어나자 여주 동학인과 지역 주민들을 이끌고 기포하여 손병희가 이끄는 동학농민군 휘하에서 전근대 질서의 개혁운동과 항일 전쟁을 수행하였다. 동학혁명 전개 과정에서 형성된 손병희와의 인연은 서로에 대한 신임으로 굳건해져 손병희는 홍병기에게 동학교단의 중요 직책과 임무를 맡겼고, 홍병기는 손병희를 지지하며 동반자로서 함께 근대개혁운동과 민족독립운동을 전개하였다.

홍병기는 동학혁명이 좌절된 후 손병희가 근대문명운동으로 방향 전환하고 이의 실천을 위해 도일하였을 때 교단을 책임졌고 일본을 오가면서 손병희와 논의하여 개화혁신운동을 추진해 나갔다. 그 일환으로 동학교단 자제들을 일본으로 유학을 보내 근대 문명을 체험시키는 임무를 수행하였고, 손병희가 일본 군부와 연계하여 대한제국의 정치개혁을 추진하고자 하는 계획을 지원하였다. 또한 손병희의 지시에 따라 동학 중진들과 민회를 조직하여 갑진개화혁신운동을 전개하면서 조선 민족의 근대문명화 지향에 기여하였고, 동학이 천도교로 전환된 후 손병희의 개혁 노선을 지지하며 교단의 정책과 노선을 결정하는 중진으로서 천도교의 발전에 중요한 역할을 하였다.

그는 제1차 세계대전 전후 국제 정세의 추이를 주목하면서 민족운동의 전개를 고심하던 중 손병희, 권동진 등 천도교 중진들이 추진한 3.1민족독립운동 계획에 적극 동참하였고, 민족대표로 3.1운동을 주도적으로 이끌며 참여함으로 민족독립에 대한 자신의 열망과 의지를 실현하였다.

홍병기는 3.1민족운동 직후 일경에 체포되어 고통스러운 옥고를 치르면서도 민족정신을 잃지 않고 일제의 회유를 거부하고 민족의 자존을 지키고자 했던 행동하는 동학인이자 우국지사였다. 그는 일제 당국의 심문과정에서 조선 독립의 당위성과 일제 식민 통치의 부당성을 강하게 비판하며 동학의 민족 항일의식을 당당하게 표출하였다.

3.1민족운동 이후에도 그의 사회 개혁과 독립운동에 대한 열정은 지속되었다. 고려혁명위원회를 조직하고 위원장으로서 보다 적극적인 사회 개혁과 독립운동을 전개하고자 하였고, 연해주에서 조직된 천도교최고비상혁명위원회의 집행위원장으로 참여하였다. 그리고 길림에서 고려혁명당이 조직되자 이에 참여하여 민족운동을 지속하고자 하였으나 동지의 체포로 활동이 좌절되고 다시 옥고를 치렀다.

동학인 홍병기는 광복 후에도 동학사상을 선도하고 동학혁명의 역사적 의미를 제고하며 민족의식을 함양하는 대외적 활동을 지속하던 중 교통사고의 불행을 당하여 애국지사로서의 일생을 마감하였다.

이처럼 홍병기는 동학의 인간평등사상과 구국 민족의식을 근간으로 한 시대개혁사상을 동학혁명과 개화혁신운동으로 실천하고, 3.1민족운동으로 승화시키는 역사 현장의 중심에 있었다. 이것이 홍병기라는 인물이 한국근현대사에서 차지하는 위상을 평가받을 수 있는 사실이라 하겠다.

동학의 민주 평화 통일 사상과 여주의 정신

조 극 훈
경기대학교

1. "오심즉여심"과 동학의 장소성

"내 마음이 곧 네 마음이니라. 사람이 어찌 이를 알리오. ⋯ 내가 또한 동에서 나서 동에서 받았으니 도는 비록 천도나 학인 즉 동학이라."[1]

이처럼 동학의 유래와 정신을 간명하게 표현하고 있는 말도 없을 것이다. 1860년 4월 5일 경신년 체험 후 수운 최제우가 세상에 던진 첫 일성이 오심즉여심(吾心卽汝心)이었다. 신분제로 반상과 적서의 차별이 심했던 당시에 오심즉여심은 누구에게나 충격적인 말이 아닐 수가 없었다. 지배계층도 피지배계층도, 어른도 어린 아이도, 남성도 여성도 모두 그 마음에선 다르지 않았다는 말은 그들이 이전에는 한번도 들어보지 못한 가장 진실한 언어였기 때문일 것이다. 거짓의 언어는 반목과 갈등을 조장하지만 진실의 언어는 평화와 화해를 가져온다.

오심즉여심은 두 가지 점에서 동학의 정신을 대표한 것으로 보인다. 첫째, 인간과 세상을 바라보는 사고의 패러다임을 바꾸어놓았다는 점이다. 대

---

1 『동경대전』, 「논학문」.

립과 흑백논리적 패러다임에서 평화와 변증논리적 패러다임으로 전환되었다는 점이다. 이러한 전환을 통해서 몸의 언어는 마음의 언어가 되고 반목의 언어는 평화의 언어가 되며 배제의 언어는 배려의 언어가 된다. 동학에서는 이러한 언어적 전환을 "각자위심"에서 "동귀일체"로 전환되는 것으로 표현하였다.

둘째, 민주 평화 통일의 정신을 함축하고 있다는 점이다. 오심즉여심 이전의 세계, 즉 봉건적인 신분제가 강한 시대에는 지배와 예속의 사회적 관계와 폭력과 불화가 지배적이었고 평화를 누리는 자는 소수였다. 그러나 오심즉여심 이후의 세계에서는 마음이라는 넓은 스펙트럼으로 인간과 세상을 보는 안목을 갖춘 덕분에 민주, 평화와 통일의 정신을 지향하게 되었다. 이는 오심즉여심의 근원적이며 본질적인 철학 때문이다.

또 중요한 것은 동에서 나서 동에서 받았으니 학을 동학이라고 한다는 동학의 명칭에 관한 부분이다. 동학은 장소성을 의미한다. 물론 이때 장소성은 서와 대립되는 동이라는 물리적 공간만을 의미하는 것은 아니다. 이것은 인간의 연대적 감정과 유대 그리고 지역문화가 결부된 인간적 공간을 의미한다. 이는 오늘날 지방자치의 모태라 볼 수 있다. 이에 동학과 동학의 정신을 현대적으로 재조명할 수 있는 부분을 이 글에서는 지방자치와 연관하여 논의하고자 한다.

오심즉여심은 패러다임의 전환을 통한 민주 평화 통일이라는 동학의 정신을 의미한다는 점과 동학의 장소성은 지방자치체의 모태라는 점이 이 글이 출발하는 전제이다. 이 글에서는 이 두 전제의 수용 가능성을 논의하면서 민선 7기 지방자치단체인 여주를 사례로 들어 동학과 동학정신을 재조명하는 것을 목표로 삼고자 한다.

민선 7기 지방자치단체인 여주시는 '사람중심, 행복여주'를 시의 비전으로 설정하고 있다. 여주시는 인간을 중심으로 모든 시민들이 행복한 생활을 할 수 있는 여건을 만들고자 하고 있다. 동학의 종지인 시천주와 양천주 그리고 인내천도 사실 사람이 중심이고 사람살이가 기본이 되어야 한다는 지방자치의 이념을 담고 있다. 사람이 사람답게, 사람으로서 구실을 하고 그 권리와 자유를 누릴 때 우리는 그 사람을 행복하다고 말한다. 행복은 인간이 인간으로서 가져야 할 품격을 갖출 때 얻을 수 있는 것이다.

동학의 민주 평화 통일의 정신은 오심즉여심과 다르지 않다. 시천주, 사인여천, 삼경, 수심정기 등은 이러한 정신을 구현할 이념과 방법이다. 동학의 정신이 구현하고자 하는 비전은 오늘날 지방자치에서 구현되어야 할 비전과 같다. 동학과 동학의 정신을 현대적으로 재조명하는 일은 오늘날 우리가 당면하고 있는 인간과 사회의 문제들에 대한 새로운 접근법과 시각을 보여주는 일이다. 이 글에서는 동학에서 발견할 수 있는 정신은 민주 평화 통일이라는 점과 동학의 장소성은 지방자치와 다르지 않다는 점을 전제로 삼고, 이 전제의 수용 여부에 대한 정당성을 논의하면서 실제 여주라는 장소성을 모델로 삼아 동학의 현재성을 밝혀보고자 한다. 2장에서는 동학의 경전 및 동학농민혁명운동에서 민주 평화 통일 사상의 근거를 제시하고, 3장에서는 이러한 정신이 지자체의 비전에 어떻게 접목될 수 있는지를 논의한 다음, 4장에서는 풀뿌리 민주주의인 지방자치가 성공적으로 정착하기 위해 필요한 정신적 물리적 방안이 무엇인지를 논의한다.

2. 동학의 민주 평화 통일 사상

민주 평화 통일은 서로 뗄 수 없는 의미와 논리가 있으므로 별도로 나누어 논의하는 것이 지나친 단순화처럼 보일 수 있지만, 그 논리를 구체적으로 살펴보기 위해서 이 글에서는 각각 나누어 살펴보고자 한다. 오심즉여심의 논리와 사상은 동학의 핵심사상을 그대로 보여준다. 나와 너의 평등성을 바탕으로 존재의 주체성과 마음에서 모든 존재는 하나가 되며 그 하나됨에서 평화가 온다. 패러다임의 전환을 통해 봉건적 위계질서는 민주적인 참여와 평등의 질서로 대체된다. 또한 시천주는 이미 존재하는 한울님 모심을 통해서 민주적인 의사결정 및 참여의 근거가 된다. 사람을 대하는 것을 한울님 대하듯 하라는 사인여천 또한 인간을 주체적인 존재로 부각한다. 무위이화와 불연기연은 평화사상의 논리와 내용을 보여준다. 오심즉여심은 마음을 통해서 나와 너, 주관과 객관, 자아와 사물 등 대립적 관계가 통일됨을 보여준다. 12개 폐정개혁안과 집강소의 설치와 운영 그리고 청우당의 강령 등은 동학의 민주 평화 통일 사상이 반영된 사회적 실천방식이라 할 수 있다.

1) 민주사상

동학의 민주사상은 오심즉여심의 종교적 깨달음, 시천주의 철학, 그리고 동학농민혁명의 사회적 실천 차원에서 살펴볼 수 있다. 특히 동학에서 민주적인 삶이란 자신의 삶에서 주인으로 산다는 것과 사회적 삶에 적극적으로 참여하는 삶을 의미한다. 기존의 제도나 이념에 예속되는 삶이 아니라 이념의 허구성이나 자기모순을 비판하고 새로운 정치적인 삶을 제안하고 이를 실천하기 위해 노력하는 삶을 의미한다. 이를 통해 개인과 공동체는 연대적 관계로 결속된다.

동학을 창시했던 수운 최제우가 종교체험 후 최초로 했던 "오심즉여심"은 인간을 억압했던 거짓 언어의 허구성을 폭로하고 진실의 언어가 무엇인지를 깨닫게 해준다. 상하관계와 위계질서가 강하게 유지되었던 사회에서는 나의 마음은 나의 마음이고 너의 마음은 너의 마음일 뿐이었다. 이러한 개인들로 이루어진 사회는 각각이 자신의 마음만 위할 뿐인 각자위심의 사회였다. 이 사회에서는 자신의 삶에 주인으로 산다는 것은 쉽지 않았다. 게다가 사회적 삶에 적극적으로 참여한다는 것도 어려웠다. 인간으로서의 자유와 권리가 침해당해도 그러한 부당함을 비판하고 개선하려는 시도와 소통이 제한되었다.

오심즉여심은 나의 마음이 너의 마음이 되고 너의 마음이 나의 마음이 됨으로써 관계적 삶에 대한 자각과 사회적 삶에 적극적으로 참여해야 하는 것의 중요성을 일깨웠다. 그런데 오심즉여심의 논리는 나와 너의 동일성만을 중시하지 않는다는 점을 염두에 둘 필요가 있다. 오히려 나와 너의 관계논리는 변증논리로 이해하는 것이 적절해 보인다.[2] 나와 너의 동일성에서 비동일성이라는 분화를 거쳐 다시 동일성에 이르는 전 과정을 관찰해야 오심즉여심의 진실성을 발견할 수 있을 것이다. 만일 오심즉여심의 문자 그대로의 뜻만을 생각하여 나와 너의 동일성만을 강조한다면, 비동일성을 배제하거나 비판성을 상실하여 또다른 폭력과 지배의 논리가 될 수 있을 것이기 때문이다. 따라서 오심즉여심은 나와 너의 연대와 주체적이며 사회적 삶의 중요성을 보여준 민주사상의 변증법적 논리라고 할 수 있을 것이다.

---

2 조극훈, 「동학의 신개념에 대한 변증법적 해석」, 『동학연구』 제31집, 한국동학학회, 52쪽. 이 논문에서는 오심즉여심의 피상적 이해의 문제점을 지적하면서 변증논리에 따라 그 의미를 이해해야 한다는 점을 강조하였다. 나와 너의 관계는 세 가지 명제로 표현된다. (1) "나의 마음은 너의 마음이고 너의 마음은 나의 마음이다." (2) "나의 마음은 나의 마음이면서 너의 마음이고, 너의 마음은 너의 마음이면서 나의 마음이다." (3) "마음의 눈으로 볼 때 나와 너는 하나다."

시천주는 동학의 종지이다. 천주의 존재가 인간을 초월한 초월적 존재가 아니라 바로 인간 각자에게 내재해 있고 이미 내재한 천을 모시기만 하면 누구나 진리를 깨달을 수 있다. 시천주는 인간을 세계의 주인으로 격상시킴으로써 주체적이며 시민의식을 일깨운다. 모실 시자는 "안에 신령이 있고 밖에 기화가 있어서 온 세상 사람이 각각 알아서 옮기지 않는 것이다."[3]라고 풀이된다. 만일 내유신령을 나의 존재로, 외유기화를 너의 존재로, 그리고 각지불이를 사회적 존재로 해석한다면, 시천주는 나와 너 그리고 우리라는 공동체의 논리로 해석할 수 있을 것이다. 시천주는 모심의 주체를 바로 인간 자신으로 설정함으로써 개인의 자유와 권리를 강조한 민주사상의 토대라고 볼 수 있을 것이다.[4] 위에서 볼 수 있듯이 시천주는 인간들의 동귀일체를 추구하는 동학의 집단주의와 안정성, 이타주의 등을 보여준다.

집강소의 설치와 운영은 동학의 민주사상을 엿볼 수 있는 대표적인 사례이다. 집강소는 1894년 5월 7일 동학농민군과 정부군간의 평화협정인 전주화약의 결과로 설치된 동학농민군 자치기구이다. 전라도 53주에 관치조직의 기능을 실질적으로 대신하는 동학농민군들의 행정조직이었다. 집강소는 폐정개혁안을 실천하고 관리들의 문서검열, 소장처리, 치안유지 등 지방자치행정 전반을 운영했을 정도로 민주적인 자치공동체의 모습을 갖추고 있다.[5] 또한 동학 천도교의 정당인 청우당의 강령도 동학의 민주사상을 엿볼 수 있는 것이다.[6]

---

3 『동경대전』, 「논학문」.
4 노태구, 『동학과 신문명』(서울: 아름다운 세상, 2000), 133쪽.
5 임형진, 『동학의 정치사상』(서울: 모시는 사람들, 2002), 121쪽.
6 〈청우당 강령 4개항〉 첫째, 민족자주의 이상적 민주국가건설을 기함. 둘째, 사인여천의 정신에 맞게 새 윤리 수립을 기함. 셋째, 동귀일체의 신생활에 기한 신경제 제도의

이처럼 동학의 민주사상의 근거로 오심즉여심의 종교경험, 시천주의 철학, 집강소의 설치와 운영을 들었다. 민주사상으로서의 동학에서 한국 자생의 자유와 평등 개념이 등장했으며, 동시에 조선사회에 시민의 개념이 최초로 등장하게 된 사건이 동학이었다.

2) 평화사상

동학의 평화사상은 무위이화의 철학과 불연기연의 논리 그리고 청우당의 강령 등에서 알 수 있다. 동학은 극심한 사회적 부정의, 평화롭지 못한 현실 속에서 그것을 변혁하기 위해 창도된 평화의 진리와 가르침이라고 할 수 있다. 이와 같은 불편부당한 현실, 개인은 각자위심의 자아를 상실한 분열된 자아, 자아의 주체성과 존엄성을 상실한 인간, 부정부패로 인한 사회적 불평등과 반상의 구별과 차별이 정식화된 정의롭지 못한 사회, 서세동점의 제국주의의 침략으로 인한 전쟁의 공포가 극에 달하고 평화가 부재하는 국제적 상황 속에서 포덕천하, 보국안민, 광제창생을 주장한 평화사상이라고 할 수 있다.[7]

첫째, 동학의 평화의 원리로 무위이화(無爲而化)를 들 수 있다. "우리 도는 무위이화라 그 마음을 지키고 그 기운을 바르게 하고 한울님 성품을 거느리고 한울님의 가르침을 받으면 자연한 가운데 화해나는 것이요."[8] 각자위

실현을 기함. 넷째, 국민개로제를 실시하여 일상보국의 철저를 기함. 강령 4개항에 관한 해석에 관해서는 임형진, 위의 책, 308-326쪽 참조.
7 남태옥, 「동학의 평화통일 이념에 관한 연구」, 『한국지방자치학회보』 제13권 제2호, 한국지방자치학회, 2001, 247-248쪽.
8 『동경대전』, 「논학문」.

심에서 벗어나 한울님의 성품과 그 가르침을 바른 기운으로 받으면 평화가 온다는 것이다. 법치와 도리에 따라 사는 것, 한울님의 가르침을 바른 기운으로 받는 것, 다시 말하면 수심정기 해야 하는 것이 동학의 평화 규범이다. 평화는 자연한 이치를 따르고 각자가 있어야 할 곳에 있고 이를 바른 마음으로써 지킬 때 찾아온다.

둘째, 불연기연은 동학의 평화사상의 논리적 근거를 제시한다. 동학의 변증법적 논리인 불연기연은 평화와 통일의 논리로 이해된다. 그렇지 않다와 그렇다라고 하는 부정과 긍정의 동시 존재라는 동학의 인식논리는 전쟁과 갈등을 더 큰 영역에서의 평화와 통일을 위한 매개체의 역할을 한다. 불연은 "반드시 어떠하다고 판정하기 어려운 것"을 말하고, 기연은 "판단하기 쉬운 것"을 말하고 개별자의 입장에서 보면 불연이었던 것이 조물주의 입장에서 보면 기연의 이치가 된다.[9] 이러한 점에서 불연기연은 동학의 평화사상의 논리일 뿐만 아니라 인식론이기도 하다. 특히 불연이었던 것이 기연이 되고, 기연이었던 것이 불연이 되는 변증법적 과정은 동학의 평화사상의 인식론과 논리를 동시에 보여준다.[10]

남태욱은 동학의 불연기연이 평화와 통일을 위한 인식과 논리의 기초를 마련한 것으로 평가한다. 첫째, 불연기연은 상대적인 자기 인식의 절대화를 비판하는 논리이다. 따라서 남북한이 겪고 있는 극단적인 이념대립과 갈등을 해결할 수 있는 제3의 방법으로 그 단서를 제공할 수 있다. 둘째, 불연기연은 상호간 또는 다자간 자신의 상대적 인식과 논리를 해체시키는 논리이다. 상호 논리의 장단점을 이해하고 소통함으로써 합리적인 교류를 위한 단

9 『동경대전』, 「불연기연」.
10 조극훈, 「동학의 불연기연과 변증법」, 『동학연구』 제29집, 한국동학학회, 2010, 31쪽.

서를 제공한다. 셋째, 불연기연을 통해 각자가 자신의 인식의 상대성을 인정하게 되면 역지사지에 도달할 수 있음으로써 한울님의 초월적 인식 속에 통합적 인식에 합의할 수 있다. 남북의 자기 절대화와 이념과 체계의 대립과 갈등을, 상호불신 및 상호모순을 극복하고 통일을 위한 평화적 합의에 도달할 수 있다.[11]

그리고 폐정개혁안 12조는 동학의 평화사상을 구현하는 방법을 보여준다. 평화는 불신과 부조리, 사회적 부당함을 시정할 때 찾아오는 결과물이기 때문이다. 탐관오리와 횡포한 부호들의 엄징, 노비문서 태울 것, 청춘과부의 재가허용, 토지 균등분배 등은 당시에 팽배해 있던 사회적 모순과 차별을 시정함으로써 평화가 찾아올 수 있음을 보여준다.

동학은 평화사상의 근거로 무위이화의 철학과 불연기연의 논리 그리고 폐정개혁안 12개조를 제시했다. 무위는 유위와 함께 불연은 기연과 함께, 평화는 개혁과 생각해야 그 참뜻을 이해할 수 있다는 것을 동학의 평화사상의 근거들은 알려준다.

3) 통일사상

동학이 우리에게 제시할 수 있는 통일사상으로는 후천개벽을 들 수 있다. 선천개벽의 시대가 불화와 반목의 시대였다면 후천개벽의 시대는 평화와 통일의 시대이다. 그렇지만 평화와 통일의 시대를 열기 위해서는 그만큼의 확실한 역사의식과 역사철학을 갖추어야 한다.

11 앞의 논문, 249-250쪽.

개벽은 새로운 세상을 연다는 뜻으로 최시형은 이를 "성쇠명암(盛衰明暗)은 천도의 운"이며 "흥망길흉(興亡吉凶)은 인도의 운"으로 설명하였다.[12] 천도의 운과 인도의 운은 다른 것이 아니다. 성한 것은 시간이 지나면 쇠하고 쇠한 것도 시간이 지나면 성하게 되는 것이 하늘의 이치이듯이, 인간의 세계에서도 흥한 뒤에는 망하고 망한 뒤에는 흥하고, 길한 뒤에는 흉하고 흉한 뒤에는 길하게 되는 흥망길흉의 도리가 있다. 이처럼 해월 최시형은 천도와 인도가 다른 것이 아니라고 봄으로써 개벽의 필연성을 객관적인 측면에서 정당화하고자 하였던 것으로 보인다.

잘못된 사회구조를 바로잡고 이기적이고 표면적인 의식에 집착하고 있는 사람들을 억압과 착취에서 구원하려는 열망은 해월 최시형에게는 운명과도 같은 것이었다. 사계절의 변화나 밤낮의 변화와 마찬가지로 우주에는 이러한 변화의 필연적인 법칙이 존재한다. 「개벽운수」 편에는 개벽의 의미와 개벽의 필연성이 제시되어 있다.

먼저 개벽은 "새 한울, 새 땅에 사람과 만물이 새로워지는 것"이며, "세계 만물이 다시 포태의 수를 정하는 것"을 말한다.[13] 개벽은 인간과 세상 그리고 한울이 새로워지는 것을 말한다. 새로움을 기준으로 개벽은 선천개벽과 후천개벽으로 나눌 수 있다. 선천 인간, 선천 세상, 선천 한울이 후천 인간, 후천 세상, 그리고 후천 한울로 변화한다. 이러한 변화의 중심엔 우주의 법칙이 존재한다.

다시개벽은 동귀일체의 사회를 이루어가는 과정, 즉 시천주를 토대로 하

---

12 『해월신사법설』, 「개벽운수」: "盛衰明暗 是天道之運也… 興亡吉凶 是人道之運也".
13 『해월신사법설』, 「개벽운수」: "新乎天 新乎地 人與物 亦新乎矣", "世界萬物 無非更定胎胞之數也".

여 이상사회를 지향하는 과정이라고 할 수 있다. 후천개벽의 사상은 목표가 아닌 과정으로 평화를 이해하는 평화적인 역사철학이다. 무위이화로 이룩되어 가는 과정으로서의 역사를 말한다.[14] 동귀일체는 말 그대로 한 몸으로 돌아온다는 뜻으로 모든 사람들이 일체 즉 한 몸처럼 되는 세상으로 공동체적인 사회원리를 뜻한다.[15] 동귀일체를 인식하는 인간 역시 그러한 통일의 인식을 갖추어야 한다.

동학의 인간관에서는 인간, 사회, 자연, 우주가 그 참됨으로써 만나고 공동체를 이루고 살아간다는 점에서 인격과 존엄이 강조된다. 따라서 인간을 한울님과 같이 존엄한 존재로 모신다는 인간 인식은 각자위심의 타락한 의존성을 반성하고 주체적인 인간에 대한 자각과 실천을 강조한다. 둘째, 시천주의 인간은 한울님을 모신 존엄한 영적인 존재일 뿐만 아니라 자유롭고 평등한 인간이다. 즉 시천주의 인간은 한울님을 모신 존엄한 존재임과 동시에 수심정기의 실천을 통하여 인간의 본성인 인의예지를 회복하여, 성인에 이르게 되는 자유로운 인간을 상징한다. 셋째, 시천주적 인간관은 섬기는 인간관이다. 시천주의 섬김의 윤리는 가족과 공동체가 해체되고 구조적 빈곤과 사회의 양극화와 같은 사회 붕괴 현실과 남과 북의 갈등과 반목을 치유할 수 있는 평화적 대안이다.[16]

이처럼 동학의 인간관은 존엄한 존재, 자유롭고 평등한 존재, 섬기는 존재로 요약될 수 있을 것이다. 동학의 민주 평화 통일의 정신도 먼저 인간의

---

14 남태옥, 앞의 논문, 260쪽.
15 노태구, 「동학의 공동체 원리와 통일 이념」, 『한국지방자치학회보』 제30권 제2호, 한국지방자치학회, 2001, 85-86쪽.
16 남태옥, 앞의 논문, 257쪽.

마음이 안정되고 통일되어야 자유와 평등, 평화와 통일의 길도 열릴 수 있다. 마음이 중요하다는 것이다. 결국 동학의 통일사상도 바르게 정립된 인간관에 기초하고 있다.

동귀일체를 지향하는 사회, 후천개벽의 역사의식이야말로 갈등과 전쟁과 폭력의 선천세계를 평화의 후천세계로 전환할 수 있는 가능성을 제시한다. 수운의 후천개벽은 시천주를 통해 유위와 무위, 사람과 하늘이 변증법적 통일을 이루어 새 하늘과 새 땅을 창조하는 다시개벽인 것이다. 결국 후천개벽은 문명사적 전환을 의미한다. 갈등과 반목, 불신과 대립의 문화를 청산하고 새로운 문화와 문명을 창조하는 시대를 말한다.[17] 노태구는 동학의 삼민주의를 보국안민의 민족주의, 사인여천의 민권주의, 동귀일체의 민생주의, 포덕천하의 문화주의 이론으로 표현하면서 동학의 공동체 사상을 가장 압축적으로 표현한 것이 동귀일체설이라고 한다.[18]

동귀일체의 공동체 정신은 이념적 갈등과 분열에 대해 하나의 변증법적 합이 될 수 있다는 점에서 평화적 화합을 지향하는 논리이자 통합의 기본이념이고, 통일의 원리로서의 개념이라고 할 수 있다.[19] 후천개벽의 새 세상은 만인이 도성입덕하여 요순성세의 도덕공동체를 이룩하는 것이다. 천지개벽의 도수에 조응하여 인위의 정신개벽과 사회개벽이 이루어지면 천지가 합덕하는 후천의 새 세상이 열리는 것이다.[20]

---

17 남태욱, 위의 논문, 261쪽.
18 노태구, 앞의 논문, 95쪽.
19 임형진, 「동학사상과 민족통일운동의 방향」, 『동학학보』 제36호, 동학학회, 2015, 141쪽.
20 최민자, 「동학의 인식과 존재의 변증법」, 『동학학보』 제20호, 동학학회, 2010, 26쪽.

3. 동학의 정신과 지방자치의 실현

동학의 정신은 오늘날 정치 경제 사회 문화 등 다양한 분야에서 구현될수 있다. 특히 집강소에서 알 수 있듯이 동학농민군들이 직접 행정에 참여하고 운영했다는 것은 동학이 지방자치제의 모태가 되었다는 점을 말해준다. 폐정개혁안의 실천을 통한 민주적인 의사결정의 과정은 다른 곳에서 찾아볼 수 없는 동학의 현재성을 보여준다. 지방자치체의 성공을 위해서 동학의 정신이 어떻게 기여할 수 있는지를 몇 가지 사안을 논의하면서 제시하고자 한다.

1) 집강소와 지방자치

지방자치와 지역공동체는 동학의 민주, 평화, 통일의 정신을 실현할 수있는 공간이다. 이 공간은 개인이 자신의 자유를 최대한 발휘할 수 있으면서 개인과 개인, 개인과 공동체간의 관계를 발전시킬 수 있는 역할을 한다. 우리는 그러한 공동체의 실현 가능성을 집강소에서 살펴보고자 한다.

집강소는 전라감사 김학진과 전봉준 간에 관민상화의 원칙에 의해 공식적인 제도로서 인정되면서 전라도 대부분 지역뿐만 아니라, 충청도, 경상도여러 지역에 설치되었다. 폐정개혁안 12개조는 집강소의 개혁사업을 위한원칙으로 합의되어 나온 것으로,[21] 집강소의 존속기간은 5월 19일부터 농민

---

21 전창렬, 「갑오농민전쟁연구」, 연세대학교 박사학위논문, 1991, 162쪽. 전주화약은 정부측에서 농민군이 요구하는 폐정개혁 27조를 실시하고 농민군은 전주에서 철수하여 귀향한다는 내용을 담고 있다. 그러나 정부는 농민군과의 약속인 폐정개혁안 27조의

군이 패전한 11월까지 약 7개월간의 기간이었다.[22] 폐정개혁안을 실천하고, 관리들의 문서를 검열하고, 밑에서 올라오는 소장을 처리하고, 치안유지를 하는 등 지방자치행정 전반의 업무를 담당할 정도로 그 역할이 광범위하였다. 집강소는 한국의 전통적인 마을공동체의 자치 원리를 행정 단위인 부·군·현의 자치기구로 승격시킨 것이다.[23]

집강소는 접주, 접사, 접등 등으로 구성된 실무기관과 농민민군의 집회, 즉 도회의 형태인 의결기관으로 이원화되어 있었으며, 집강소의 운영이 농민군 중심의 의결기관을 통하여 민주적으로 운영되었다. 집강소는 기존 제도권을 활용한 부분이 있으나 양반중심의 정치사회질서를 부정하는 농민들이 요구하는 농촌사회의 신질서를 수립하기 위해 강력한 개혁활동을 실행해 나간 지방차원의 농민기관이었다.[24] 농민군이 도회의 의결에 따라 불량양반과 토호의 재물을 몰수하고 기존의 향촌질서를 새롭게 재편해갔다는 점에서 집강소 운영이 곧 농민자치였음을 알 수 있다.[25] 이처럼 공동체를 바탕으로 한 주민참여와 여론 수렴에 의한 자치를 실현하는 역할을 하였다는 점에서 집강소는 오늘날 지방자치의 모태라고 해도 무리가 없을 것이

실시를 이행하지 않은 채 5월 19일 홍계훈의 초토군을 회군시킴에 따라 정부의 무장력이 없는 상태에서 농민군은 집강소를 설치하여 자신들의 힘으로 폐정개혁을 실행하기 시작했다.(위의 논문, 155-161쪽 참조)

22 신용하,『동학과 갑오농민전쟁연구』(서울: 일조각, 1993), 250쪽.
23 임형진, 앞의 책, 121쪽.
24 황묘희,「집강소의 농민사회 신질서 수립을 위한 개혁활동」,『동학학보』제19호, 동학학회, 2006, 364쪽.
25 김경순,「한국근대 지방자치연구」,『한국지방자치학회보』제13권 제2호, 한국지방자치학회, 2001, 16쪽.

다.[26]

집강소를 통해서 실행하게 될 폐정개혁안 12개조는 집강소의 성격을 가름할 뿐만 아니라 오늘날 지방자치의 이념을 살펴보는데도 또한 도움이 된다.

▷ 12개조 폐정개혁안

① 각 도인과 정부 사이에는 묵은 감정을 씻어버리고 서정(庶政)에 협력할 것

② 탐관오리의 그 죄목을 조사하여 하나하나 엄징할 것

③ 횡포한 부호들을 엄징할 것

④ 불량한 유림과 양반들을 징벌할 것

⑤ 노비문서는 태워버릴 것

⑥ 칠반천인(七班賤人)의 대우를 개선하고 백정 머리에 씌우는 평양립(平壤笠)을 벗게 할 것

⑦ 청춘과부의 재혼을 허락할 것

⑧ 무명잡세는 모두 폐지할 것

⑨ 관리채용은 지벌을 타파하고 인재 위주로 할 것

⑩ 왜와 내통하는 자는 엄징할 것

⑪ 공사채를 막론하고 지난 것은 모두 무효로 할 것

⑫ 토지는 평균으로 분작하게 할 것

26 임형진, 앞의 책, 122쪽.

집강소의 활동 내용으로는 탐관오리의 횡포한 부호의 경계, 동학의 공인, 사회신분제도의 철폐와 신분해방, 토지제도의 개혁과 균등한 분작, 삼정의 개혁, 백성들이 제출한 인민소장의 철, 관리들이 작성하였던 문서의 검열과 집강소 정책의 문서화 등이다. 특히 집강소의 활동 중 가장 핵심적인 것은 신분제도의 철폐에 대한 계획으로 신분평등뿐만 아니라 노비, 천민의 신분해방을 위한 개혁을 실행했다는 점이다.[27]

폐정개혁안의 내용을 분석하면 크게 세 가지 내용이다. 신분질서의 변화, 수취제도의 전면적 개혁, 그리고 토지제도의 개혁이다.

폐정개혁안의 제5, 6, 7조에는 천민의 대우 개선, 노비문서의 소각, 과부 재혼, 문벌타파와 인재본위에 의한 관리 등이 규정되어 있다. 이는 조선사회질서의 근간인 신분질서의 폐기일 뿐만 아니라 새로운 사회의 내용을 담고 있다. 농민자치 이전의 향촌질서가 양반지배층을 정점으로 상하관계적으로 운영되어 왔다면, 이제는 사회관계가 평등한 관계로 대체되었다.

폐정개혁안 2, 3, 8, 10, 11조는 17-18세기 이래 조선사회의 모순인 삼정문란과 그와 관련된 지배층의 수탈을 초래한 수취제도의 전면적 개혁을 주장하는 내용을 담고 있다. 농민군은 양반주지에게서 억울하게 뺏긴 땅이나 재물을 돌려받았으며 지대상납을 거부하였다. 무엇보다 고리대금의 무효화로 소작 관행이나 고리대 관행에 커다란 변모가 일어났다.

폐정개혁안 12조는 조선사회의 근간인 토지제도의 개혁을 주장했다는 점에서 농민자치의 궁극적인 지향을 알 수 있다. '토지는 평균으로 분작케 할 사'에서도 제시되었듯이 지주제도를 폐지하고 농민적 토지제도를 확립

---

27 이현희, 「동학과 근대성」, 『민족사상』 제2호, 한국민족사상학회, 2008, 17쪽.

하려고 하였다.[28]

집강소의 설치와 이를 통한 농민군의 직접적인 농민사회통치는 봉건적 양반 중심의 정치사회 구조 속에서 소외되어 있었던 농민대중이 한국 역사상 최초로 정치일선에 나서 농민사회의 신질서 수립을 폐정개혁안을 실행했다는 점에서 의의가 크다.[29]

동학사상은 인간존중을 바탕으로 하는 평등사상을 통해 근대성을 내포하고 있으며, 민중들에게 시대적 고통의 근본적 원인을 깨닫게 하고 사회변혁을 요구하는 민족의식을 성장시켰다.[30] 집강소는 폐정개혁안을 기반으로 하여 기존 정치 사회적 구조의 틀을 부정하고 신분제도의 철폐 등을 통해 근대적인 개혁을 시도하려는 민중들의 의지가 반영된 것이었다.[31]

농민군의 자치기구인 집강소의 성격을 이해하는 데는 집강소 설치 배경과 시대적 맥락을 이해할 필요가 있다. 우선 집강소가 전주화약의 산물로 정부 측과의 타협의 산물이라고 할지라도, 그 주도권을 농민군 쪽에서 잡고 있었다는 점과 함께 농민군이 정부의 타협의 대상이 될 정도로 성장하였다는 점 그래서 타협의 결과 농민층이 합법적으로 폐정개혁을 주도하고 치안유지를 담당하는 정치적 주체로 나선 측면이다. 집강소가 비록 정부와의 타협의 산물이지만 실제 그것은 농민군 투쟁 본부인 도소 안에 있었기 때문에 농민군의 합법적 활동공간이었다는 점이다.[32] 농민군의 합법적 자치구라는 성

---

28 김경순, 앞의 논문, 17-19쪽.
29 황묘희, 앞의 논문, 363쪽.
30 이현희, 앞의 논문, 9쪽.
31 위의 논문, 14쪽.
32 김양식, 「동학농민전쟁기 집강소의 위상과 평가」, 『역사연구』 제19집, 역사학 연구소, 2010, 70쪽.

격으로 인해 집강소는 오늘날의 지방자치의 모태라고 평가할 수 있다.

2) 지역공동체의 지속가능한 발전

이처럼 지역공동체가 지속적으로 발전하기 위해서는 당면한 갈등을 극복하려는 노력과 함께 그 방향을 검토할 필요가 있다. 이창언 등에 따르면 지방의 지속가능한 발전을 가로막는 요소로 거론되는 것으로는 거버넌스의 권한과 책임, 지속성 확보, 중앙 수준의 지원 부족과 정권 변화에 따른 잦은 부침, 지방 정책 전문가와 정보의 부족, 제도화의 문제 등이 있다.[33]

(1) 다양한 지속가능성의 과정

지방이 자치정부로서 생명력을 가지기 위한 다양한 형태의 방식이 존재한다. 지속가능성의 유형을 다섯 가지로 분류하고 각각의 특징과 한계 그리고 과제를 검토함으로써 합리적인 방향을 모색하고자 한다.

〈지방의 지속가능성 과정의 다양성〉[34]

유형	지속가능성 추진과정	특징	주도 조직	한계	과제
지방정부 주도형	지방정부의 전략	비용-효율성 계산과 위기관리	지방정부 리더, 공무원	단기적, 효용추구, 소통과 참여부족	참여의 확대, 지속가능성 기준 합의, 제도화
시민사회 주도 및 민관 협력형	시민사회 이니셔티브	지속가능성에 대한 도덕적 이해	지역 시민사회 네트워크	정책 대안과 책임의 부재, 협력적 정치 문화의 부족	거버넌스 효과에 대한 이해 증진, 목표에 대한 책임, 신뢰 증진

33 이창언 외, 『갈등을 넘어 협력사회로』(서울: 살림터, 2014), 5쪽.
34 위의 논문, 75쪽 재인용.

지역 조직 체들간의 협력과 네 트워크형	공동 행동 (협력적 활 동)	협동과 협력의 가 치 지향	다부분 (지방정부와 다양한 네트 워크)적 특성	상이한 조건과 경 험, 작용 원리	지속적인 동기 부여, 건설적 조 언과 책임성의 제고
중앙정부 주도형	국가 정책	지속가능성 정책과 제도화와 수준 반영	국가	기술혁신과 성장 강조	국가정책의 녹색 화, 거버넌스와 리더십 구축
국제 협력형	국제 협력	글로벌 기준과 약 속 제시, 경험과 정보의 공 유, 재원 지원	국제기구와 국가. 지방 수준의 다양 한 네트워크	지속가능성 과정의 획일화	지방의 특수한 상황을 고려한 재구성(창조적 적용)

지방공동체의 지속가능한 발전을 위해서는 지역공동체의 개념을 정립할 필요가 있다. 지속가능한 지역공동체는 다음과 같은 개념의 인식과 능력의 회복이 필요하다. 예를 들면 "사회적 합의를 형성하고 실행할 수 있는 사회적 소통 능력", "생태적 삶의 공간으로서의 지역", "신뢰와 유대, 공동의 문제 해결의 장으로서의 지역공동체" 등이다.[35]

첫째, 지속가능한 지역공동체는 "녹색경제공동체"를 지향한다. 글로벌 자본주의 도래로 인해 초래된 문제인 상품의 물신화, 개인화, 먹을거리 안전성 문제, 소외 등을 극복하여 자연생태계의 회복력을 증진시키고 개인의 삶의 질을 높일 수 있는 방향을 지향한다.

둘째, 지역공동체는 지역 주민들의 자발적 참여, 의사결정과정에서의 정보, 의사결정, 집행, 책임을 공유할 수 있으면서 참여와 책임성이 조화를 이루는 "자치공동체"를 지향한다.

셋째, 지속가능한 지역공동체는 미래세대의 건강과 안전 복지를 위한 도

---

35 위의 논문, 110-116쪽 참조.

시 계획, 현재와 미래 세대가 존재할 수 있게 해준 노인 세대와의 협력 등 통시대적인 사고와 협력이 필요한 "미래공동체"를 지향한다.

넷째, 지속가능한 지역공동체는 기후변화에 대응하며 순환과 재생이 가능한 "생명공동체"를 지향한다. 환경과 생태의 가치를 경제 발전과 사회적 평등의 가치와 통합적으로 고려해야 한다.

다섯째, 또한 지속가능한 공동체는 차별없이 공평하며 모두가 행복한 이웃 공동체를 지향한다. 좋은 공동체는 세대 내 형평성, 세대 간 형평성, 인간과 자연 사이의 형평성이 전제되어야 한다.[36]

이러한 지속가능한 지역공동체의 실현을 위해서는 무엇보다 그 방향과 토대를 제시할 수 있는 지역공동체의 철학이 정립되어야 한다. 지역은 보편성과 지역성의 갈등과 모순 그리고 조화가 나타나는 최전선이라 할 수 있다. 양자의 갈등을 얼마나 효과적으로 대응하느냐에 지역공동체의 성패가 달려 있으며 더 나아가 지역성과 보편성 그리고 양자를 연계하는 관계성의 철학에 대한 고민과 모색이 필요할 것이다.

(2) 글로컬 시대의 로컬 문화의 재인식

"지구적으로 생각하고 지역적으로 행동하라"(think globally and act locally)

원래 글로벌화는 시민권의 전지구적 확산으로 오늘날에는 국적없는 자본의 자유로운 이동 기술 매체의 발달, 다문화 사회의 일반화 등의 의미로

---

36 위의 논문, 120-124쪽 참조. 139쪽.

사용된다. 따라서 글로벌화의 목표는 단일한 세계사회 구축으로 경제공동체를 형성하는 것이며 이를 위해 국제적 표준을 세우는 것이었다. 이러한 글로벌화의 문제점을 극복하기 위한 문화담론이 바로 글로컬 담론이다. 글로컬이 지향하는 가치는 세계화를 인정하면서도 지역의 특성과 상황을 고려해 지역의 독특한 문화를 폐기하지 말자는 것이다. 따라서 글러컬하게 사는 삶이란 글로벌화에 따라 보편적으로 사고하면서 지역의 특수성을 고려해 행동하는 것을 말한다. 이것은 세계화에 포섭된 삶을 거부하고 지역성을 기반으로 대안적인 삶을 살아가려는 사람들이 추구하는 문화현상이다.[37]

지속가능한 지역공동체를 실현하기 위해서는 장소 개념의 인식과 그것에 대한 충분한 이해가 전제되어야 한다. 장소는 행정구역상으로 분리된 물리적 개념이 아니라, 인간의 감정과 분리될 수 없는 존재의 중심이며 정체성을 규정하는 요소이다.[38] 장소는 우리가 인식할 수 있는 것들의 공간적 존재이며, 부분에서 전체로 인식하는 과정으로서 회합의 의미를 지니며, 회합은 장소를 더 열리게 한다.[39]

장소의 정체성은 장소가 갖는 고유한 "물리적 정체성"과 주관적 감정에 의해 형성되는 "인간적 정체성"의 측면에서 살펴볼 수 있다. 물리적 정체성으로서의 장소는 장소를 형성한 사람들과 함께, 한 시대의 양식이 결집되어 있고 공시적인 역사성이 존재하는 곳이다. 인간적 정체성으로서의 장소는 물리적 환경을 경험하는 사람들에 의해 상호작용함으로써 장소와 인간의

---

37 정현주, 『지방자치는 우리의 삶을 어떻게 바꾸는가』(서울: 정한책방, 2019), 132-133쪽.

38 위의 책, 145쪽.

39 김명식, 『철학적으로 도시 읽기』(서울: 스페이스타임, 2014), 60쪽.

의식이 결합되어 공통의 주관적 정체성을 형성하는 의미를 갖는다. 장소에 대한 의미는 장소를 경험하는 개인마다 달라 개별적이며 문화적인 속성을 갖는다. 이러한 속성은 '장소의 정신 또는 혼', '장소감', '장소의 분위기' 등으로 불린다.[40]

　따라서 진정성이 있는 장소는 그 문화권에 속한 사람들이 추구하는 가치관이 총체적으로 반영되어 있으며, 자연환경과 사회적 맥락에서 조화롭게 구성되는 장소이다.[41] 따라서 지역의 특성을 고려하지 않고 지역의 문화와 자연환경을 반영하지 못한 글로컬 문화는 또다른 글로벌 문화의 변형으로 남을 것이다. 지방자치정부 및 지역단체를 중심으로 지역문화를 계발하는 것은 글로컬 시대의 로컬문화를 재인식함으로써 삶과 문화가 접목되는 글로컬 문화를 정립하는 일이기도 하다.

　(3) 중앙 대 지방 프레임에서 벗어나기

　종래의 중앙과 지방의 프레임은 수직적이고 일방적인 것으로 고착화되었다. 중앙이 지방을 착취하고 지방이 중앙의 하위 구조라는 기존의 관점을 극복하면서 과감한 인식의 전환이 필요하다. 중앙에 의해 식민지화된 지방의 문제에 관심이 많았던 강준만은 중앙중심의 문화가 개선되어야 할 것을 주장한다. 지방은 내부 식민지이다.[42] 내부 식민지를 극복하는 일은 우리 사회의 갈등의 문제를 극복하는 지름길이다. 이는 좌우, 여야, 지역, 계층, 세대 등의 분열과 갈등 구도 그리고 프랙털 원리에 의해 그 구 안에 자리 잡은

---

40 정현주, 앞의 책, 145-146쪽.
41 위의 책, 148쪽.
42 강준만, 『지방식민지 독립선언』(고양: 개마고원, 2015), 137-140쪽 참조.

또 다른 갈등 구도를 넘어서 우리 모두 화합과 평등을 지향하는 한 단계 발전한 세상의 실현을 위해서이다.[43]

현실정치는 지역성과 장소에 기반을 두어야 한다. 지역성과 장소에 기반을 둔 생활정치가 출발할 수 있는 곳이 바로 우리의 생명이 살고 있는 지금, 여기에서의 장소이고 지역이다. 따라서 진정한 장소란 미학적인 가식이 없으며 해당 지역의 위치와 안녕을 배려하고 지역의 기후와 조화를 이룬다. 또한 그 장소를 들어가거나 경험할 때 인공과 자연으로 구성된 전체 환경에 대한 존중하는 태도를 보인다.[44]

독일 미술사학자 하인리히 뵐플린(Heinrich Woefflin)이 제시했던 건축의 예술성에 대한 미학적 기준은 참된 장소가 어떤 곳이어야 하는지를 보인다.

"첫째, 공간을 구성할 때 그곳에 인간의 삶과 감정을 있게 하는 힘이 표현되어야 한다. 기념이나 장식과 같은 상징성이 아닌 순수한 삶의 활동으로 이루어지는 장소가 되어야 한다. 둘째, 아름다운 장소란 그 장소에 사람들의 육체적 활동이 함축되어야 한다. 특히 인간의 모든 감각은 물론 육감까지 느껴지는 삶의 움직임을 체험해야 한다. 셋째, 사람들의 활동이 서로 동일한 목적으로 움직이며 행복하고 만족스러운 여러 감정들이 교차되어야 한다. 넷째 예술작품에는 인간의 존엄성과 인도주의 정신이 내재되어야 한다. 행복한 삶을 만드는 건강한 육체의 움직임이 있는 공간에서 인간은 지성과 인격을 갖추게 되며 이런 공간이 슈팀뭉(분위기)가 표현되는 공간이

---

43 위의 책, 296쪽.
44 정현주, 앞의 책, 137쪽.

동학의 민주 평화 통일 사상과 여주의 정신 | **105**

다."[45]

　인간의 삶과 감정을 있게 하는 힘, 육체적 활동 감정들의 교차, 인간의 존엄성과 인도주의 정신, 지성과 인격을 갖추게 하는 공간이 참된 공간이다. 중앙과 지방의 프레임은 이러한 참된 공간을 거짓된 언어로 왜곡하고 파괴한다. 따라서 지속가능한 지방공동체를 실현하기 위해서는 중앙과 지방이라는 거짓 프레임을 깨야 한다.

　(4) 반지성주의 담론에서 벗어나기

　또한 지속가능한 지방공동체를 위해서는 우리 사회에 널리 퍼져있는 무비판적 반지성주의를 극복해야 한다. 호프스태터에 따르면, 반지성주의(anti-intellectualism)란, "정신적 삶과 그것을 대표한다고 여겨지는 사람들에 대한 분노와 의심이며, 또한 그러한 삶의 가치를 언제나 얕보려는 경향이다."[46] 그는 1950년대 미국에서 광풍을 일으켰던 메카시즘 지식인을 비판하기 위하여 이 개념을 사용하였다. 그러나 오늘날 지식인의 지형도가 다변화되었고 이러한 정의는 추상적이기 때문에 정확한 정의를 내릴 필요가 있다. 강준만은 반지성주의란 "이성적 합리적 소통을 수용하지 않는 정신상태나 태도"로 정의하면서 3대 요소로 신앙적 확신, 성찰불능, 적대적 표현을 들었다.[47] 이러한 반지성주의의 사회적 배경으로는 평등주의, 물질주의, 지성의

---

45 떼오도르 폴 김, 『사고와 진리에서 태어나는 도시』 (서울: 시대의창, 2009), 188-189쪽.
46 리처드 호프스태터 지음, 유강은 옮김, 『미국의 반지성주의』 (파주: 교유서가, 2017), 25쪽.
47 강준만, 「왜 대중은 반지성주의에 매료되는가?」, 『정치, 정보연구』, 22권 제1호, 2019, 27-28쪽.

자기소외이다.[48]

　이러한 반지성주의적 태도를 극복하기 위해서는 생활 속 자기성찰이 요구된다. 담론은 사회발전과 문제해결에 도움이 되지만 그것이 경멸의 태도나 성찰 없는 적대표현을 씀으로써 오히려 사회를 반복하는 부정적인 결과를 낳기도 한다. 따라서 담론은 현실 생활에 근거하여야 한다.

4. 사람중심, 행복도시 여주

　서론에서 언급했듯이 "오심즉여심", 즉 "내 마음이 곧 네 마음이다."는 가르침은 동학의 민주 평화 통일의 정신을 함축하고 있으며, "동에서 나서 동에서 받았으니 학을 동학(東學)이라고 한다"는 동학의 명칭은 지방자치제의 모태가 된다는 점을 논의하였다. 그리고 동학의 민주 평화 통일의 정신의 사례로 "시천주", "사인여천", "무위이화", "불연기연", "개벽사상"을 제시하였다. 특히 동학의 명칭이 동쪽이라는 물리적 정체성뿐만 아니라 그 정체성을 중심으로 연결되는 다양한 요소들의 인간적 문화적 정체성도 포함하고 있다는 것은 동학을 재조명하는 데 매우 중요한 점을 시사한다.

　그것은 동학이 지방자치공동체의 모태가 된다는 점이다. 3장에서 논의했던 집강소의 설치와 운영을 통해 폐정개혁안을 실행한 동학농민군의 활동은 자율과 자치공동체로서 지역공동체의 역사적 의의를 반성하게 하는 좋은 사례이다. 그렇지만 이러한 집강소의 역사적인 사례 이전에 우리는 동

---

48 위의 책, 38쪽.

학의 정신 자체가 지방자치의 이념적 근거가 된다는 점을 지적하고자 한다. 첫째는 동학의 장소성에 관한 것이다. 그동안 동학 관련 논의에서는 이 부분이 거의 논의되지 못했다. 동학의 보편성만을 강조한 나머지 동학의 지역성과 장소성은 상대적으로 주목하지 못했다.

동학의 장소성은 지금 현재의 물리적 공간, 현재 삶의 터전을 자리하고 있는 인간적 공간을 의미한다. 이는 중앙에 대비되는 지방을 의미한다. 이러한 점에서 풀뿌리 민주주의나 지방자치가 사실 동학의 특성인 것이다. 중앙과 서울이 경제, 정치, 문화, 사상의 중심이 되고 지방은 단지 변방으로 취급되는 지금의 지방자치는 불평등한 권력구조를 보여준다. 동학은 현재 존재하고 있는 그 장소가 중심이고 한울임을 강조한다. 따라서 동학은 가장 지역적인 것이 중심적인 것임을 보여준다.

우리는 민선 7기를 맞이한 지방자치도시인 여주시가 제시하고 있는 시의 비전과 시정목표를 검토함으로써 동학의 현대적 면모를 발견하고자 한다.

여주시는 시정의 비전을 사람중심, 행복여주로 제시하였다. 그리고 이러한 비전하에 시정의 목표를 다섯 가지로 설정하였다.

〈여주시 비전: 사람중심 행복여주〉[49]

● 민선 7기 여주시 비전 - '사람중심 행복여주'

● 시정목표: ▼ 아이 키우기 좋은 도시

---

49 여주시 열린시장실 언론보도자료, 〈민선7기 여주시 사람중심 행복여주 밑그림 제시! 사람중심위원회 ?보고회 개최〉(2018. 08. 25)
http://www.yeoju.go.kr/brd/board/895/L/menu/2453?brdType=R&thisPage=112&bbIdx=149823&searchField=&searchText=(2019. 10. 16)

▼ 좋은 일자리가 넘치는 도시

▼ 농촌과 도시가 조화로운 도시

▼ 문화가 흐르는 행복도시

▼ 시민과 함께 소통하는 도시

이처럼 사람이 중심이 되고 행복한 도시를 만든다는 시정철학은 동학사
상의 핵심인 시천주와 폐정개혁안 12개조를 비롯한 집강소 설치 등에서 알
수 있는 인간 평등주의와 주권의식과 다르지 않다. 여기에서는 여주시의 비
전과 시정목표가 동학의 지방자치사상과 어떻게 접목될 수 있으며 또한 자
치공동체를 실행하기 위해서는 어떤 점이 필요한지 논의한다.

1) 어린이 존중사상

저출산 고령화 사회로 접어든 오늘날 출산뿐만 아니라 양육의 문제는 사
회적으로 중요한 문제중의 하나이다. 동학에서는 아이를 한울님 대하듯 해
야 할 것을 강조한다. 왜냐하면 아이는 어린 한울님이기 때문이다. "아이를
때리는 것은 곧 한울님을 때리는 것"과 다른 것이 아니므로 아이를 대할 때
에도 한울님 대하듯 해야 한다는 것이다.[50] 소파 방정환과 함께 어린이 운동
을 주도한 소춘 김기전의 어린이 운동은 어린이를 왜 인격체로 존중해야 하
고, 출산의 의미가 경제적인 조건에만 있지 않다는 점을 보여준다.

김기전은 어린이의 인격 해방뿐만 아니라 경제적 빈곤으로부터의 해방

---

50 『해월신사법설』, 「대인접물」 참조.

을 강조했다. 그는 장유유서의 유교적 폐습을 악용하여 어린이들을 비인격적으로 대하는 어른들의 태도를 비판하면서 어린이도 어른과 동일한 한울이라는 점에서 인격을 갖추고 있다는 점을 강조하였다. 구체적인 방법으로 어린이들을 하대하지 말 것, 경어를 쓸 것 등을 주문했다. 또한 그 경제적 빈곤 때문에 공부할 수 없는 아이들의 문제를 해결할 것을 촉구하였다.

"우리는 지금까지 수없이 어린이들을 이와 같이 윤리적으로 경제적으로 압박하였다. 그들을 근본적으로 해방하여야 한다. 먼저 윤리적으로 해방하고 다시 경제적으로 해방하라. 어린이 그들은 사람의 부스러기도 파편도 아니요 풀로 비유하면 '싹'이요 나무로 비유하면 '순'인 것을 알자. 또 우리 사람은 과거의 연장물도 조술(祖述-앞사람의 설을 본받아서 서술하여 밝힘)자도 아니요, 한도 없고 끝도 없는 내일의 보다 높은 이상을 향하여 줄달음치는 자라는 것을 알자. 그리고 우리가 싸여있는 이 우주는 태고적 어느 때에 제조된 기성품도 완성품도 아니요 이 날 이 시간에도 부단히 성장되며 있는 일대 미성품(未成品)인 것을 알자."[51]

김기전의 어린이 운동은 출산과 육아의 근본 이유가 무엇인지를 생각하게 한다. 김기전은 경제적인 이유와 같은 외적인 요인이 아니라 내적으로 왜 아이를 낳고 길러야 하는지 그에 대한 질문을 던지고 있다. 그 이유는 바로 아이는 한울님이기 때문이다. 물론 경제적인 이유도 중요한 출산과 육아의 조건인 것은 분명하다. 하지만 좀더 본질적인 문제로 돌아가 그러한 경

51 김기전, 「장유유서의 말폐, 유년남녀의 해방을 제창함」, 『개벽』 1920년 7월호.

제적인 원인이 해결되었을 때에도 과연 출산의 이유가 무엇인지에 대한 성찰의 필요성이다.

2) 유무상자의 호혜적 경제관념

동학의 경제관념은 '재물이 있든 없든, 즉 그들이 누구이든 서로 돕는다'라고 해석되는 "유무상자"(有無相資)의 개념에 의해 형성되었다. 유무상자는 다양한 의미로 해석되고 특히 그 외연을 얼마만큼 확대하느냐에 따라 유무의 범주가 달라지기 때문에 논란이 있던 개념이다. 우선 유무상자는 경제적으로 궁핍함을 서로 도우면서 해결할 것을 권고하는 개념이다. 그것은 경제적인 것에서 시작되지만, 경제적으로 없는 자도 도움을 줄 수 있기 때문에 공생의 관계를 함축하고 있다. 동학의 유무상자는 이익을 주고받는 행위라기보다는 상생의 생활양식을 말한다. 또한 유무상자는 경제적인 이해관계를 도모하자는 측면보다는 삶의 총체적 측면에서 호혜성의 원리로 이해된다. 경제적인 이해관계는 삶의 총체적인 측면에서 설명될 수 있는 개념이 사이에 놓인 상생의 의무로 작동하는 기제이다.[52]

좋은 일자리 개념은 한울님을 모시고 있다는 지평에서 이해되어야 한다. 그럴 때 일자리 문제는 경제적인 이익관계를 넘어서서 사회적 유대와 연대 관계 속에서 해결될 수 있을 것이다.

---

52 임상욱, 「21세기 동학적 유무상자의 실천과제」, 『동학학보』 제48호, 동학학회, 2018, 362-365쪽.

3) 지속가능한 생태도시

도시와 농촌의 공존은 얼마만큼 생태적 세계관을 지향하느냐에 달려있다. 도시개발과 농촌 보존은 지속가능한 개발 논제와 연결된다. 보존의 가치를 잃지 않으면서 개발이 중단되지 않는 타협점을 찾아야 한다. 동학은 경인(敬人), 경물(敬物), 경천(敬天)의 삼경 사상을 통해서 이 문제에 접근하고 있다. 한울과 사람 그리고 물건을 모두 공경하라는 것이 동학의 가르침이다. 그렇지만 여기에서는 공경의 정도 문제가 발생할 수 있다.

> "사람은 한울을 존경함으로써 자기의 영원한 생명을 알게 될 것이요, 한울을 공경함으로써 모든 사람과 만물이 다 나의 동포라는 전체의 진리를 깨달은 것이요, 한울을 공경함으로써 남을 위하여 희생하는 마음과 세상을 위하여 의무를 다할 마음이 생길 수 있나니, 그러므로 한울을 공경함은 모든 진리의 중심이 되는 부분을 움켜잡는 것이니라."[53]

지속가능한 개발을 위해서는 먼저 한울에 대한 공경이 있어야 한다. 한울 공경은 인간의 영원한 자기생명, 모든 존재가 나의 동포라는 진리의 깨달음, 남을 위하여 희생한다는 것을 배울 수 있다. 이러한 한울 인식의 바탕에서 물건 인식에 이를 때 인식의 참의미를 알 수가 있다. 삼경은 인간의 삶을 우주적 삶으로 승화시킴으로써 "공경"을 생명윤리의 핵심으로 부각한다.[54]

53 『해월신사법설』, 「삼경」.
54 김춘성, 「해월 사상의 현대적 의의」, 부산예술문화대학 동학연구소 엮음, 『해월 최시형과 동학사상』(서울: 예문서원, 1999), 60쪽.

한울 공경, 물건 공경, 사람 공경을 실천함으로써 존재의 스펙트럼을 천지부모의 관점으로 확장한다면 공경의 정도 문제도 해결할 수 있는 실마리를 얻을 수 있을 것이다.

4) 인문적 감성과 문화도시

문화의 목적은 행복에 있다. 행복은 정서적 안정감과 심미적 감성, 그리고 정서적 유대감이 있어야 느낄 수 있다.[55] 오늘날에는 문화적 감성의 패러다임이 변화했기 때문에 거기에 맞는 문화개발이 필요하다. 문화의 시대에는 혼종성, 감성, 공감, 심미성, 다양성, 공동체적 유대감 및 정서적, 심리적, 정신적 가치가 강조된다. 문화의 패러다임에서 우리는 일상의 삶 속에서 묻어나오는 우정, 관용, 친절, 배려의 순간에서 행복을 느낀다. 따라서 문화란 이러한 인문학적 감수성이 충분하게 발현하여 삶의 현장 속에서 형성되어야 한다.

문화적 감수성이 존재하지 않는 도시는 죽은 도시이다. 그러한 도시는 조상의 흔적도 존재하지 않는 생소한 벽을 만들어낼 뿐이다. 사람이 감동을 받는 장소는 그 장소가 사람의 영혼을 움직여 수수하게 만드는 힘이 있기 때문이다. 인간의 가치를 재발견하고 인간성이 존재하는 선하고 착하고 사랑이 있는 장소, 그리고 감동과 명상으로 순수한 영혼과 정신이 보장되는 장소가 되는 것이다.[56] 여주시는 문화의 도시로서 인간의 가치와 영혼을 발

---

55 조극훈, 「동학 문화콘텐츠 개발을 위한 인문학적 기반 연구」, 『동학학보』 제30호, 동학학회, 2014, 312-313쪽.
56 떼오도르 폴 김, 앞의 책, 261쪽.

견하고 영혼과 마음을 감동시킬 수 있는 지역이다.

5) 소통과 참여의 문화

동학의 정신은 자치에 있다. 자치공동체의 성패여부는 시민들의 소통과 참여가 어느 정도인가에 달려 있을 정도로 소통과 참여는 중요하다. 시민들이 제안한 정책을 모으는 소극적인 소통도 있지만 위원회 활동 등을 통해서 시민들의 정책 제안을 적극적으로 수용하는 방식도 있다. 자치권이 중요하기 때문에 열린 시정을 통해서 자발적인 시민단체의 모임을 지원하고 공론장을 마련하려는 적극적인 노력이 필요하다.

민주주의 기본정신인 소통과 참여는 시민들의 정신과 영혼을 단련하게 하고 공동체의식을 높여 사회적 불안과 불화를 완화하는 역할을 한다. 시민들의 성숙한 의식과 평화로운 삶의 방식은 동학의 시천주를 실현하는 것과 연관지어 이해할 수 있다. 어느 정도 자신의 인생의 가치를 발견하느냐 하는 것은 시천주를 통한 오심즉여심의 세계를 인식하고 실천하는 데 좌우된다.

5. 동학정신의 구현과 여주

동학의 민주 평화 통일 사상은 오심즉여심에 기초하고 있으며, 여기에는 신분, 지역, 빈부, 성별, 나이 등 기존의 개인과 개인, 개인과 공동체 간의 갈등과 반목을 해결할 수 있는 기본 틀이 포함되어 있다. 이는 지금의 민선7기 지방자치단체인 여주시가 설정한 '사람중심, 행복 여주' 비전을 통해 모든 시민들이 행복하게 생활할 수 있는 여건을 만든다는 목표와 일맥상통하고 있다. 이러한 점은 동학사상의 시천주와 양천주 그리고 인내천의 종지를 통하여 사람이 중심이고 사람살이가 기본이 되어야 한다는 현대적인 지방자치 제도의 근간을 제시하고 있다는 점과 우리역사 최초의 농민 자치 기구였던 집강소의 설치, 운영과 폐정개혁안 12조의 시행을 통하여 지방자치의 실체적 접근까지 아우르고 있다는 점에서 확인할 수 있다.

또한 9은 무위이화의 철학과 불연기연의 논리, 동귀일체를 통하여 지역 공동체 뿐만 아니라 글로벌한 상생의 길을 제시하고 있기도 하다. 더 나아가 동학사상은 그 세부 내용과 원리에서 거대 담론의 범주를 넘어서 현대 여주시의 5대 시정목표의 세부 내용과도 부합하는 근거를 제시하고 있으며 그러한 지역 공동체의 지속가능성까지 제시하고 있다.

국내외적인 상황이 극도로 혼란했던 시대에 우리 민족의 상생과 번영을 위해 오심즉여심, 인내천의 정신을 바탕으로 창도된 동학사상은 그저 과거의 한 시점에 존재했었던 종교적 사상이 아니라 바로 지금 현재까지 이어지고 있는 정치, 경제, 사회, 문화의 전 부분을 포함하고 있는 실체적 사상이다. 이 글에서는 이러한 동학사상을 현대 여주시의 상황과 어떻게 접목 시키느냐에 대한 단초를 제공하고자 하였다.

여주시는 왕의 도시이면서 민의 도시이다. 조선의 가장 강력한 왕중의 하나였던 세종과 조선 말엽 새로운 세상을 만들고자 혁명을 일으켰던 최시형의 능이 있는 곳이다. 비록 신분과 권력의 층위가 다르고 삶의 방식이 달랐지만 양자가 추구했던 궁극적인 지향점은 다르지 않다. 나라를 부국하게 하고 백성을 편안하게 하고자 했던 위민사상은 동학의 광제창생 보국안민의 정신과 통하기 때문이다. 더구나 능의 존재는 각별하다. 죽은 자의 삶과 업적을 기리고 후세에 물려줄 교훈을 찾을 수 있는 곳이 능이기 때문이다. 해월 최시형 선생의 묘소를 개발하고 성역화하는 일은 비단 동학혁명을 기리는 일일 뿐만 아니라 역사에서 잊혀질 수도 있었던 중요한 기억과 상징을 통해서 그 정신의 가치를 현재에 계승하기 위해서다.

특히 사람중심, 행복도시 여주시가 지향하는 5대 시정계획은 그 본질에서 동학의 정신과 다르지 않으며 동학의 현재성을 밝히는데 좋은 자료가 될 것이다. 어린이 존중 사상을 비롯하여, 유무상자의 호혜적 평등사상, 삼경사상을 통해서 알 수 있었던 지속가능한 생태도시의 가능성, 인문적 감성이 묻어나는 문화의 도시, 소통과 참여가 민주적인 의사소통의 방식으로 존중받는 동학의 정신은 오늘날 여주시가 표방하고 있는 사람중심, 행복도시의 바탕이 된다.

해월 최시형 선생 묘소 활용 방안

- 해월의 철학과 국내외 사례를 중심으로

장 원 석

한국학 중앙연구원

1. 머리말

이 글은 해월 최시형 선생(이하 해월)의 묘를 활용하는 방안에 관한 필자의 소견을 제안하는 것을 목적으로 한다. 해월의 묘와 같은 역사적으로 중요한 공간을 확장하고 이를 활용하는 것은 지역사회-관련학회-민간단체-지방자치정부-정부의 협력과 공감이 있어야 하며 과감한 발상의 전환이 필요한 과제이다. 그리고 궁극적으로는 공동체의 가치 체계를 다시 구조화하는 것을 의미한다.

현재 세계 각지에서는 기존 공공시설물의 설치와 배제 문제가 큰 사회적 정치적 문제로 떠오르는 것을 볼 수 있다. 미국에서는 콜럼버스(1450-1506)의 역사적 평가가 신대륙 발견자에서 원주민 학살자로 변하면서 콜롬버스 기념일에 그를 반대하는 시위가 벌어지고 동상은 빨간 페인트 세례를 받는다.[1] 영국의 아프리카 식민정책의 주도자이자 제국주의인 세실 로즈(Cecil John Rhodes, 1853-1902)의 동상은 남아프리카 공화국 케이프타운에서 철거

---

[1] "'Stop Celebrating Genocide': Vandals Target Columbus Statue in Rhode Island | KECI." Accessed November 17, 2019. https://nbcmontana.com/news/nation-world/stop-celebrating-genocide-vandals-target-columbus-statue-in-rhode-island.

되었고 영국 옥스포드 대학에서의 철거를 두고 사회적으로 뜨거운 논쟁이 벌어진다.[2] 그러나 평화의 소녀상처럼 논쟁적이면서도 전 세계에 여성, 반식민지, 평화의 새로운 의미를 만들고 확장되는 공간 조형물도 존재한다.

해월 묘지의 확충과 활용 방안의 논의도 크게 보아 이러한 세계적 규모의 시대정신을 어떻게 재건할 것인지와 크게 다르지 않을 것이라고 생각한다. 그것은 궁극적으로 우리의 공적 기억을 어떻게 현재 공간에 구현하여, 이를 통해 어떤 가치와 지향을 가지는 의미의 공간을 대중과 후세를 향해 창조하느냐의 문제일 것이다.

이 글은 여주에 있는 해월의 묘를 어떻게 활용하여 지역사회와 한국 그리고 세계를 향한 의미의 공간을 창출할 것인지를 두고 현황을 검토하고, 특히 국내외의 사례를 들고, 동학의 철학과 조응하는 공간을 구조화하기 위한 몇 가지 제안을 내놓으려 한다. 이 글은 실제로 이 방안들을 실현하는 과정에서 등장할 수 있는 여러 예산적, 행정적, 법률적, 실제적 문제들은 일단 괄호 속에 가두어 두고, 창조적인 화두를 제안하여 더 많은 논의를 이끌어 실천을 위한 공론을 일으키고 모멘텀을 만드는 것을 지향하는 글이 될 것이다.

2. 해월 선생 묘의 현황

해월의 묘는 현재 여주시 천덕산 중턱 해발 550미터, 주소로 여주시 금사

---

2 "Oxford College to Investigate Its Own Role in Colonialism | Education | The Guardian." Accessed November 17, 2019. https://www.theguardian.com/education/2019/mar/21/oxford-college-to-investigate-its-own-role-in-colonialism.

사진1: 해월 최시형 묘소 전경

면 주록리 산 96-1번지에 위치하고 있다. 묘역에는 상석, 고석(鼓石), 향로석 등의 여러 석물이 갖추어져 있고, 봉분에는 원형의 호석이 설치되어 있다. 봉분의 우측에는 1980년 3월 21일 해월의 생일에 맞추어 천도교중앙총부에서 세운 묘비가 서 있다.

비신의 앞면에는 "천도(天道) 제이세(第二世) 교조(敎祖) 해월신사(海月神師) 최시형(崔始亨) 묘(墓)"라 하고 뒷면의 비문은 이선근(1905-1983)이 지은 글이 한글로 새겨져 있다. 내용은 해월의 일대기이며 옆면에는 해월과 손시화 여사 사이의 두 아들에 대한 설명과 후손에 대한 짧은 묘사다. 이 묘지는 1986년 4월 10일 향토유적 제8호로 지정되어 해당 표지판에는 최시형 선생 묘에 대한 짧은 설명이 적혀 있다.

주목할 것은 이 천덕산 중턱은 반식민지 운동, 동학-천도교-독립운동에 헌신한 최시형 가족들이 함께 있다는 것이다. 해월의 세 번째 부인인 손시화의 묘가 아래 옆에 위치하며 그 아래로 첫째 아들 최동희와 부인 홍순영의 묘와 그리고 손자이자 최동희 선생의 아들 최익환 천도교 종법사와 부인 홍창섭의 묘가 위치한다.

해월의 부인 손시화는 손병희의 여동생으로 해월을 보필하고 두 아들을 독립운동가로 키워 냈다. 첫째 아들 최동희(1890-1927)는 천도교 혁신 세력으로 3.1운동에 참여하고 좌우합작운동의 시초로 평가되는 고려혁명당 설립의 핵심 활동가였으나 1927년 상하이에서 요절하였다. 최동희의 부인 홍순영(1869-1949)은 홍병기의 여동생이다. 홍병기는 동학농민전쟁에 참가한 동학도로 해월을 주록리에 모신 인물 중 한명이며, 여주 출신으로 3.1운동 민족대표 33인 중의 일원이다.

최익환(1913-1999)은 최동희의 아들로 13세부터 천도교 청년단 경성부 조직에 참여하였고 천도교 교리 연구에 전념하여 1989년 천도교종법사에 이른 인물이다.

3. 이야기와 주변환경

해월이 여기에 묻히기까지 이야기가 있다. 해월은 1898년 6월 2일 좌포도청에서 교수형을 당한 후[3] 곁에서 해월의 옥바라지를 하던 천도교인 이종훈(1855-1931), 간수 김준식이 광희문 밖에 가매장한 시신을 옮겨와 경기도

---

3 1898년 4월 6일 강원도에서 체포된 해월은 배편으로 서울로 압송되어 광화문 경무청에 갇혔고 취조를 당한 후 서소문감옥으로 옮겨졌다. 그 후 평리원으로 재판을 받으러 다녀야 했다. 결국 사형선도를 받고 좌포도청에서 순교하였다. 해월의 순교터는 현재 서울시 종로구 돈화문로 30, 지하철 1호선 종로3가 입구 9번 출구, 단성사 근처이며 표지석이 설치되어 있다.

사진2: 해월의 묘 바로 아래 손시화와 약간 떨어진 곳에 최동희, 최익한 부부의 묘가 보인다. 아래로 삼원사와 광금사가 있다.

광주(현재 송파) 이상하의 산에 묻었다. 관의 지목을 받게 되자 이상하는 두려워 이장을 종용한다. 이에 1900년 5월 1일 다시 박인호, 손병희 등이 날을 새면서 천덕산 중턱까지 모셔와 매장하였다고 전한다.

해월의 묘지는 접근이 쉽지 않다. 필자는 천덕산 해월의 묘지를 찾아 산을 오르면서 이 첩첩산중을 처형당한 스승의 시신을 모시고 올라가던 이 분들이 느낀 고통, 혹시 관군의 눈이 따라오지 않을까 하는 두려움, 그리고 스승과 동학과 민족의 미래를 위한 의리와 용기를 동시에 체감할 수 있었다. 이는 후대에도 이 장소를 찾아올 사람들이 비슷하게 느껴야 하지 않을까 하는 생각을 하게 된다. 이러한 이야기는 후에 이 공간을 재구조화할 때 중요한 재료로 쓰일 수 있다. 대중들에게 이 공간에 얽힌 다양한 인물들의 행위와 그 의미를 연결시켜 주는 스토리텔링의 좋은 재료가 존재하는 것이다.

해월의 묘에서 100미터 정도 아래에는 삼원사와 대한불교 광금사가 있고 삼원사는 가건물 형태로 이루어진 건물이며, 그 아래 광금사는 법당과 사무실을 갖춘 중형급의 사찰이다. 해월의 묘지를 보러 온 많은 사람들은 이 건물이 당연히 천도교 교당이나 관련 건물일 것이라고 생각하였지만 그렇지 않음을 보고 약간 놀라움을 느낀다. 필자가 느끼기에 당연히 천도교 교당이 이곳에 자리잡고 2대 교주의 묘지를 기리는 공간이 조성되어야 할 것 같다.

여주 내에는 주록리의 해월 가족들의 묘지 이외에 의미 있는 동학(천도교) 공간이 존재하고 있다. 여주 강촌면 도전리 전거론 마을(주소는 경기도 여주군 강천면 도전2리)은 말년의 해월이 1897년 8월부터 1898년 1월 초까지 4개월 정도 지내면서 의암 손병희를 후계자로 지목한 장소이다. 여기에 머물면서 해월은 '이천식천(以天食天)'과 '이심치심(以心治心)', '강화(降話)의 도(道)', '오도(吾道)의 대운(大運)', '식고(食告)의 의(義)', '물약자효(勿藥自效)의 이(理)' 등 그의 성숙한 철학적 강론을 펼친 것으로 알려져 있다. 해월은 1897년 12월 24일 의암 손병희, 구암 김연국, 송암 손천민 등을 모아 놓고 의암에게 도통을 전달한다. 1898년 1월 3일에 관군의 체포 시도를 피해 그는 여주 전거론을 떠나 피신하게 된다.

여주 내에 해월의 묘와 관련된 중요한 인물은 홍병기이다. 홍병기는 1864년 경기도 여주군 이포리 태생으로, 1892년 동학에 입도하여 여주에서 동학농민혁명에 참여하였고 천도교인으로 해월의 시신을 주록리로 모셔오는 데도 참가하였다. 그는 천도교의 핵심 간부로 활약하였고 3.1운동의 민족대표 33인 중 한 사람이다. 1920년대 만주에서 그는 고려혁명당 고문을 역임하였고 이 활동은 최동희와 깊은 연관이 있는 것으로 생각된다. 그는 결국 이 사건으로 인해 일경에 체포되어 옥고를 치렀다. 아직 이포리 생가는 흔적을 찾을 수 없으며, 많은 이들이 모르고 있다는 것은 매우 아쉬운 일이다. 생가를 복원하고 기념비를 마련하여 해월의 묘소와 연결하면서 동학농민혁명의 참가자, 충직한 동학도이자 3.1운동 33인, 최동희와 관련된 해외 독립운동을 연결하여 의미를 확장해야 한다.

여주 내에는 의병장 이인영(1867-1909), 임시정부 국무위원 조성환(1875-1848), 임시정부 요인 엄항섭(1898-1962) 등의 반식민주의-독립운동의 역사적 위인들이 존재하므로 이들을 기리고 발굴하여 홍병기, 최동희, 해월의 묘소와 네트워크를 형성하여 조명하는 작업이 필요하다.

4. 활용을 위한 몇 가지 제언

1) 추모/문화 복합공간 설립과 추모제 개최

가능한 구상은 시민단체, 지역사회, 관련학회(민)-천도교(종)-여주시, 정부(관)에서 공동으로 해월과 그 가족을 추모하고 해월의 가족이 남긴 유산-독립운동, 평등, 생명, 평화의 정신-을 대중들이 반추하고 학습하는 문화적 복합 공간을 마련하는 것이다. 전시 공간과 시민들과 천도교인들이 함께 사용할 수 있는 자기 수련과 휴식과 학습의 공간으로 준비할 수 있다. 그리고 이를 널리 알릴 수 있는 정기적 이벤트와 연결하여 대중적으로 의미의 확산을 지향하는 것이다. 위인의 묘지-사찰-이를 기리는 행위는 인류의 문화 전통에서 보편적인 형식이며 오늘도 많은 지역에서 행해지는 축제의 기본 틀과 내용을 이룬다.

많은 종교에서 사원은 그 전통을 대표하는 인물을 추모하는 공간과 이를 계승하는 문화적 활동을 하는 성스러운 공간으로 구성된다. 대표적으로 서울 명륜동의 성균관의 경우를 보면 전묘후학(前廟後學)의 배치 형식을 취하고 있다. 즉 돌아가신 전통의 시조와 그 핵심적 계승자(공자와 그 제자들)에 대한 참배와 제례의 공간(문묘), 그들이 남긴 말씀과 주석을 학습/교육하는 공간(성균관)이라는 두 개의 구조로 구성되어 있다. 상세히 말하면 남쪽 문묘 영역에는 대성전이, 북쪽에는 강의 시설과 명륜당, 그리고 학생기숙사 동·서재가 서로 마주하여 대칭을 이루고 있다.

중앙 건물인 대성전에서는 봄, 가을 2월(음력)과 8월(음력)에 공자와 그 제자를 기리는 석전제가 벌어진다. 성균관에서는 석존대제라는 이름으로 봉행하고 있다. 현재 중요 무형문화재 제85호로 지정되어 있다. 이 행사에는 팔일무(八佾舞)가 포함되는데 많은 관중들이 모이는 행사에서 행하는 예의 한 부분인 춤으로 조선이 유일하게 지속해서 유지해 온 유산이며 중국에서도 그 원형을 파악하기 위해 이를 참고하고 있다.

다른 사례로는 중국 산시성 한청(韓城市)에 있는 사마천사(司马迁祠)이다. 이 사당은 황하가 내려다보이는 높은 절벽 위에 위치하고 있고 수많은 계단으로 이루어져 있다. 이는 접근성이 어려운 해월의 묘와 비교할 수 있다. 한청은 역사가 사마천의 고향이다. 사마천사에는 그의 묘가 뒤쪽에 위치하고 있으며 사당, 전시실, 노송이 심어진 정원 및 유교식 여러 구조물로 이루어져 있다. 이 사당은 한청시가 기획한 이벤트와 연결되어 관광자원으로 활용되기도 한다. 중국 국가 AAAA급 여행 경치 지역이다. 한청시에서는 2010년대 중반부터 청명 절기(春節)를 맞아 3월 31일부터 〈사마천 대전〉이라는 행사를 개최해오고 있다. 사마천에 대한 제사 의식, 사마천 학회와 사기(史記) 국제학술대회 공동 개최, '사마천' 연극 공연, 관광 문화 위크 먹거리 축제 등을 성대하게 개최한다. 춘절이라는 중국인에게 중요한 조상 제례일 및 봄맞이 시즌과 연결되어 중국 전통을 대표하는 사마천이라는 역사학자이며 위인에 대한 제사, 그가 겪은 고난과 성취의 이야기를 음미하고 풍광을 즐기는 관광의 목적이 결합된 하나의 의미의 시공간을 만들어 내는 노력이 이루어지고 있는 것이다.

2) 공간 생성의 배경 철학이 되어야 할 해월의 생각

해월의 묘는 1900년 형성되었지만 묘비는 1980년에 세워졌다. 설립 시기는 박정희 전 대통령의 사망 1년 후이지만, 이선근의 묘지명 작성 그리고 석조물의 분위기 등으로 크게 보아 박정희 시대에 이루어진 여러 지역의 역사인물 성역화 사업의 일환으로 보아도 괜찮을 것 같다.[4] 건축물은 그 시대의 분위기, 미적 감각, 배경 철학이 암묵적으로 표현되는데 현충사, 오죽헌, 낙성대 등 박정희 시대의 성역화 사업의 건축이나 석물은 거대한 규모로 인하여 개인을 압도하는 분위기를 자아내는 특징이 있다. 해월의 묘비도 거대한 규모로 역시 청중을 압도하는 비슷한 느낌을 준다.

이를 원주시 호저면 해월 피체지에 세워진 추모비와 비교해 보면 흥미롭다. 이 비석은 1990년 4월 12일 장일순이 주도하여 치악산 고미술 동호회에서 세웠다. 성인 키보다 작은 비석의 상단은 "모든 벗 최보따리 선생님을 기리며"라고 음각되어 있고 아래에는 자연과 인간의 연속성을 논파한 천지부모 법설의 한 구절이 새겨 있다.

이선근[5]의 묘비문은 해월의 생애를 무난하게 묘사하고 있다고 보여지지

---

4 은정태, "박정희시대 성역화사업의 추이와 성격", 역사문제연구 15 (2005): 241-77.
5 이선근(1905-1983)은 일본 와세대대학 서양사학과를 졸업하였다. 만주국에서 일본군에 군량미를 공급하는 안가농장을 운영하였고 만주국 협화회 등 고위 관료를 지냈다. 만주국에서의 경력과 태평양전쟁과 징병옹호논설 등으로 2008년 친일인명사전에 오르기도 하였다. 그는 박정희 시대의 성역화 과정에 핵심적인 역할을 하여 충무시 제승

만 해월이 신라 경주 최씨의 후손이며 그의 생활을 자립, 근면이라는 관점에서 파악하는 것 등은 당시 박정희 정권의 새마을운동 정신 -근면, 자조, 협동-의 시대적 배경을 반영하고 있다. 온 생명이 연결되어 있는 동귀일체의 사상, 향아설위와 같은 지금-여기에서의 현재 의식, 평화 정신, 이천식천론에서 보여지는 생태 친화적인 철학, 최보따리로서 민중에게 친근한 해월의 모습 등은 상대적으로 강조되어 있지 않다. 이 역시 피체지 비석에서 김대호가 해월의 탄생과 사망, 신원의 기록과 더불어 해월이 민중과 겨레에게 후천개벽을 설파하고 함께 일하여 최보따리라는 애칭으로 불리웠다고 기록한 것과 대조적이다.

만일 해월을 기념하는 건축 및 관련 시설이 구축된다면, 압도적 권위를 상징하기보다는 해월의 생각인 민중적인 친근함, 그의 강론이 보여주는 자연스럽고 비근한 사례를 이용하는 태도, 따뜻함, 특유의 리듬감, 자연과의 연속성이 반영되어야 그의 철학이 제대로 공간적으로 구현된 것이라고 본다. 그렇다면 해월의 묘비를 교체해야 할까? 필자는 그럴 필요는 없으나 다만 여러 사람·시대·관점들의 묘비가 써질 것을 권장해야 하며 그것을 새로운 시설의 일부로 모아 전시해 놓아야 한다고 본다. 동양의 산수화가 화가뿐 아니라 소장자, 학자, 감식가들의 낙관이 연속적으로 이어져 찍혀 결국 집단적, 연속적 창작의 개념으로 완성되고 이것이 바로 전통으로 여겨지듯, 해월의 비문과 형식은 시대와 정신의 변화에 따라 다양한 내용과 형식

당, 우금치 동학혁명군 위령탑(1973), 제주도 삼별초 항몽순의비(1977) 등 성역화 지역에서 한국사 사건과 인물에 대한 많은 비문을 남겼다. 문교부 장관, 성균관대학교, 영남대학교, 동국대학교 총장 등을 역임하였다. 해월의 비문을 작성할 시기인 1979-80년은 한국정신문화연구원 원장 재임기이다.

을 권장해야 하며 축적해 가는 개념으로 이해 되어야 한다

　실제로 중국 곡부의 공자 묘에는 새로운 양식과 다양한 비문이 시대에 따라 추가된 것을 볼 수 있다. 이것은 공자에 대한 새로운 인식, 공묘의 증축 등 여러 계기에 새로 쓰여진 비문들이다. 이 중에는 1371년 세운 주원장의 비문인 홍무비(洪武碑), 1417년 공묘를 수리하며 세운 명 영락제의 영락비(永樂碑), 1410년 세워진 공족보계도비(孔族譜系圖碑) 등을 포함하여 수백 기의 비문을 볼 수 있다. 해월 묘소 근처에도 결국 이러한 해월에 대한 작가·정치가·학자·예술가들 뿐 아니라 민중들의 다양한 생각과 애정이 표현된 구조물들이 취합 전시되면 적절할 것이다.

　해월 관련 공간 구축과 연결하여 하나 더 생각해 볼 것은 그의 "향아설위" 설법에 나타난 생각이다. 해월의 묘비는 봉분의 형태, 비석 석조 장식품 등에서 전통적인 유교 전통의 묘지의 모습과 큰 차이가 없어 보이는데 해월의 생각은 유교적인 향벽설위(向壁設位)의 통념을 전복한 위패를 나를 향해 놓는 향아설위 법으로 알려져 있다. 해월의 묘와 천도교 위인들의 묘들은 이 혁명적인 철학을 제대로 반영하고 있는지 한번 반추할 때가 된 것 같다. 김철 천도교 전 교령의 '배례에 대한 소견'에서는 그는 과연 봉분에 절을 해야 하는지 아닌지에 대한 천도교인들의 갈등을 보여준다. 금불비 고불비(今不比 古不比)한 천도교인이 기성종교가 하는 식으로 봉분에 대고 절하는 것이 옳은 것인가. 수운의 오심즉여심, 해월의 향아설위, 의암의 성령출세설은 모두 사실상 성경으로 모시는 사자(死者)는 대상화된 타자가 아니라 나와 일부로 연속선상에 놓여 있는 것을 강조하고 있다. 그렇다면 봉분과 비석으로 타자화 된 형식의 사자 추모 형식이 적절하게 해월의 생각을 반영하고 있는가에 대해 반성이 필요한 이유는 충분한 듯 느껴진다. 만일 앞으로의 해월 관련 시설이 증축된다면 해월 혹은 동학의 삶과 죽음 그리고 전체성에

대한 철학이 충분히 반영된 창의적인 디자인으로 구성되어야 한다.

필자에게 구체적인 디자인에 대한 아이디어나 구상이 있는 것은 아니지만, 성스러운 공간구성과 제례에서 동학의 철학이 구현될 때 대중에게도 동학의 심오한 철학과 생사관이 신선하고 심도 있게 전파될 수 있으리라 생각된다.

3) 여주시 내외 여러 공간을 동학·독립운동·평등·평화 등 테마로 네트워킹

이미 현황 파악에서 해월의 묘와 여주 안에 홍병기의 생가와 유적, 독립운동가와의 연결선상에서 사업을 모색할 필요를 제기한 바 있다. 여주를 비롯한 남한강 유역에는 많은 해월-동학의 중요 공간이 존재한다. 강원도 원주에는 해월의 피체지인 송골이 있다. 원주는 현대 한국에 동학을 새롭게 해석해 내고 발전시킨 한살림 운동의 시조이자 철학자, 작가인 장일순, 김지하, 박경리 등 중요한 인물들이 많은 족적을 남기고 있다. 강원도 영월군 중동면 직동리는 해월이 머물며 대인접물을 설법한 곳이다. 경기도 이천시 설성면 수산 1리의 앵산동은 해월이 머물면서 향아설위라는 중요한 설법을 한 장소이다.

이종훈(李鍾勳, 1855~1931)은 광희문 밖에 가매장 된 해월의 시신을 모셔 온 중요 인물이며, 동학농민전쟁에 참가하였고 민족대표 33인 중 일인이며, 고려혁명당 고문이었던 중요한 인물이다. 그는 경기도 광주 실촌면 유사리 출신으로 해월의 묘와 매우 가까운 곳이다. 그에 대한 여러 자료 개발과 그의 생가 등도 해월 가족과 중요한 의미망을 형성할 잠재력을 가지고 있다.

해월의 묘지의 지리적 약점이 있다면 그것은 보통 사람이 수월하게 접근하기가 매우 어렵다는 것이다. 주변 환경 정리로 좀 더 접근성을 높일 수 있겠지만 한계가 있어 보인다.

삼국지연의에 등장하는 인물로 잘 알려진 장비는 삼국시대 촉나라의 장수로, 관우와 더불어 당대 최고의 장수로 칭송받았다. 장비는 221년 전쟁 중 술에 취했을 때 범강(范疆)과 장달(張達)이라는 부하 장수들에게 목이 잘려 사망했고 부하들은 그 목을 양쯔강에 떠내려 보냈다고 한다. 현재 중국인들은 장비의 이런 비극을 "몸은 랑중에 두고 머리는 운양에 있구나(身在閬中, 頭在雲陽)"라고 말한다. 실제로 장비의 묘 하나는 랑중고성, 또 하나는 양쯔강 중경 운양현(雲陽)에 있다. 장비의 사당은 그의 몸이 묻힌 랑중과 양쯔강의 하구인 운양 두 곳에 존재하고 이 두 도시는 장비뿐 아니라 삼국지연의를 매우 중요한 도시의 문화 자원으로 활용하고 있다.

해월의 경우에도 그의 생가는 경주에 있으며 처형지는 서울 종로3가에, 가매장지는 광희문 밖, 일차 매장지는 광주(현재 송파), 마지막 묘소는 여주 주곡리에 있다. 그의 삶과 죽음의 궤적에 해당하는 여러 곳을 연결하고 이야기를 통해 의미를 창출하며, 특히 접근성이 좋은 곳에 기념 시설을 세우는 방식을 고려해 보아야 한다. 독도의 모습이 대한민국 국회에 생중계되듯이 이 중요 지점을 디지털 기기를 이용하는 연결 방법도 유용할 것이다.

4) 해월과 자연-생태 유산의 통합

『동국여지승람』에는 여주의 자연 경관이 빼어남을 노래하는 수많은 시와 여주 팔경이 언급이 나와 있다. 즉 양도낙안(洋島落雁: 여강 언저리에 내려앉는 기러기, 연탄귀범(燕灘歸帆: 포구로 돌아오는 돛단배), 학동모연(鶴洞暮煙: 학동의 저녁 연기) 신륵모종(神勒暮鍾: 신륵사의 종소리)이 표현되어 있다. 이 중 많은 자연경관은 역사적 사건과 개발의 역사의 뒤안으로 사라졌고 최근 시민운동가들은 여주의 자연-생태 연결망을 회복시키자는 주장을 하고 있다.

서구의 주류 철학이 유신론이든 근대과학이든 모두 자연을 피동적 존재로 이해하고 이를 유일신이나 인간 이성으로 피조될 존재로 보았던데 비해 해월의 천지부모론은 인간과 연속을 이루며 자연과 인간이 부모 자식같이 키우고 보답하는 관계로 이해된다. 천지는 인간의 목적에 따라 가치를 지니는 존재가 아니라 스스로 가치를 드러내며 인간은 이 변화의 추세에 삶과 문명을 조화시키는 의무를 지니는 것이다. 이는 산업화 시대 이후에 생태 문명에 중요한 암시를 주는 생각이다.

> 부모의 포태가 곧 천지의 포태니, 사람이 어렸을 때에 그 어머니는 젖을 빠는 것은 곧 천지의 젖이오, 자라서 오곡을 먹는 것은 또한 천지의 젖이니라. 어려서 먹는 것이 어머님의 것이 아니고 무엇이며 자라서 먹는 것이 천지의 곡식이 아니고 무엇인가 젖과 곡식은 다 이것이 천지의 녹이니라.[6]

해월의 이 생각은 개발과 군사적 목적으로 사용되는 여주 부근의 생태계가 복원되고 인간과 조화된 형태로 운영되어야 할 중요한 가치를 제공해 준다. 시민단체 중에서는 여주팔경 중 팔대수(八大藪)와 청심루(淸心樓)의 복원을 주장하며 여주시 당신리 근처의 군사 폭격장 등에 문제를 제기하고 있는 것으로 알고 있다.[7] 필자는 여주 출신으로 알려진 이규보와 신륵사의 원

---

6 "천지부모," 『천도교경전』, 275-282쪽.
7 "여주팔경은 사라지고 있지만 지금도 여강은 충분히 아름답습니다"
   http://cafe.daum.net/jedphoto/IVW/2624?q=%EC%97%AC%EC%A3
   %BC%EC%8B%9C%20%EB%8B%B9%EC%82%B0%EB%A6%AC%20
   %ED%8F%AD%EA%B2%A9%EC%9E%A5

효 역시 생태 문명의 철학을 공유한 문화 자산으로 생각한다.

여주의 중요한 전통적 인물, 시문과 논설에 나오는 풍경, 여주팔경, 군사기지/평화 문제 등 중요한 생태-자연의 복원 및 정비와 해월의 천지부모의 논설을 통합하고 연결하여 중요한 문화적 가치로 개발하고 활용할 필요가 있다.

동학 여성지도자 구현의 가능성

- 동학사상과 플라톤의 비교를 중심으로

이 상 임

경희대학교

1. 들어가는 말

2015년에 상영되었던 영화 〈인턴〉에서는 은퇴한 주인공인 벤(로버트 드 니로역)이 70세에 다시 인턴으로 재취업을 하는 이야기를 다루고 있다. 남자 주인공 벤과 더불어 영화 속의 여자 주인공 줄스(앤 해서웨이역)가 등장하는데, 그녀는 평범한 가정주부였다가 창업을 하고 성공하여 1년 반 만에 직원 220명을 둔 회사의 대표이다. 그녀는 성공적인 CEO이지만 이러한 변화과정 속에서 가정과 직장의 양립 문제로 고민하게 된다. 여주인공 줄스의 남편은 부인이 자기보다 더 능력을 발휘하자 자발적으로 직장을 그만두고 '전업주부'가 된다. 그럼에도 여전히 여자 주인공의 문제는 완전히 해결되지는 않는다. 이 영화와 비교해 볼 때 한국의 현실에서는 남성의 자발적 가사 돕기는 가능하지만 전업주부 혹은 '양육대디' 역할은 아직은 좀 거리가 있는 것이 사실이다. 그러나 전 세계적 추세로 보자면 본인의 취향이나 경제적 능력에 따라 누가 가사일을 전담할지를 결정하는 시대로 이미 접어들었다고 할 수 있다.

현대사회는 워킹우먼 혹은 커리어우먼과 워킹맘의 숫자가 점점 늘어나고 있는 추세이며 이에 따라서 대부분의 여성이 직장을 갖는 것을 당연시하고 있다. 근래 '진정한 변화'를 내세웠던 캐나다의 신임 총리 쥐스탱 트뤼

도는 내각 구성에서 장관 30명 중 절반인 15명을 여성으로 임명했다. 이러한 남녀 동수의 내각은 '유리천장(glass ceiling)'이라는 보이지 않는 차별을 깨고 진정한 평등을 보여준 사례라고 할 수 있을 것이다. 이뿐만 아니라 최근 세계 정치 경제에서의 여성 리더나 여성 CEO의 진출은 매우 두드러진 현상이다.

이렇게 여성의 능력 신장에 따른 정치 경제 등 여러 분야에서 여성의 사회 진출은 더이상 막을 수 없는 추세이며 오히려 자연스러운 변화라고까지 할 수 있을 것이다. 더구나 현재 기독교 단체의 몇몇 교단에서는 이미 여성이 목사 안수를 받는 것이 가능하며 조심스럽지만 가톨릭에서조차 여성 사제 서품의 문제가 제기되고 있는 실정이다. 이와 같이 전통적으로 여성의 사회 진출에 보수적인 태도를 취하고 있던 종교계에서도 지각변동을 보이고 있다. 따라서 현대사회에서는 여성도 남성과 동등한 교육과 사회활동을 통한 자기실현이 가능하며 또 가능해야 한다는 점이 점점 더 현실화되고 있다고 할 수 있다. 이런 현상을 시몬느 보봐르가 여성을 '제2의 성'이라고 칭한 것과 대비하여, 헬렌 피셔는 여성의 여성성에 정당한 평가가 이루어지면서 이제 여성은 남성의 보조적인 역할이 아니라 모름지기 '제1의 성'으로 자리잡았다고 주장한다. 그리고 그녀는 여성의 사회참여는 사회의 변화와 발전에 기여하게 될 것이라는 전망을 다음과 같이 내놓았다. "전 세계 모든 문화권에서 여성들이 유급 노동력으로 지속적으로 파고듦에 따라 그들이 사회의 많은 영역에서 타고난 소질을 발휘하여 결과적으로 21세기 비즈니스나 성, 가족생활에 극적인 영향을 미치리라는 예측이 그것이다. 일부 중요한 경제 부문에서는 여성들이 '제1의 성'으로 부각될 것이다. 왜 그럴까? 비즈니스, 통신, 교육, 법, 의학, 정부, 그리고 시민사회로 알려진 비영리 분야에서 일어나는 추세를 보면 한결같이 미래의 세상은 '여성적 마인드'가 필요하다는 점을 암시하기 때문이다."[1]

이렇게 현대 사회에서 여성의 사회 진출이 상당한 약진을 보이고 있는 추세 속에서 우리 고유의 종교이자 사상인 동학 안에서 여성의 문제를 살펴보고자 한다. 즉 동학에서의 여성 최고지도자의 문제, 더 구체적으로 말하자면 '과연 동학에서 여성이 도통을 승계할 수 있는가' 하는 물음이 될 것이다.

이러한 물음하에 필자는 이 논문에서 동학사상을 이와는 상당한 시공간적 거리가 있는 플라톤의 사상과 비교를 통해 논의를 전개하려고 한다. 왜냐하면 플라톤은 자신이 처한 시대에 굉장한 스캔들이 되었음직한 양성평등의 가능성을 언급했다는 점에서, 역시 자신의 시대를 뛰어넘어 남녀동등을 강력하게 주장하였던 동학사상과 상당한 유사점이 있기 때문이다.

플라톤은 『국가』에서 그 당시의 관습과 상황에 반하여 사회적 파장을 일으킬 만한 주장을 한다. 즉 여자도 남자와 같은 교육을 통해 국가의 수호자, 최고통치자가 될 수 있다는 점이다. 시대 차가 있기는 하지만 이와 유사하게 동학에서도 그 시대적 사회 조건을 뛰어넘어 천지, 부모, 남녀, 물물이 다 한울님이라고 천명함으로써 여자도 남자와 똑같이 한울님이 될 수 있다고 주장하고 있다. 그렇다면 동학에서도 역시 여성도 도통의 전수자가 될 수 있는 가능성이 있다는 말인가?

이러한 전제하에 이 글에서는 먼저 플라톤과 동학 각각의 사상 속에 나타난 시대적 배경, 남녀동등에 관한 주장과 이러한 주장의 근거를 살펴본다. 그리고 이러한 논의에서 각각의 사상 안에서 유사점과 차이점을 비교 분석해 본다. 즉 플라톤이 주장했던 여성수호자의 존립 가능성과 비교하여 동학

---

1 헬렌 피셔, 정명진 옮김, 『제1의 성』(서울: 생각의 나무, 2005), 12쪽.

사상에서 여성도 도통을 승계할 수 있는가 하는 문제를 살펴보고자 한다.

2. 플라톤과 여성수호자

플라톤이 활동했던 시기는 펠로폰네소스전쟁과 30인 과두체제, 그에 뒤
이은 민주제의 혼란스러운 정치 사회적 상황이었다. 플라톤은 아테네의 유
서 깊은 귀족 가문 출신으로 정치에 관심이 많은 젊은이였다. 그러나 그의
외가 쪽 친척들이 30인 과두정치에 참여했다가 실패한 것과 스승인 소크라
테스의 죽음은 그를 현실 정치에서 관심이 멀어지게 했던 것 같다. 그래서
대다수의 연구가들은 이런 플라톤의 출신배경 때문에 플라톤이 현실보다
는 이상적 이론에 관심을 두고, 그리고 "정치적 성향과 정치철학은 귀족주
의적인 방향으로 기울어져 있다."[2]라고 말하고 있다. 그러한 의미에서 플라
톤 이전의 학자들이 "아직도 정치제도들, 절차들 및 행위들을 분화된 기능
이나 임무의 수행에 의존하는 체계로서 개념화하는 수준"에 이르지 못한 반
면, 플라톤은 "정치사회를 차등적이고 분화된 역할의 체계로 그려 낸 최초

---

2 오트프리트 회페, 이강서 · 한석환 · 김태경 · 신창석 옮김, 『철학의 거장들 1』(서울:
한길사, 2002), 78쪽. "플라톤은 아테네의 부유한 귀족 가문에서 태어났다. 그의 아버
지 아리스톤(Ariston)의 혈통은 전설적인 임금들에게 거슬러 올라가고 심지어 포세이
돈 신에게까지 닿아 있다. 어머니 페릭티오네(Periktione)는 기원전 404년에 성립된
30인 과두체제의 급진파 지도자인 크리티아스(Kritias)나 카르미데스(Charmides)와 같
은 정치가들의 친척이었고 어쩌면 솔론(Solon)과도 친척이었을 가능성이 있다. 플라
톤의 이런 출신 성분은 그의 성장 과정에 적지 않은 영향을 미친다. 그의 정치적 성형
과 정치철학은 귀족주의적인 방향으로 기울어져 있다."

의 사상가"라고 평가되고는 한다.[3]

여성의 문제 역시 플라톤은 '여성론'을 따로 떼어 논의하지는 않았지만, 이러한 정치 이론적 틀과 배경 안에서 다루었다. 일단 플라톤의 여성관은 그 당시의 통념적 관점을 지닌 것으로 보인다. 그는 스승 '소크라테스'를 높이 경애한다는 의미에서 "사람, 남자, 그리스인으로 태어난 것, 그리고 소크라테스와 같은 시대에 태어난 것 이 네 가지를 감사했다."라고 했다는 말이 전해지듯이, 플라톤은 여성의 차별적 지위에 대한 생각을 그 당대의 풍속에 따라 그대로 수용했던 것으로 추측된다. 일반적으로 플라톤 시대 고대 아테네 사회 내의 여성의 삶은 다음과 같이 묘사되고 있다.

> 그들은 공적 직무에서 거의 완전히 배제되었다. 여성들은 거의 모두가 집 안에서만 활동할 수 있었으며 외간 남성들이 방문하면 그들은 집 안에 있는 여성 전용 공간으로 이동해야 했다. 장보기나 다른 심부름들조차도 보통 남성들이나 노예들에 의해서 이루어졌다. 따라서 여성의 역할은 가사노동으로 제한되었다. 혼인은 미리 정해졌다. 또한 여성은 공교육을 전혀 받을 수 없었다. 그들은 시민이 아니었으며 공적 업무에 발언권이 없었다. 플라톤의 대화편들에 등장하는 모든 인물들이 남성들이라는 점은 이런 상황의 징후라고 할 수 있다.[4]

---

3 셸던 월린, 강정인 · 공진성 · 이지윤 옮김, 『정치와 비전 1』(서울: 후마니타스, 2002), 73쪽.
4 숀 세이어즈, 김요한 옮김, 『숀 세이어즈의 플라톤 「국가」 해설』(서울: 서광사, 2008), 160쪽.

이러한 여성에 관한 관점은 플라톤의 『국가』에서도 여성이 열등한 지위에 있는 것으로 묘사되어 그대로 드러나고 있다. 단적으로 수호자를 교육시키는 데 여성은 절대 모방해서는 안 되는 대상으로 묘사되고 있다.

> 이들이 모방을 할 경우에도, 이들에게 어울리는 것들을, 즉 용감하고 절제 있고 경건하며 자유인다운 사람들을 (...) 모방해야만 하네. (...)
>
> 그러니 우리가 신경을 쓰며 또한 훌륭한 남자들로 되어야만 된다고 주장해 오고 있는 이들이 남자이면서도 여인을 모방하도록 우리가 허용하지는 않을 걸세. 그 여인이 젊건 나이가 많건 간에, 또는 남편에게 욕설을 퍼붓거나, 또는 신들에 대해 맞서려 하며 자신이 행복하다고 생각하고서는 뽐내는 여인이건 간에, 또는 불운과 슬픔 그리고 비탄에 빠져 있는 여인이건 간에 말일세. 뿐만 아니라 병이 들었거나 사랑에 빠져 있는 또는 진통을 겪고 있는 여인을 모방하도록 허용할 리도 만무할 걸세.[5]

이렇게 플라톤은 보통의 자유민이라면 욕구, 쾌락을 절제할 수 있는 존재인 반면, 여성은 나이에 상관없이 감정에 휩쓸리는 나약한 모습으로 그리고 있다. 또한 플라톤은 욕구, 쾌락, 고통에 휘둘리며 지성에 의한 절제의 미덕이 없는 존재로 아이와 하인을 지칭하는데 그와 같은 수준의 존재가 바로 여자라고 지칭한다. 그리고 간혹 자유민 중에서도 그러한 사람들이 있다면 바로 '미천한' 부류의 사람일 것이라고 규정한다.[6] 결정적으로 플라톤이 여성의 존재에 대해 주장하려고 했던 점은 무엇일까? 그는 한마디로 '여성은

---

5 플라톤, 박종현 역주, 『플라톤의 국가·政體』(서울: 서광사, 1997), 395c-e.
6 위의 책, 431b-c. 또한 605d-e 참조.

태어날 때부터 이성이 결핍되었다'는 점을 주장한다. 한 걸음 더 나아가 플라톤은 윤회하는 영혼이 다시 태어날 때는 "전생의 습관(익숙함)에 따라 [자신의 삶을] 선택"[7]하게 되는데, 여성으로 태어나는 것은 그가 "이전에 이미, 이성보다 감성에 뛰어나 있었으며, 나약했던 것이다."[8]라고 주장함으로써, 여성의 근본적인 존재를 본질적으로 차별화하고 있음을 확인할 수 있다.

그럼에도 불구하고 이러한 남자와 여자의 구조적 차이의 조건 안에서 플라톤은 여성도 수호자가 될 수 있다는 가능성을 주장한다. 이러한 주장은 현대사회의 여러 조건과의 비교를 통해 볼 때 매우 획기적인 제안이 아닐 수 없다. 플라톤 자신도 이 문제가 커다란 논란의 여지가 있음을 알고 있기에 이러한 '페미니즘적 발상'을 하나의 '파도'라고 표현하고 있음을 볼 수 있다.[9] 심리적으로 고찰해 본다면 '파도'라는 용어는 가능성에 대한 '망설임'이라고 볼 수 있고, 플라톤은 자신의 주장이 단지 자신의 헛된 '소원', 혹은 가상이 결코 아니며, '진실'에 부합해야 한다는 부담감을 표현하고 있다고 할 수 있을 것이다.[10] 이런 플라톤의 주장에 관련된 일련의 심리적 부담감은 아마도 플라톤 자신 역시 그 실현 가능성에 의문을 품었다는 것을 나타내면서도, 동시에 그가 지향하는 세계에 대한 강한 유토피아적인 희망을 드러내는 것처럼 보인다.

---

7 위의 책, 620a.
8 요한네스 휠쉬베르거, 강성위 옮김, 『서양철학사 상권』(서울: 이문출판사, 2004), 159쪽.
9 플라톤, 앞의 책, 457b 참조.『국가』에서 플라톤은 '여성수호자의 가능성, 통치자들의 처자공유, 훌륭한 나라의 실현 가능성(철인정치론)'의 논의 과정에서 만나게 될 난관에 대해 3차례의 '파도'라고 말하고 있다.
10 위의 책, 450d-451a.

플라톤은 『국가』에서 여성수호자의 가능성에 대하여 다음과 같이 논의를 전개하고 있다.

먼저 '시민의 수호자를 남자로만 임명해야 한다'는 통상적인 견해에 다음과 같이 반문한다.

> 감시견(監視犬)들의 암컷들은 수컷들이 지키는 것들과 똑같은 것들을 함께 지켜야 하고, 사냥도 함께 하며, 그 밖의 것들도 공동으로 해야만 한다고 우리는 생각하는가? 아니면 암컷들은 강아지들의 출산과 양육 탓으로 그런 일들을 할 수 없는 것들로서 집 안에만 머물게 하는 한편, 일을 하고 양떼에 대한 모든 보살핌을 떠맡는 것은 수컷들이어야만 한다고 우리가 생각하는가?[11]

위에서 플라톤이 수호자를 감시견의 예를 들어 설명한 것은 수호자가 이리에게서 양떼를 지키는 임무를 수행한다는 의미에서 인 것 같다. 플라톤 감시견은 암수의 구별 없이 동일한 업무를 수행하기 때문에 모든 것을 암수 구분 없이 '공동'으로 할 수 있다고 말한다. 그래서 개뿐만 아니라, 그 어떤 동물도 암수 구별 없이 동일한 훈련에 의해서 동일한 목적에 사용할 수 있는 것처럼, 인간 역시 남녀 구분 없이 동일한 '양육과 교육'으로 동일한 '목적'에 사용할 수 있다[12]라고 주장한다.

따라서 플라톤은 이러한 암수 감시견의 비유를 폴리스의 여성에게 적용시켜서, "나라를 경영하는 사람들의 일(업무)로 여자가 여자이기 때문에 여

---

11 위의 책, 451d.
12 위의 책, 451e.

자의 것인 것은 없고, 남자가 남자이기 때문에 남자의 것인 것도 없다네."[13]라고 말한다. 그리고 이러한 목적을 위해서는 남자들과 똑같이 여자들에게도 시가, 체육, 전쟁과 관련된 것을 가르쳐야만 한다고 주장한다.[14]

물론 교육의 과정 안에서 여성이 남성에 비해 수행하기 어려운 과목도 있다고 플라톤은 지적한다. 플라톤은 여성이 남성에 비해 신체적 연약함과 그 당시 여성을 바라보는 공동체적 풍속에 기인한 문제를 제기한다. 그래서 플라톤은 "모든 경우에 여자가 남자보다 힘이 약하기는 하이."[15]라고 말하면서, 모든 교육과정을 여자가 남자와 동일하게 수행하기에는 어려운 점이 없지 않다고 말한다. 그리고 교육과정 중, "여자들이 도장에서 옷을 벗은 상태로 남자들과 함께 운동을 하는 것"[16]이나 전쟁과 관련하여 "무기의 휴대와 승마"[17] 같은 것들은 그 당시의 오래된 관습에 어긋나기 때문에 사람들의 비웃음, 농담, 놀림의 대상이 될 것이라는 점에 대해 플라톤은 우려를 표명한다. 그러나 플라톤은 이러한 편견 역시 수호자가 되기 위해서는 극복해야 할 것으로 여기면서,[18] 여성 역시 공동체의 수호자가 되기 위해서는 일단 동일하게 교육의 혜택이 주어져야 한다고 주장한다.

계속해서 플라톤은 실제로 현재의 관습은 "자연(자연의 이치, 성향)에 어긋"[19]난다고 하며, '인간의 성향 차이'라는 개념으로 그러한 해명을 시도한

---

13 위의 책, 455d.
14 위의 책, 452a. 물론 이러한 교육뿐만 아니라 후에 지성적 교육 또한 필요하다.
15 위의 책, 455e.
16 위의 책, 452a.
17 위의 책, 452c.
18 위의 책, 452d-e.
19 위의 책, 456b.

다. 즉 그는 여성과 남성에 주어진 성향의 차이란 '의사와 목수'에서 나타나는 기술적 우월성, 혹은 분야적 특수성 등과 같은 차이가 아니라고 단언한다.[20] "즉 여성은 아이를 낳으나, 남성은 아이를 생기게 한다는 점"[21]의 차원에서 바라보았을 때처럼, 여성도 남성들과 같은 일에 종사할 수 있어야 한다고 말한다. 따라서 남성과 여성의 일은 따로 없는 것이며, 남녀를 불문하고 어떤 일에 "성향상 알맞은 사람과 알맞지 않은 사람"이란 오히려 "어떤 것에 있어서 한쪽은 뭘 쉽게 배우나, 다른 쪽은 힘들게 배운다."는 차이일 뿐이라고 플라톤은 설명한다.[22] 그래서 플라톤은 실제로 사회 속에서의 역할은 남녀의 차이가 아니라 성향상의 차이로 정해져야 한다고 주장한다. 또한 앞서 언급했듯이 '여자가 남자보다 힘이 약하기는 하지만', "오히려 여러 가지 성향이 양쪽 성(性)의 생물들에 비슷하게 흩어져 있어서, 모든 일(업무)에 마찬가지로 관여하게"[23]된다는 점을 플라톤은 명시적으로 언급한다. 그러므로 플라톤은 "같은 성향들에는 같은 일(업무)들이 배정"[24]되어야 하기 때문에 '수호자의 자질'을 갖춘 여성들은 남성과 동등하게 수호자로 선발되어 동등한 역할을 수행하도록 해야 한다고 말한다.[25] 즉 남녀는 평등하며 오직 각자의 능력에 따른 사회적 역할을 담당해야 한다는 것이다. 말하자면 "성적 차이들은 사회적 관련성을 갖지 않는다."[26]고 해석할 수 있을 것이다.

---

20 위의 책, 454d.
21 위의 책, 454d.
22 위의 책, 455b.
23 위의 책, 455d-e.
24 위의 책, 456b.
25 위의 책, 456a-b.
26 숀 세이어즈, 앞의 책, 162쪽.

이 지점에서 플라톤이 의도했던 바는 과연 무엇일까? 다음과 같은 과정을 통해 플라톤의 의도를 재구성할 수 있을 것이다.

첫째, 나라에 소속된 공동체 구성원들은 "개개인이 성향에 따라 자신의 한 가지 일을 해야만 된다."[27]라는 주장을 전제로 "다른 성향은 다른 일에 종사해야 한다."[28]라는 것이다. 둘째, 일에 종사하는 데에 있어 남자와 여자의 차이가 아니라, 인간 일반의 성향에 따라 일에 종사시켜야 한다. 셋째, 통상적으로 '여자의 성향은 남자의 성향과 다르다.'라는 주장은 단지 피상적 차원의 견해이며, 일을 수행하는 데에 있어서 성향 차이의 차원은 단지 인간 일반의 '종(種)의 차원'에서 고찰되어야 한다.[29]

이러한 플라톤의 의도는 분명히 그의 '이데아'의 철학에서 도출되었음을 알 수 있다. 플라톤이 말하는 철학이란 애지자(愛知者)의 실천이다. 즉 철학자는 "모든 지혜를 욕구하는 자"[30]이며 참된 철학자는 "진리를 구경하기 좋아하는 사람들"[31]이다. 이러한 애지자는 "'아름다운 것(아름다움) 자체'라든가 '언제나 똑같은 방식으로 한결같은 상태로 있는' 미(美) 자체의 어떤 '본모습'(이데아)"[32]을 볼 수 있는 사람이다. 그리고 플라톤에서의 이데아는 '이상 또는 원형'으로서 현실 세계를 비판하는 근거가 되며, 인간이 성취해야 할 '목표요 목적'으로서 작용한다.[33] 그러므로 철학자란 가변적 현상에 대한 견해

27 플라톤, 앞의 책, 453b. 또한 423d 참조.
28 위의 책, 453e.
29 위의 책, 454b.
30 위의 책, 475b.
31 위의 책, 475e.
32 위의 책, 478e-479a.
33 요한네스 휠쉬베르거, 앞의 책, 141-142쪽 참조.

가 아닌 객관적 보편적 실재에 대한 인식을 성취한 자이다. 마찬가지로 플라톤은 이런 추상된 본질을 '국가'라는 체제와 그것을 이끄는 리더, 즉 수호자 양성의 문제로 구체화시켰던 것이다. 그러므로 플라톤은 이러한 지혜를 지니고 '훌륭한 나라'의 '본'[34]을 볼 수 있는 철인통치를 주장한다. 그래서 플라톤은 국가에서 철학자가 최고통치자가 되든 통치자가 철학을 하든 해야지 "나라들에 있어서 … 인류에 있어서도 '나쁜 것들의 종식'"이 가능하다고 주장한다.[35]

바로 이러한 인식의 경지에 도달한 철학자에게는 이데아 안의 '종으로서 인간의 형상'만이 존재할 뿐 남녀의 차별은 존재하지 않는다.[36] 그렇다면 적어도 플라톤의 이상 국가에서 여성이 수호자가 될 가능성은 당연한 귀결로 사료된다.

---

34 플라톤, 앞의 책, 472e.
35 위의 책, 473d, (365)
36 플라톤, 김태경 옮김, 『정치가』(경기도: 한길사, 2009), 103쪽 참조. 인간은 최하 종 (eidos)이기 때문에 인간의 형상은 있어도 남녀의 형상의 따로 존재하지 않는다. 형상은 동시에 종을 의미하기도 하기 때문이다. 플라톤은 『정치가』262e3-6에서 인간을 남성과 여성으로 나누는 것을 언급한다. 하지만 이 나눔(diairesis)은 헬라스인과 이방인으로의 나눔과 같은 불균형적인 나눔보다는 더 나은 균형적인 나눔이지만, 남성과 여성이라는 인간의 부분이 곧 형상(종)은 아니기 때문에 인간 밑에 있는 하위의 형상(종)으로 남성과 여성을 나눌 수 없다고 한다. 따라서 남성과 여성은 더 이상 형상(종)은 아니므로 생각할 필요가 없다. 위에서 언급했듯 인간은 최하 종이다.

3. 동학과 여성지도자

동학에서는 플라톤이 『국가』에서 제시한 말에 상응하는 '여성수호자'에 관한 언급은 없다. 그렇지만 당시 조선 말 유교의 가부장적 시대 상황에 비추어 볼 때 여성의 지위 향상에 대한 동학사상의 주장들은 매우 진보적이어서 기존의 여성관을 혁신할 수 있는 상당한 파괴력을 지니고 있었다는 것은 잘 알려진 사실이다. 주지하다시피 조선시대는 엄격한 유교적 봉건 질서 하에 경직된 가부장적 제도와 신분제도를 바탕으로 국가와 사회의 기강을 세우려고 하였다. 충·효 이념을 근본으로 한 예의 실천은 바로 그러한 지배 체제를 정당화하는 메커니즘(mechanism)이었다. 대체로 이러한 이념과 실천은 구별에서 차별로 이어지며 인간의 통제와 억압으로 나타나는 폐해를 낳게 되었다. 그 결과 조선 사회는 계층적 지배 질서와 그에 따른 차별이 심화되었고, 결과적으로 지배와 피지배의 관계가 극대화되면서 인간소외의 현상이 만연하게 되었다.

이러한 소외 현상 중에서 남·녀 유별은 결국 인간 차별이나 배제의 기제로 작용하게 되었으며, 특히 가족 내의 딸과 며느리의 지위와 역할은 사회 안에서 극단적 소외 현상으로 드러났다. 그리고 사회적으로 열등한 여성의 위치는 경제적 빈곤까지 감내해야 하는 이중적 고통을 받게 만드는 계기가 되었던 것이다.[37]

'인간평등주의'의 기치로 등장한 수운의 동학사상은 국내외의 모순적 상황에 직면하여, 혼란한 사회에 변혁을 갈구하는 당시 시대적 상황의 요청에

---

37 강숙자, 『한국 여성해방 이론』(서울: 지식산업사, 2005), 170-172쪽 참조.

부응한 새로운 가치관의 제시라고 할 수 있을 것이다.[38] 물론 여성의 문제 역시 이러한 맥락 안에서 명시적으로 수용된다. 그래서 수운은 그 자신의 집안 노비를 해방시키고, 그중 한 사람을 양녀로 삼고, 또 한 사람을 며느리로 삼는 파격적 실천을 행했던 것이다. 이러한 실천 행위는 수운 스스로의 '시천주의 자각으로부터 탄생'[39]했다고 볼 수 있다.

이렇듯 시천주의 사상은 상하귀천을 벗어나 모두 한울님을 모시는 인간이라는 뜻에서, 평등에 대한 깨달음이며, 그 진정한 실천으로 이해할 수 있다. 그러한 의미에서 우리는 수운의 사상을 "평등과 자유는 인간의 타고난 천부적 권리라고 주장한 계급 타파의 최초 시범으로"[40] 높이 평가할 수 있을 것이다.

그러나 수운의 사상을 바탕으로 한 초기 동학사상에서는 여성의 지위 향상과 그 해방에 관한 적극적인 실천 강령까지는 제시되지 않았다. 그런 의미에서 수운의 사상을 바탕으로 한 초기 동학 사상기(思想期)를 급진적인 인간의 평등사상을 기조로 한 "여성에 대한 존재 인식"의 첫 번째 시기라고 구획지을 수 있을 것이다.[41]

이러한 수운의 도통을 이어받은 해월은 '사람이 바로 한울이니 사람 섬기기를 한울같이 하라.'[42]라고 주장한다. 그리고 그의 한울님 사상은 인간뿐

---

38 『동경대전』「포덕문」참조.
39 『동경대전』「논학문」참조.
40 임형진, 『동학의 정치사상』(서울: 모시는사람들, 2002), 76쪽.
41 김미정, 「동학·천도교의 여성관의 변화」, 『한국사학보』(25), 고려사학회, 2006, 361-367쪽 참조.
42 『해월신사법설』「대인접물」: "人是天 事人如天." 또한 『해월신사 법설』「수도법」: "我是天天是我也 我與天都是一體也." 참조.

만 아니라 천지만물, 즉 모든 것에까지 확장된다.[43] 그래서 해월은 천지만물은 모두 한울님을 모시고 있고 모두 한울님이라는 점에서 동등할 뿐 아니라 '한마음'이라고 한다.[44] 더 나아가 그는 이러한 만물 속의 한울님을 잘 키워야 한다는 점을 특히 양천주(養天主) 사상 안에서 강조한다.

이러한 양천주 사상을 포함한 해월의 사상 속에서 초기 수운 시대의 여성문제는 구체적 모습으로 변화되어 등장한다. 그러한 구체성은 평등사상의 연장선상에서, 그리고 이론의 실천적 모습으로 나타난다. 먼저 이러한 모습은 보편적인 모성을 강조하는 것과 집안 내 주부로서의 여성의 가치를 인정하는 것, 그리고 여성의 사회적 지위 향상을 강조하는 모습으로 등장한다.

우주에 가득찬 것은 도시 혼원한 한 기운이니, 한 걸음이라도 감히 경솔하게 걷지 못할 것이니라. 내가 한가히 있을 때에 한 어린이가 나막신을 신고 빠르게 앞을 지나니, 그 소리 땅을 울리어 놀라서 일어나 가슴을 어루만지며, '그 어린이의 나막신 소리에 내 가슴이 아프더라'고 말했었노라. 땅을 소중히 여기기를 어머님의 살같이 하라.[45]

위 글 중 "땅을 소중히 여기기를 어머님의 살같이 하라."는 해월의 말은 보편적 모성을 묘사한 것이라 할 수 있다. 주역에서처럼 땅은 "만물을 낳고

---

43 『해월신사 법설』「영부주문」: "吾人之化生 侍天靈氣而化生 吾人之生活 亦侍天靈氣而生活 何必斯人也 獨謂侍天主 天地萬物皆莫非侍天主也 彼鳥聲亦是侍天主之聲也."
44 『해월신사법설』「영부주문」: "心者在我之本然天也 天地萬物本來一心."
45 『해월신사법설』「성・경・신」: "宇宙間 充滿者 都是渾元之一氣也 一步足不敢輕擧也 余閑居時一小我着 而趨前 其聲鳴地 驚起撫胸曰「其兒 聲我胸痛矣」惜地如母之肌膚."

기르는 덕"이 있고 이것은 '하늘과 똑 같은 지위를 지니고 있다.'[46]라고 해석할 수 있는 대목이지만, 이 말은 "천주를 잊지 않음으로써 여성은 새로운 생명체를 탄생시킬 수 있을 뿐만 아니라 자신도 새로운 존재로 진보"[47]한다는 의도로 해석될 수 있다. 왜냐하면 해월의 이러한 주장은 단지 형이상학적 표상, 혹은 수사적인 표현이 아닌 여성의 존재론적 의의를 염두에 두고 등장한 것이기 때문이다. 해월이 제시하는 '생활의 성화'는 여성의 존재론적 의미로 조명할 수 있다. 이러한 구체적 내용은 '부인 수도'를 강조하는 것으로 드러난다.

> 부인은 한 집안의 주인이니라. 음식을 만들고, 의복을 짓고, 아이를 기르고, 손님을 대접하고, 제사를 받드는 일을 부인이 감당하니, 주부가 만일 정성 없이 음식을 갖추면 한울이 반드시 감응치 아니하는 것이요, 정성없이 아이를 기르면 아이가 반드시 충실치 못하나니, 부인 수도는 우리 도의 근본이니라.[48]

더 나아가 해월은 집안에서 부인의 중요성을 크게 강조하여 "우리 도가 진행하는 성부(誠否)는 오직 내수도의 잘하고 못하는 데 있느니라."[49]라고 주장하고 있다. 즉, 해월은 「내수도문」에서 부인이 집안에서 중심이 되어

---

46 정병석 역주, 『주역』(서울: 을유문화사, 2010), 93쪽.
47 오문환, 『해월 최시형의 정치사상』(서울: 모시는사람들, 2003), 157쪽.
48 『해월신사법설』 「부인수도」: "婦人家之主也 爲飮食 製衣服 育孀兒 待賓奉祀之役 婦人 堪當矣 主婦若無誠而俱食則 天必不感應 無誠而育兒則兒必不充實 婦人修道吾道之大本也."
49 『해월신사법설』 「명심수덕」: "盖吾道進行之誠否 唯在於內修道之善否."

부모에게 효를 행하고, 남편을 공경하고 자식과 며느리를 사랑하고 하인을 자식같이 여기고 집안의 가축뿐만 아니라 나무의 새순 하나라도 함부로 하지 않는다는 것을 강조한다. 또한 「내칙」에서는 포태한 여성이 2세를 위해 조심해야 할 문제가 강조되어 있다. 이와 같이 전통적 유교사상에서도 가정에서 부인의 중요성을 간과한 것은 아니지만 해월이 가정에서 여성 역할의 중요성을 '내수도' 즉 여성의 수도라는 표현을 사용하여 강조한 점은 그 시대적 상황에서 볼 때 매우 파격적 발상이라고 할 수 있다.

더불어 해월은 「부화부순」에서도 "부화부순은 우리 도의 제일 종지니라."라고 천명하고 있다. 이렇게 '부인을 한 집안의 주인'[50]으로 본 것은 여성을 '가정의 주체'로 뿐만 아니라 '우주의 주체'로 보았다."[51]는 점에서 높이 평가할 수 있을 것이다. 그러므로 해월이 보는 여성의 의미는 단지 여성에게 자유를 준다든지, 여성을 해방한다든지 하는 의미를 넘어서 전통적인 유교문화를 대체할 수 있는 "대안적 문화 체계의 건설"[52]의 한 시도라고 읽을 수도 있을 것이다.

이러한 시도는 해월의 사상이 남녀평등의 문제를 넘어서 여성의 사회적 지위 향상의 문제까지로 이어지고 있다. 즉 해월은 '부인 도통'을 주장하고 있는데, 우리는 그 속에서 '여성지도자로서의 가능성'의 단초를 엿볼 수 있다.

이제로부터 부인 도통이 많이 나리라. 이것은 일남구녀를 비한 운이니,

---

50 『해월신사법설』「부화부순」: "婦人一家之主也."
51 황선희, 『동학·천도교 역사의 재조명』(서울: 모시는사람들, 2009), 67쪽 참조.
52 오문환, 앞의 책, 154쪽.

지난 때에는 부인을 압박 하였으나 지금 이 운을 당하여서는 부인 도통으로 사람 살리는 이가 많으리니, 이것은 사람이 다 어머니의 포태 속에서 나서 자라는 것과 같으니라.[53]

혹자는 "이는 주부의 역할을 중시한 것뿐만 아니라, 앞으로 도래할 시대에는 여성이 주체가 된다는 것을 예견한 부분이다."[54]라고 이 지점을 과대 평가하지만, 아직 그 실현의 구체적 전망이 미흡하다는 점에서 동의할 수는 없을 것이다. 그러나 "지금까지와는 다른 생활 방식을 추구함으로써 신령한 마음을 키우고 덕성을 함양하여 사회를 변혁하는 것이 동학 수도의 목표"[55]로 제시되었다는 측면에서는 긍정적으로 수용될 수 있을 것이다.

이러한 목표 안에서 인간과 사회를 변화시킬 주체로서의 여성의 역할이 강조되고, 바로 그 여성의 역할은 해월의 양천주 사상과 맞닿아 있다고 할 수 있다.

한울을 양할 줄 아는 사람이라야 한울을 모실 줄 아느니라. 한울이 내 마음속에 있음이 마치 종자의 생명이 종자 속에 있음과 같으니, 종자를 땅에 심어 그 생명을 기르는 것과 같이 사람의 마음은 도에 의하여 한울을 양하게 되는 것이라. 같은 사람으로도 한울이 있는 것을 알지 못하는 것은 이는 종자를 물속에 던져 그 생명을 멸망케 함과 같아서, 그러한 사람에게는 한 평생을 마치도록 한울을 모르고 살 수 있나니 오직 한울을 양한 사람에게

---

53 『해월신사법설』「부인수도」: "自此以後婦人道通者多出矣 此一男九女而比之運也 過去之時婦人壓迫 當今此運 婦人道通 活人者亦多矣 此人皆是母之胞胎中生長者如也."
54 김용휘, 『우리 학문으로서의 동학』(서울, 책세상, 2007), 108쪽.
55 위의 책, 108-109쪽.

한울이 있고, 양치 않는 사람에게는 한울이 없나니, 보지 않느냐, 종자를 심지 않는 자 누가 곡식을 얻는다고 하더냐.[56]

이렇게 해월의 사상은 우리 안의 한울님을 자각하고 그 한울님을 키워야 한다는 내용을 담고 있다.

그런데 여성은 「내수도문」이나 「내칙」에서 말하는 것처럼 집안의 가족 그리고 동식물들까지도 잘 양육하는 역할을 담당하는 존재이다. 이러한 측면에서 여성의 역할은 양천주 사상과 좋은 유비를 이룬다고 할 수 있고, 더 나아가 여성은 양천주 사상을 실현하는 주체라고도 할 수 있을 것이다. 바로 이런 점에서 해월의 '양천주' 사상과 '부인 도통'의 의미는 밀접하게 맞닿아 있다고 할 수 있다. 즉 "한울을 양할 줄 아는 사람이라야 한울을 모실 줄 아느니라"라는 해월의 주장은 부인 도통에서 중요시되는 생명을 길러 낼 수 있는 능력과 매우 상응한다고 할 수 있기 때문이다. 말하자면, 모든 사람이 한울님일지라도 마치 종자 속의 생명을 키워야 싹이 나듯이 우리 마음속의 한울님을 양육해야 하는 것이다. 이것은 마치 어머니가 아이를 잉태하고 낳아서 양육하는 일과 매우 유사하다고 할 수 있다. 그리고 여성은 본능적으로 이러한 보살핌의 성격이 강하다고 할 수 있다.[57]

---

56 『해월신사법설』「양천주」: "한울을 養할 줄 아는 者라야 한울을 모실 줄 아나니라. 한울이 내 마음 속에 있음이 마치 種子의 生命이 種子속에 있음과 같으니, 種子를 땅에 심어 그 生命을 養하 는 것과 같이 사람의 마음은 道에 依하여 한울을 養하게 되는 것이라. 같은 사람으로도 한울이 있는 것을 알지 못하는 것은 이는 種子를 물속에 던져 그 生命을 滅亡케 함과 같아서, 그러한 사람에게는 終身토록 한울을 모르고 살 수 있나니, 오직 한울을 養한 자에게 한울이 있고 養치 않는 者에게는 한울이 없나니, 보지 않느냐, 種子를 심 지 않은 者 누가 穀食을 얻는다고 하더냐."

57 정혜정, 『동학의 한울 교육사상』(서울: 모시는사람들, 2007), 226-227쪽 참조. "어머니

그러나 보살핌의 덕성을 통해 여성의 중요성을 강조했음에도 불구하고 해월은 여전히 여성을 단지 집안을 편안하게 하는 존재, 즉 주부의 역할로 한정시킨 점이 드러나고 있다. 그러한 예를 살펴보면 다음과 같다.

해월은 "부인은 한 집안의 주인이니라."[58]라고 하였지만, 앞서 보았듯이 여자의 주된 역할을 집안일에 한계 짓고 있다. 또한 "여자는 편성이라, 혹 성을 내더라도 그 남편된 이가 마음과 정성을 다하여 절을 하라."[59]라는 구절에서도 '여자는 편성'이라 표현한 것은 여자의 성격이 균형을 이루지 못하고 한쪽으로 치우치는 경향이 농후하다는 점을 지적한 것이라고 할 수 있다.

그래서 어쩌면 여성은 인격상 조화를 이루지 못하는 존재이기 때문에 남편이 항상 부인에게 양보하고 보살펴야 한다는 말로도 이해될 수 있을 것이다.[60] 더 나아가 "남녀를 엄하게 분별하라."[61] 혹은 "부인을 경계하여 집안과 나라를 다스린다."[62]라는 말은 그 당시 일반적으로 이르는 말을 인용한 것이라고 추측할 수 있겠으나 여기서 아직도 부인의 위치는 남편의 통제를 받는 대상으로 여겨진다는 점을 지적할 수 있을 것이다. 결론적으로 해월의 이러한 표현은 여전히 여성과 남성의 동등함을 완전히 인정하지 않고 있는 발언이라고 할 수 있는데, 그 이면에는 아직도 그가 처한 시대적 한계성을 드러

의 상징적인 이미지 속에 천지와 인간이 하나임을 담고 있는 것이고 한울님이 잘 성장할 수 있도록 한울님을 공경하는 도통(道通)의 자질이 여성에게서 발휘되고 인간 모두에게 요구됨을 여성을 통해 제시하는 것이다."
58 『해월신사법설』「부화부순」: "婦人一家之主也."
59 『해월신사법설』「부화부순」: "女人偏性 其或生性 爲其夫者盡心盡誠拜之."
60 라명재 주해, 『천도교경전 공부하기』(서울: 모시는사람들, 2013), 341-342쪽 참조.
61 『해월신사법설』「임사실천십개조」: "男女嚴別하라."
62 『해월신사법설』「명심수덕」: "刑于寡妻以御于家邦."

내고 있다는 점을 간과할 수 없을 것이다.

그럼에도 불구하고 해월이 말하는 보살핌(care)의 특성은 현대사회에서 여성의 여성성이 가정에서뿐만 아니라 사회에서도 중요하다는 사실의 미래적 전망을 선취하고 있었다고 할 수 있을 것이다. 즉 여성이 오늘날 '제2의 성'이 아닌 '제1의 성'으로서 정당한 평가를 받게 되리라는 점과 일맥상통한다고 하겠다. 그리고 이러한 맥락에서 동학 안에서 여성의 도의 전수가 단지 부인 도통에 그치는 것이 아니라, 여성 최고지도자로서의 도통 전수의 가능성 역시 배제할 수 없을 것이다.

4. 비교 및 결론

앞서 우리는 플라톤과 동학 안에 들어 있는 양성평등의 문제에서 출발하여 '여성수호자의 존립 가능성' 그리고 '여성의 도통 승계'에 관련된 문제들을 살펴보았다. 무엇보다 먼저 본 연구에서 필자는 고대 그리스와 한말 조선이라는 시간과 공간이 전혀 다른 두 사상의 진폭에서 그 전개 과정의 양상뿐만 아니라 그러한 내용이 보여주는 양적 질적 상이함을 발견할 수 있었다. 그럼에도 불구하고 본 연구는 두 사상 체계에서 도출된 몇 가지의 특징에 의거하여 다음과 같이 그 비교 작업을 시도해 본다.

1) 플라톤과 동학사상 안에서 드러나는 남녀평등이라는 주장은 비록 그들의 시대 속에서 완전히 꽃피우지는 못했지만, 그들이 처한 각각의 시대적 상황을 뛰어넘는 선구자적인 주장이라는 점에서 상당히 유사하다고 평가할 수 있다. 그러나 그들의 남녀평등 개념은 서로 간의 상이점을 드러내고 있다.

플라톤과 동학에서 남녀평등의 가장 근원적 근거는 각각의 사상의 가장 핵심적인 이론에 토대를 두고 있다고 할 수 있다. 먼저 플라톤에서 남녀평등 주장의 변을 살펴보자. 플라톤은 국가 안에서 시민들은 각자의 성향에 따라 한 가지 일에 종사해야 한다고 주장한다. 즉 플라톤은 본질적으로 남녀의 차이는 결코 성향 상의 차이가 아니기 때문에 남녀는 교육과 양육에 따라 같은 일에 종사할 수 있어야 한다는 것이다.

플라톤 사상 안에서 남녀평등의 본질적인 근거는 이데아론에 있다고 할 수 있다. 플라톤의 이데아는 변화무쌍한 현실 세계 너머에 존재하는 '실재'의 세계로서, 인간의 '이상이며 원형이며 목표이며 목적'이 된다. 따라서 이데아의 세계에서는 지상의 삶에 대한 원본이 존재한다. 예를 들면, 일상에서 보는 삼각형, 아름다움, 정의 등에 상응하는 완벽한 원형이 따로 있듯이 이데아의 세계에서는 '인간의 형상'은 있어도 '남녀의 형상'이 따로 존재하지 않는다. 왜냐하면 플라톤에서 형상은 동시에 종(種)을 의미하기도 하는데, 인간은 더이상의 환원이 불가한 '최하 종(eidos)'이기 때문이다.

반면에 동학사상 안에서 남녀평등의 이론은 수운과 해월의 각자의 깨달음에 근거하고 있다. 즉 수운의 '내 안의 한울님을 모심'이라는 시천주사상은 해월이 더욱 확장하여 '사람 섬기기를 한울같이 하라.'라는 사인여천사상을 담고 있다. 특히 해월은 '남녀노소 모두 평등하며, 그 평등은 사사물물에까지 스며있다.'라는 가르침을 설파한다. 그러므로 동학의 사상 안에서 남녀평등은 너무나도 자연스럽게 도출될 수 있었던 것이다.

다시 말해 플라톤은 이 세상의 존재의 근거이며 원형이 되는 이데아에 의해서, 즉 인간이라는 형상에 의해 남녀의 평등함이 인정되고 있으며, 동학에서는 보편적 천도의 내재성, 즉 '사람이 바로 한울님'이라는 관점에서 남녀평등 사상이 도출되고 있다. 정리해 본다면 플라톤은 양성평등의 문제를 종이라는 '생물학적 형이상학'을 통한 접근에서 그 근거를 찾고, 동학, 특히 해월은 양성평등의 문제를 존재론적 차원에서 그 근거를 찾는 것으로 이해할 수 있을 것이다.

2) 플라톤은 통치자를 국가 전체의 조화와 구성원 전체의 행복을 먼저 생각해야 하는 사람으로 본다. 그래서 플라톤은 정치적 리더를 중요시하며 따라서 철학과 정치의 결합을 강조한다. 왜냐하면 국가의 운영은 일상생활 속에서 발생하는 모든 가변적 요소들의 영향에서 벗어나서 좋은 국가의 본을 볼 수 있는 철인통치자가 맡아야 하기 때문이다.

이 점에서 동학은 플라톤과 상이함을 드러내고 있다. 즉 상대적인 관점이겠지만 플라톤이 개개인의 삶보다는 국가 전체의 운명을 더 중요하게 생각했다면 동학에서는 국가보다는 개개인의 삶이 우선된다고 하겠다. 왜냐하면 동학사상 안에서는 개개인이 모두 한울님이기 때문에 개인 각자는 자기 자신 안의 한울님을 발견하고 발현시키는 것이 행복의 관건이 되기 때문이다. 이러한 의미에서 플라톤이 국가 전체 속에서 개개인의 행복을 강조했던 반면 동학에서는 생활 안에서 개개인의 성화를 통한 전체의 행복을 추구했다고 볼 수 있다.

또한 이러한 과정을 수행하는 방법 역시 다르다. 즉 플라톤은 정치 사회의 변혁을 우선시했다면, 그 반면 동학에서는 가정과 생활 속에서의 영적인 변화를 우선시했다. 이러한 양자의 차이는 남녀평등 사상에도 커다란 영향을 미쳤다고 할 수 있다. 즉 플라톤이 정치 사회 측면에서 변화를 이끌 수 있는 남녀의 평등을 주장했다면, 해월의 동학사상 안에서는 개인적인 측면, 다시 말해 일상생활 속에서 남녀의 평등을 주장했다고 할 수 있을 것이다. 따라서 플라톤은 사회변혁을 이끌 수 있는 여성수호자의 가능성을 암시했지만, 해월의 사상 안에서는 생활의 성화를 이끌 수 있는 부인 도통에 한정시키는 형태로 드러났다.

3) 플라톤은 수호자가 되기 위해서는 매우 강도 높은 교육과 훈련을 거쳐야 한다고 주장했다. 그래야만 궁극의 목표인 이데아의 세계를 파악할 수 있는 철인통치자가 될 수 있다. 그래서 철인통치자는 나이가 젊은 사람은 결코 될 수 없다. 그러나 반드시 남성일 필요는 없다. 말하자면 이성을 통해 이데아의 세계를 인식한 자에게만 가능하다는 것이다.

이러한 맥락에서 볼 때 남녀평등에 의거한 여성 수호자의 가능성은 오히려 플라톤의 철인정치론을 이론적으로 뒷받침하는 것으로 해석될 수도 있다. 왜냐하면 실제로 플라톤의 남녀평등의 주장은 단지 이론적 주장일 뿐 이를 실제로 생활 속에서 실천하려 했는가 하는 측면에서는 무리가 있어 보이기 때문이다. 다시 말해 플라톤에 있어 여성 통치자는 이론적 가능성과 당위성은 있으나 현실에서 실현된다기 보다는 막연한 목표로 제시되고 있는 것이 아닌가 하는 의구심이 든다.

반면 동학에서는 도를 닦은 사람이 도통을 전수받으며, 개개인이 모두 한울님이기 때문에 개인 각자는 자신 안의 한울님을 발견하고 발현시키는 것이 관건이 된다. 그러나 깨달음은 반드시 이미 정해진 일련의 과정 끝에 얻어지는 것이라고 할 수 없기 때문에 깨달음에 남녀노소의 구별이 있을 수 없다. 그럼에도 불구하고 해월은 여성의 깨달음을 '부인 도통'이라고 표현하였다. 시대 상황을 살펴볼 때 수운이 이 대목에서 말하려는 것은 소박한 의미의 도통, 즉 가정을 잘 이끄는 안주인으로서의 도통을 말했다고 추측된다. 아마도 여성이 해월 자신처럼 동학의 도통을 잇게 될 수 있다는 점을 부각시키려는 의미는 아니었을 것으로 보인다.

그러나 간과할 수 없는 것은 동학 안에서 개개인은 자신 안의 한울님을 잘 양육하는 과정이 더 중시된다고 보여지는데, 이 점에서 여성의 도통 전수의 가능성은 더 설득력이 있다고 할 수 있다. 왜냐하면 통상적으로 양육의 분야에서는 여성이 남성보다 더 우위에 있다고 평가되기 때문이다. 즉 자신뿐만 아니라 타인 안의 한울님을 양육하는 것이 더 강조되며 이 점에서 남성이 지니지 못한 여성의 특성이 확실히 드러난다고 할 수 있다.

또한 플라톤에서는 남녀의 평등한 교육과 훈련 같은 것들은 자칫 여성성의 박탈로 보여질 수도 있지만, 동학에서는 여성의 여성적 특성 즉 양육 능력을 부각시킨다는 점에서 남녀의 평등한 도통 전수의 가능성이 더 높지 않을까 하는 평가를 할 수 있을 것이다.

헬렌 피셔의 말대로 "지금 여성들은 행진 중이다."[63] 그리고 지금까지 사회와 관습 속에서 소외되었던 여성의 위치를 바로잡으려는 노력을 경주함으로써, 여성들에게 "주어졌던 역할인 제2의 성으로서의 지위를 털어 내고 있다."[64] 그러나 보다 궁극적으로는 제1의 성, 혹은 제2의 성이라는 이런 차별적인 개념에 제한되지 않는 인간으로서의 자신을 찾는 노력 안에서 양성평등이 구현되어야 할 것이다. 필자는 양자의 주장들 속에 들어 있는 현대적 관점에서의 한계는 분명히 확인되지만, 동학과 플라톤은 이러한 가능성의 실마리를 보여주었다고 생각한다.

63 헬렌 피서, 앞의 책, 493쪽.
64 위의 책.

여주, 21세기 동학의 원류

—여주 지역 동학 천도교 역사와 사상

박 길 수
도서출판 모시는사람들 대표

* 이 논문은 '여주문화원'에서 기획하고 여주시가 지원한 '여주학 연구'의 일환으로 제출(2019.12)
된 논문자료집, 홈페이지을 일부 수정 보완한 것임.

1. 여는말

동학은 '오래된 미래'이다. 동학사상이 오늘날 인간과 세계(지구촌)가 직면한 과제를 해결할 수 있는 대안적 사상이라는 의미에서다. 이러한 정의는 동학을 '반봉건 반외세'를 기치로 내세운 1894년의 동학농민혁명 중심으로 이해하는 방식을 벗어 던질 것을 전제로 한다. 오늘날 인간과 세계가 직면한 과제란 크게 지구 평균기온 급상승에 따른 기후위기와 같은 우주적 차원의 위기(天), 빈익빈 부익부의 양극화 현상과 세계 전역에서의 분쟁과 같은 인간사회의 위기(地), 물질문명의 성장에 비해 상대적으로 소외되는 정신문화의 위축에 따른 개인의 위기(人) 등 천지인삼재(天地人三才)의 위기라고 할 수 있다. 동학이 오래된 미래라고 하는 것은, 동학사상에 이러한 위기의 원인에 대한 올바른 진단과 그에 따른 처방이 들어 있다는 뜻이다. 그것은 천지인삼재 개벽으로서 동학의 역사에서는 수운 최제우의 다시개벽, 해월 최시형의 후천개벽, 의암 손병희의 인물개벽, 야뢰 이돈화의 삼대개벽 등으로 구체화된다.[1]

---

1 동학 천도교의 천지인삼재 위기와 천지인삼재 개벽에 대해서는 박길수, 「동학·천도교의 개벽사상과 개벽운동-의암 손병희의 인물개벽론과 현대적 계승을 중심으로」,

이런 관점에서 볼 때 여주는 '동학의 미래'라고 할 수 있다. 여주 지역의 동학 사적이나 동학 역사가 다른 지역에 비해서 풍부한 편은 아니지만, 그 짧은 시간적, 공간적 이력 속에서 동학 천도교사의 새로운 이해의 관건, 동학의 미래 지향적 핵심 가치가 담겨 있다고 보기 때문이다. 그동안 여주 일원의 동학-천도교 역사에 관한 연구는 (1) 여주 지역에 동학이 유입된 계기와 과정 (2) 동학농민혁명을 전후한 시기에 이 지역에서의 참여 현황 (3) 주요 동학 사적 및 이와 관련된 역사의 이해 등으로 진행되어 왔다.[2] 그런데 최근 여주시와 여주박물관이 주최하고 동학 연구 전문가들로 구성된 동학학회가 여주 지역의 동학만을 주제로 한 본격적인 학술대회를 개최하면서 여주 동학의 전모를 본격적으로 조명하는 데 주력하고 나아가 현재와 미래의 의미를 종합적으로 검토하기에 이르렀다.[3] 이 글에서는 기왕의 연구 성

『한국종교』 제46집, 원광대학교종교문제연구소, 2019.08, 23-55쪽 참조.

2　표삼암(영삼), 「해월신사의 발자취(3)-여주 전거언」, 『신인간』 통권 제360호, 포덕 119(1978), 8·9합병, 60-67쪽. 표영삼, 「경기지역 동학혁명운동」, 『표영삼의 동학혁명운동사』, 모시는사람들, 2018.11, 11-45쪽. (원 출처: 표영삼, 〈경기지역 동학운동〉, 『교리교사연구』 제10호, 천도교교서교사편찬위원회 편, 포덕146(1995)년 7월 이중 표삼암(영삼)의 글은 동학 사적지 '여주 전거론(전거언)'을 발굴하게 된 생생한 경위가 들어 있다.

3　〈2019 동학농민혁명 제125주년 기념 여주추계학술대회-동학의 글로컬리제이션 (Glocalization): 동학농민혁명과 경기도 여주〉 일시: 2019년 11월 8일/ 장소: 여주도서관 여강홀/ 주최: 여주시, 여주 박물관/ 주관: 동학학회/ 후원: 동학농민혁명기념재단, 동학학회후원회. 이날 발표된 강연과 논문은 다음과 같다.
　　김준혁, 「기조강연: 경기도 여주 동학농민혁명의 역사적 의의」
　　임형진, 「여주 동학과 해월 최시형의 최후에 관한 연구」
　　안외순, 「여주 동학인 홍병기의 근대 개혁 인식과 민족운동의 전개」
　　조극훈, 「동학의 민주 평호 통일 사상과 사람중심, 행복도시 여주」
　　장원석, 「해월 선생 묘 활용 방안: 배경철학과 국내외 사례를 중심으로」

과들을 중심으로 여주 지역 동학의 역사를 간략히 살펴보고, 특히 여주 전거론에서 이루어진 해월 최시형의 법설의 의의를 중심으로 여주 지역 동학 천도교의 어제와 오늘, 그리고 미래를 향한 여주 동학 천도교의 가능성을 살펴보고자 한다.

2. 동학 천도교와 개벽파의 탄생

수운 최제우(水雲 崔濟愚, 1824-1864) 선생이 동학을 창도한 1860년을 전후한 시기는 한반도의 조선은 물론이고 중국과 일본을 포함한 동아시아 전체가 세계사적 격변의 소용돌이 속으로 휩쓸려 들어가고 있었다. 이른바 서세동점(西勢東漸)이라고 하는 자본주의 체제의 세계화 물결은 인도 대륙과 동남아시아를 거쳐 그 막다른 지역인 동북아시아 3국에 당도하게 된 것이다. 중국은 1840년대부터 치러 온 아편전쟁의 결론으로 1860년 아편 무역을 공인하는 내용을 포함한 베이징 조약을 체결하였다. '천하의 중국'이 실질적으로 종이호랑이로 전락하는 장면이라 할 수 있다. 이후 중국은 양무운동(陽武運動, 1860-1890경)과 변법자강운동(變法自疆運動, 1898)를 통해 근대화를 추구하였으나, 결국 일본의 침략에 국토를 유린당하고 말았다. 이에 반해 일본은 1850년대 초에 페리 함대(黑船)의 무례한 방문을 받은 이래 후쿠자와 유키치를 중심으로 한 근대화 세력이 탈아입구(脫亞入歐)를 표방하며 급격한 서구화를 추구한 결과 20세기 전반기를 '아시아의 맹주'로 군림하기에 이르렀다. 바로 이러한 시기에 조선에서는 동학(東學)이 창도되었다. 수운은 한편으로는 "유도(儒道) 불도(佛道) 누천년에 운이 역시 다했다"고 하여 전통적인 가치의 유효성이 만료되었음을 선언하고 다른 한편으로 "십이

제국(十二諸國: 전 세계) 괴질운수(怪疾運數) 다시개벽 아닐런가"라고 하여 이 세상이 크게 변혁될 것임을 예견하면서, 새로운 세상을 위한 삶의 철학으로서 동학을 창도하기에 이르렀다.[4]

중국이 '자기(自己) 중심성의 고집'에 가까웠고 일본은 '자기(自棄) 서구성의 수용'으로 치달았다면, 조선에서는 '개벽(開闢)'이라고 하는 '자주(自主) 창조성의 발상'의 측면에서 '시대교체' 선언이 이루어졌다. 그동안 19세기에서 20세기 초에 이르는 조선조 말기~대한제국 시기 한국사 흐름을 이해하는 패러다임은 이른바 개화파와 척사파의 대립과 개화파 내부에 친일파/친미-친러파의 대립, 척사파 내부의 친중파-쇄국파의 대립 등을 중심으로 한 세력의 부침관계였다. 그러나 최근들어 이러한 개화파-척사파 중심의 한국사이해 패러다임의 한계를 지적하며, 한국 근대화의 주축은 '개벽파'라고 하는 주장이 대두하고 있다.[5] 이러한 관점에 따르는 조선-한국에서의 근대화 과정은 '서구화로서의 개화'의 실패-식민지 전략-해방과 분단이라고 하는 '실패의 역사'가 아니라 한국 특유의 근대 전망으로서 '개벽파'가 등장하여 서구 중심 세력과 전 근대적 적폐에 끈질기게 저항해 온 역사이다.[6] 이러한 개

---

4 동학 창도 배경에 대한 이러한 접근은 그동안 三政紊亂의 內的 原因과 西勢東漸의 外的 原因으로 도식화하되, '韓半島'라는 틀을 벗어나지 못했던 이해에서 동(북)아시아, 나아가 유라시아의 地平에서 東學 創道를 이해하기 위한 것이다. 오늘날 세계는 '地球村'을 운운한 지 오래되었으며, 한국 역시 분단체제에 놓여 있음에도 불구하고 전 세계적 인식-활동 지평을 확보하였다. 더욱이 東學은 '韓國(=東)學'이자 '東아시아學'으로서의 屬性과 비전을 內臟하고 있으므로, 이것은 21세기 東學을 하는 데 필요한 기본적인 태도라고 할 것이다.

5 조성환, 『한국 근대의 탄생-개화에서 개벽으로』, 모시는사람들, 2017.12; 조성환·이병한, 『개벽파선언-다른백년 다시개벽』, 모시는사람들, 2019.9. 그 밖에 《개벽신문》(개벽하는사람들 발행)이라고 하는 월간잡지에 이와 관련된 다수의 글이 게재되고 있다.

6 조성환, 앞의 『한국 근대의 탄생』; 조성환.이병한, 앞의 『개벽파선언』; 박맹수, 「한국

벽파의 흐름의 최후 정점이 2016년, 전 세계인의 이목을 집중케 한 촛불혁명이다. 즉 촛불혁명에서 보여준 평화와 비폭력 시위의 양상은 일찍이 1893년 보은취회(報恩聚會) 당시에 보여주었던 동학 민중의 품격 있는 시위 문화[7]와 동학농민혁명 당시 보여주었던 '사람 살리는 군대'[8]로서의 생명존중 정신의 연장선상에서 가능한 것이며, 동학 창도 이래 160여 년 동안 계속되고

근대 민중종교와 비서구적 근대의 길」, 『개벽의 꿈-동아시아를 깨우다: 동학농민혁명과 제국 일본』, 모시는사람들, 2012.9(2쇄), 129-156쪽; 허남진, 「근대 한국 개벽종교의 토착적 근대」, 원광대학교원불교사상연구원 편, 『근대한국 개벽사상을 실천하다』, 모시는사람들, 2019.6, 17-41쪽. 등 참조

7 1864년 수운이 '左道亂正律'의 죄목으로 殉道한 이후 絶滅의 위기에 빠졌던 동학은 2세 교조 해월 최시형의 노력으로 1880년대 들어 경상도에서 강원도를 거쳐 충청도·경기도와 전라도 지역으로 급속이 전파되었고, 이에 따라 東學에 대한 彈壓도 다시 加重되었다. 이에 東學道人 東學彈壓의 근본적인 빌미가 되는 '수운 최제우의 罪案'을 伸冤하여 달라는 운동을 전개하기에 이른다. '東學教祖伸冤運動'은 1892년 공주(충청)와 삼례(전라)의 집회, 1893년 1월의 光化門前伏訴를 거쳐 1893년, 3만 명이 보름 동안 보은에 집결하여 평화적인 시위운동을 전개한 報恩聚會에서 결정적인 전기를 마련한다 (教祖伸冤→斥倭洋倡義). 이 보은취회에는 여주를 비롯한 경기 지역 동학도들도 다수 참여하며, 그 경험이 1894년 東學農民革命 전개의 직접적인 동력이 된다. 이 보은취회는 당시 이를 진압하러 온 어윤중으로부터 선진적인 '民會'라고 평가된다.

8 '사람 살리는 군대'로서의 東學軍의 정신은 그들이 엄수한 12개조 紀律에도 드러나 있다. 대표적인 것 몇 개를 들면 다음과 같다. "항복하는 자는 사랑으로 대하라. 곤궁한 자는 구제하라. 굶주린 자는 먹이라. 가난한 자는 쫓지 말라. 병자에게는 약을 주라." 이것은 다음과 같은 취지에서 제정된 것이었다. "동도대장(東道大將-전봉준: 인용자주)이 각 부대장에게 명령을 내려 약속하였다. '매번 적을 상대할 때 우리 동학농민군은 칼에 피를 묻히지 아니하고 이기는 것을 으뜸의 공으로 삼을 것이며, 어쩔 수 없이 싸울 때라도 간절히 그 목숨을 해치지 않는 것을 귀하게 여길 것이며, 매번 행진하며 지나갈 때에도 간절히 다른 사람의 재산이나 물건을 상하게 하지 말 것이며, 효제충신(孝弟忠信)으로 이름난 사람이 사는 동네 10리 안으로는 주둔하지 말 것이다." 박맹수, 『생명의 눈으로 보는 동학』, 모시는사람들, 2015.10(2쇄), 71-72쪽.

있는 개벽파의 개벽화[9]운동의 한 계기라고 보는 것이다.

'여주 동학'이 다른 지역의 동학에 비해 비교적 늦게 본격적인 조명이 이루어지는 이상 그동안의 동학 이해에 대한 시행착오들을 되풀이해서는 안 된다. 특히 여주의 동학은 역사적 토양을 기반으로 해서 현재와 미래로 열린 해석과 계승의 지평을 마련하기에 충분한 자원을 보유하고 있다고 본다.

3. 여주 지역 동학 천도교 역사

여주 지역의 동학-천도교 역사는 (1) 제1기 : 1860년대~1880년대 초 (2) 제2기 : 1880년대 중~1894년 동학농민혁명 직전 (3) 제3기 : 1894년 동학농민혁명~1904년 갑진개화운동 (4) 제4기 : 1905년 천도교 대고천하~1945년 해방 (5) 제5기 : 1945년~현재의 다섯 시기로 구분해서 살펴볼 수 있다.

여주를 포함한 경기도 지역은 도성을 둘러싸고 있어서 국금(國禁)의 이단(異端) 사술(邪術)로 취급받던 동학이 경기도 지역에 진출하기는 쉽지 않았다. 그러나 수운 당대에 이미 경기 지역의 접주가 임명되었으며, 수운 역시 관에 피체되어 한성으로 압송되는 과정에서 경기도 과천까지 올라왔던 기록이 있으므로, 경기 지역의 동학 역사는 1860년대로까지 소급되는 것은 분

---

9 개벽화(開闢化) 흐름 안에는 한국 사회의 정치, 경제, 사회, 문화의 발전 단계에 조응하여 '近代化', '自主化', '統一化', '産業化', '民主化' '世界化' 등의 세부적인 계기들이 존재한다. 이러한 세부적 계기들을 독립적인 常數로 보는 것이 아니라, 開闢派의 '자주적 근대' '토착적 근대' '영성적 근대' '비서구적 근대'의 노력과 비교하여 그 친연성 내지 그 위반성을 검토하는 새로운 관점의 역사, 철학 연구 움직임이 현재 '개벽파 진영'에서 점점 그 동력을 심화 확장해 나가고 있다.

명하다.

여주는 경기도의 동남부에 위치하여 동쪽으로는 강원도 원주, 북쪽으로는 양근과 지평, 서쪽으로는 이천과 광주, 남쪽으로는 음죽 및 충청도에 접해 있다. 훗날 보은취회 및 동학군 기포지역을 기준으로 볼 때 양평(양근, 지평), 광주, 여주, 용인, 양주 지역은 강원도 홍천, 횡성, 원주 쪽으로부터 동학이 유입되고, 안성, 이천, 음죽 지역은 충청도 진천이나 음성 지역에서, 진위는 천안 쪽에서, 수원, 남양, 시흥 등지는 아산 쪽에서 유입되었을 것으로 추정할 수 있다.[10]

1) 제1기 : 1860년대~1880년대 초

수운이 동학을 창도한 지 불과 2년 만에 동학은 경상도 일대와 그 인근지역까지 확산되었다. 이에 수운은 각 권역별로 동학교도를 지도하고 통솔하는 지역 책임자로서 접주(接主)를 임명하였다. 수운은 1862-1863년 과세(過歲)를 경북 홍해 손봉조라는 제자의 집에서 하게 되었는데, 12월 29일경에 그곳에서 16명의 접주를 임명하였다.[11] 이 16명의 접주 가운데 '대구(大邱), 청도(靑道), 경기도 일대는 김주서(金周瑞)'라는 이름이 보인다. 그러나 이 이후 경기도 지역에서의 동학 활동은 별로 눈에 띄지 않는다. 여기에 대해서

---

10 이에 대해서는 표영삼, 앞의 「경기지역 동학혁명운동」 및 임형진, 앞의 「여주 동학과 해월 최시형의 최후에 관한 연구」, 채길순, 『새로 쓰는 동학기행』 1, 모시는사람들, 2012.9, 219-224쪽 참조.

11 윤석산 역주, 『도원기서』, 모시는사람들, 2012.12, 43-44쪽에 그 과정이 자세히 나와 있다. 『도원기서』는 1880년에 해월 최시형이 주관하여 편술한 최초의 공식 東學史 기록이다.

이 시기에는 경기도 지역에 거의 동학 도인이 없었다는 견해[12]와 여주에 경기도에 인접한 강원도 및 충청도를 통해 어느 정도의 포덕(布德; 布敎)이 이루어졌으리라는 견해가 있다.[13] 필자가 보기에 수운이 생존했을 때 동학의 포덕이 어느 정도 이루어졌더라도 수운이 순도한 이후 절멸하다시피 하였을 가능성이 크다. 이는 수운이 1861-1862년 과세를 전라도 남원 교룡산성(蛟龍山城) 내에서 하게 된 것을 계기로 전라 남북도 지역에 동학 포덕이 어느 정도 이루어졌지만, 수운 순도 이후 거의 단절되었다가 1880년대 초반에 강원도-충청도를 거쳐 재유입되고 확산된 과정을 보아서도 유추할 수 있다.[14]

2) 제2기 : 1880년대 중~1894년 동학농민혁명 직전

1864년부터 동학을 이끌게 된 해월의 노력으로 1870년대 초에 어느 정도 세력과 기운을 회복하였던 동학은 이필제의 난으로 다시금 풍비박산이 된다.[15] 해월은 활동 근거지를 경상도 북부지역에서 강원도 산중으로 옮겨서 민중들과 더불어 생활하면서 다시 동학 재건에 나선다. 그 결과 1880년대 초에는 강원도 인제에서 동학사적(東學史籍, 『도원기서』)을 편찬하고 『동경

---

12 『여주시사-여주 지역의 동학운동과 그 역사』 http://www.yeoju.go.kr/history/jsp/Theme/Save_View.jsp?BC_ID=a0218 (2019.11.26. 검색)

13 임형진, 앞의 「여주 동학과 해월 최시형의 최후에 관한 연구」 참조.

14 표영삼, 「전라도 남원지역 동학혁명운동」, 앞의 『표영삼의 동학혁명운동사』, 231-238쪽 참조.

15 이 과정에 대해서는 표영삼, 「영해 교조신원운동 이야기」, 『표영삼의 동학이야기』, 모시는사람들, 2018.1(2쇄), 188-201쪽 및 이이화 외, 『1871년 경상도 영해 동학혁명』, 모시는사람들, 2014.6 참조.

대전(東經大全)』과『용담유사(龍潭遺詞)』를 편찬할 수 있을 만큼 교세가 회복되었다. 이처럼 1894년 전까지 동학은 경상도에서 시작(1860년대 중반)하여 강원도(1870년대 초중반)와 충청도(1870년대 중후반)를 거쳐 전라도와 황해도(1880년대)로 확산되어 나갔다. 그 한가운데에 한양-서울을 포함하는 경기도 지역이 놓여 있다. 이 시기에 경기도 지역의 동학 교세 확장에서 활약한 인물이 안교선과 안교백, 안교강[16] 형제들이다. 특히 안교선이 포덕한 안승관, 김정현은 경기도 지역 동학의 최강세 지역이던 수원을 중심으로 한 이 지역 동학-천도교 확장에 결정적인 역할을 하였다.[17] 1886년 사료에는 경기도 지역의 동학도인들이 본격적으로 등장한다. 즉 "『천도교서』와『시천교종역사』에 충청, 전라, 경기 등지의 인사들이 해월신사를 만나보려고 많은 이가 찾아왔다"고 하였다. 대체로 경기도 지역의 동학 부흥은 1880년대 초

---

16 안교선(安教善)은 충남 아산군 출신으로 1883년『東經大全』癸未仲夏 慶州開刊에 有司로 참여하였으며 1885년(갑신) 2월에 수원지방의 안승관(安承寬)과 김내현(金鼐鉉)에게 최초로 동학을 전교한 인물이다. 동학의 도접주로 1894년 동학혁명에 참가하였다가 피체되어 12월 수원 남벌원(南筏院)에서 처형되어 3일간 효수되었다. ○안교백(安教伯)은 정선 유시헌 집에서 九星祭를 奉行(1877.10.16.)할 때 禋員으로 봉로 직분을 수행했다. 방시학의 집 修單所를 차리고 동학경전을 간행할 때(1879.12) 有司. ○ 안교강(安教康)은 정선 유시헌 집에서 九星祭(1877.10.16.)를 봉행할 때 禋員으로 집사를 맡았다. 후에 開接 때 참석(1878.7.25), 방시학의 집에서 동학경전을 간행할 때 輪通有司(1879.12)를 맡았다. 이동초 편, 동학천도교인명사전연구회/개벽라키비움 기획,『동학천도교인명사전』(제2판), 모시는사람들, 2019.8.

17 앞의「수원종리원연혁」, 29쪽, "우리 군의 대도에 성운을 맞든 시기는 곳 포덕 25(1884)년 갑신 2월경이었다. 호남인 안교선(安教善, 牙山人) 씨의 전도로 안승관(安承寬/安聖寬), 김내현(金鼐鉉/金乃鉉) 씨가 선도가 되야 근근 발전했다." 임형진, 앞의「여주 동학과 해월 최시형의 최후에 관한 연구」31쪽 각주 4에서 재인용. 이병헌,「수원교회낙성식」,『天道教會月報』제292호, 1936년 12월호, 36쪽, "수원은 원래 갑오 전 교인으로 김내현, 안성관 씨가 순도한 뒤 각지에 흩어져 있는 교인이 서로서로 연락을 취해 왔다."

반에 시작되어 중반 이후에 본격적으로 진행되고 1890년경에는 수만 명으로 확산된다.[18]

1890년대 초부터 동학농민혁명 전까지 전개된 교조신원운동에서 경기도 지역, 그중에서 여주 지역 동학도의 움직임이 좀더 구체적으로 드러난다. "1893년 3월에 보은 장내리에서 척왜양창의운동이 일어났다. 이때 경기 지역에서 참가한 인원이 약 4천 명 정도였다. 『취어(聚語)』에는 수원, 용인, 광주, 양주, 여주, 안산, 송파, 이천, 죽산 등에서 참가했다고 하였다."[19] 경기도 관내에서 보은 장내리에 독자적으로 깃발을 올린 곳은 수의(水義, 수원/이천), 진의(振義, 진위), 죽경(竹慶, 죽산), 광의(廣義, 광주), 양의(楊義, 양주) 등 다섯 곳이다. 또 훗날 동학 천도교 역사에 이름을 남긴 주요 인물들이 주로 1890년대 이후로 입도한 것을 보아도,[20] 교조신원운동 당시의 교세 확장이 두드러졌음을 알 수 있다.

---

18 「수원종리원연혁」, 『天道敎會月報』 제191호, 1926년 11월호, 29쪽, "布德31(1890) 庚寅에 徐丙學, 張晩秀, 李圭植, 金永根, 羅天綱, 申圭植 諸氏가 六任이 되고 安承寬 氏는 畿湖大接主로 金鼎鉉 氏는 畿湖大接司 되야 該接主 林炳昇, 白蘭洙, 羅天綱, 申龍九, 羅正完, 李敏道 外 諸氏의 斡旋으로 各地에 信徒가 數萬에 達하다."

19 표영삼, 앞의 「경기지역 동학혁명운동」, 14쪽. 보은취회가 끝나고 해산할 때, "수원접에서 840명, 용인접 2백여 명, 양주, 여주 지역의 270여 명, 안산접 150여 명, 송파접 1백여 명, 이천접 4백여 명, 안성접 3백여 명, 죽산접 4백여 명, 강원도 원주접 2백여 명 등이 돌아갔다."

20 이종훈(1893), 이용구(1890), 임순호(1890), 홍병기(1892). 이중 홍병기는 여주 지역의 대표적인 동학-천도교인으로 3.1운동 당시 민족대표 33인 중 한 분이다. 1893년경 경기도에서 동학이 강세를 보인 지역은 "수원군, 이천군, 죽산군, 안성군, 광주군" 등이다. 표영삼, 앞의 「경기지역 동학운동」, 15쪽.

3) 제3기 : 1894년 동학농민혁명~1904년 갑진개화운동

(1) 동학농민혁명 당시 여주 지역 상황

1894년 동학농민혁명 당시 경기도 지역에서도 여주를 비롯하여 수원, 이천, 안성, 음죽, 양지, 지평, 광주, 양근 등지에서 수만 명이 기포하였다. 이때 여주 지역의 동학도를 이끈 인물은 홍병기,[21] 임순호,[22] 신수집,[23] 임학선

---

21 이동초 편, 앞의 『동학천도교인명사전』, 2302-2303쪽, "홍병기(洪秉箕)-인암仁菴, 1869년 12월 10일 여주군 금사면 이포리 출신, 1892년 입교, 접주, 별집강, 대접주, 水淸大領으로 1894년 10월 여주 용인에서 동학군을 이끌고 동학혁명에 참가. 1902년부터 박인호와 이종훈 등과 함께 일본을 왕래하면서 갑진개혁운동 참여. 1905년 이후 천도교중앙총부의 각종 중요 교직을 역임, 민족대표 33인으로 삼일운동 참여, 2년간 옥고 치름. 1922년 12월 이종훈, 김봉국 등과 천도교연합회로 분립하여 이탈, 만주로 건너가서 1926년 길림성에서 고려혁명당 창당에 참여하고 고문으로 추대되었으나, 일경에 붙잡혀 신의주 감옥에서 2년간 복역, 1929년 7월 가출옥 후 서울에서 거주하면서 중앙종리원 고문(1932.4) 주요 교직에 종사. 1949년 1월 26일 교통사고로 환원. 국립현충원 애국지사묘역 안장, 1962년 건국훈장 대통령장 추서. 〈동학농민혁명참여자등록〉 수록. 홍병기의 고려혁명당 관련 활동에 대해서는 안외순, 「여주 동학인 홍병기의 근대 개혁 인식과 민족운동의 전개」, 동학학회, 『2019 동학농민혁명 제125주년 기념 여주추계학술대회-동학의 글로컬리제이션(Glocalization): 동학농민혁명과 경기도 여주』(2019년 11월 8일/ 여주도서관 여강홀); 최익환, 수송, 「천도교의 항일독립운동/대담 - 고려혁명당(상)(하)」, 『신인간』 통권 359-360호, 포덕 119(1978)년 7월호~8.9월 합병호 참조.
22 이동초 편, 앞의 책, 1731쪽, "임순호(林淳灝, 淳菴): 1867년 여주군 주내면 하리 출신으로 동학시대에는 대접주, 집강, 의창대령으로 활동, 1894년 10월 원주에서 동학군을 이끌고 동학혁명에 참가, 여주에서 관군에 피체되어 풀려났다가 한성에서 다시 피체. 1897년 4월 5일 임순호의 집에서 득도기념식을 마친 후 향아설위식을 거행(1897), 중앙총부 대정 및 좌봉도(1906.2), 여주교구에서 설립한 사립보화학교 교장(1906), 여주대교구장(1906.12.24.) 등을 역임, 봉황각-제3회연성, 여주교구장, 이천 및 양평군 포덕사 등을 거쳐 천도교중앙총부의 각종 교직을 역임하였다. 〈동학농민혁명참여자등록〉에 수록."
23 이동초 편, 앞의 책, 1144쪽, "신수집(辛壽集)-여주군 출신으로 1894년 10월 동학군을

[24] 등이다. 또 이 시기에 여주 지역 동학 교인으로 기록에 남아 있는 인물들은 박원균,[25] 이순화(1894), 신명보(1894, 이상 『天道敎創建錄』), 송석진(1894), 임동호(1892),[26] 임성춘(1894), 임학이(1893), 이정교(1893), 이양여(1893), 김종태(1893), 정복이(1894, 이상 韓順會 管內), 임성봉, 황하성, 김종태(이상 기타기록),[27] 신수집, 임순호, 임학선, 홍병기, 권풍식, 황만이[28](이상 재판 및 정토기록)[29] 등이다. 그 밖에 여주 이외 지역 출신으로 이 시기에 입교하여 이 무렵 혹은 그 이후에 주로 여주에서 활동한 인물은 강도영,[30] 권병익,[31] 권성

이끌고 동학혁명에 참가하였다. 〈동학농민혁명참여자등록〉 수록."
24 이동초 편, 앞의 책, 1750쪽, "임학선(林學先): 여주군 출신으로 1894년 10월 동학혁명 2차 봉기에 여주에서 기포하여 11월 죽산전투에 참가하였다.(1894.10), 최시형을 비롯하여 손병희 김연국 손천민 손병흠 등과 함께 홍천군에서 과세(1894.12), 1895년 9월 최시형의 은둔할 곳으로 찾아 손병희와 원주군 치악산 산정에서 월어 간을 지내고, 또 1896년 1월에는 최시형 가족의 식량을 구하였고 최시형이 피체된 후 가족들을 횡성에 거주토록 주선하는 등의 활동. 〈동학농민혁명참여자등록〉에 수록."
25 박원균(朴源均, 規菴): 1856년 여주군 주내면 창리 출신, 1894년 입교, 동학 시대에 주요 교직 역임, 천도교시대 여주교구 전제원을 시작으로 여주교구장 수차례 역임.
26 임동호(林東豪, 均菴): 1870.10.29. 여주 능서면 신지리 출신, 1893년 4월 20일 입교, 동학혁명과 갑진개혁운동, 기미독립운동, 무인멸왜기도 운동 등에 참가. 여주교구장 수차례 역임, 삼일운동 피검, 그 이후로도 주요한 천도교 민족운동사에 두루 연루되었다. 특히 동학농민혁명 직후 최시형의 은신처에 물자를 조달하였다. 1954.10.19, 85세로 환원.
27 표영삼, 앞의 「경기지역 동학혁명운동」, 22-24쪽.
28 황만이(黃萬己): 여주 출신으로 1894년 5월에 입도. 동학혁명 참여. 1897년경에 해월 최시형에 물자 조달. 1898년 7월 18일 최시형과 함께 고등재판소에서 爲從者律로 태1백대에 종신 징역형.
29 채길순, 앞의 『새로 쓰는 동학기행』 1, 223쪽.
30 강도영(姜道永): 1869.10.16. 여주 출신. 1894년 입도. 여주교구 전교사. 1910년대에 서울 이주.
31 권병익(權丙益): 1906년 여주읍 하리 권병익 집 여주교구 설립, 구내의 사립보화학교 교감과 여주교구장 등 주요 교직 역임.

좌,[32] 권종석,[33] 권중천,[34] 김영하,[35] 박병원,[36] 박병준[37] 등이 있다.

동학농민혁명 시기에 여주는 여주포(驪州包, 대접주 홍병기)가 기포하였으나, 단편적인 활동을 제외하고 여주 지역 내에서 독자적으로 동학농민혁명을 대대적으로 전개한 행적은 보이지 않는다.[38] 경기도 지역으로 그 범위를 넓혀서 살펴도, 이 지역 동학 도인들은 주로 9월 기포(2차 기포) 당시에 활약하였는데, 이종훈, 홍병기 등이 중심이 되어 안성, 음죽, 이천, 진천, 지평, 황산(금왕) 등지의 관아를 쳐들어가 무기를 빼앗거나 둔취(屯聚)하고, 또는 접소(양근, 지평)를 세우는 등의 활동을 하며 세력을 과시하였다. 이에 따라 조정에서는 제일 먼저 이천에 경군을 파견하였고, 동학군 진압에 나선 일본군도 이천 지역의 동학군 진압에 가장 먼저 동원되었다.[39] 이들은 독자적으

---

32 권성좌(權聖佐): 여주군 전거론(도전리) 출신. 1892년 동학에 입도. 동학농민혁명에 참가, 1898년 1월 충청도 음죽에서 피체. 이듬해에 해월 피체 당시 병정들이 그를 길잡이로 앞세웠다.

33 권종석(權鍾錫): 1868.3.21. 여주 점동면 관한리 출신, 1893년 입교, 여주교구 전교사 역임.

34 권중천(權重天, 星菴): 이천 출신, 1894년 입교, 여주로 이주하여 전교사 역임.

35 김영하(金泳夏, 葛菴): 1866.9.11. 이천 출신, 1893.3.5 입교, 여주읍 하리 권병익의 집에 여주교구 설립. 여주교구장, 사립보화학교 총무, 이천교구 초대교구장 등 여주와 이천을 오가며 활동. 봉황각-제5회 연성에 참여한 것을 비롯하여 이후 주요 교직에 두루 참여.

36 박병원(朴秉元): 1866년 여주 주내면 상리 출신, 1894.8.10. 입교. 여주교구 전제원 등을 역임.

37 박병준(朴秉俊): 1861.10.17. 여주 주내면 매룡리 출신, 1894년 입교.

38 단편적인 활동으로 다음과 같은 기록이 있다. "여주와 이천에서도 500여 명의 동학교도들이 모여 옥사를 파괴하고 수감된 교도 1명을 빼내어 갔다. 이때 체포된 부괴(副魁) 송모(宋某)는 보은집회 때 해산한 이후 조정에서 동학교도들을 체포하라는 지시를 내리자 이것이 국가가 백성을 속이는 행위라 판단하여 다시는 해산하지 않을 작정으로 재차 모였다고 하였다." 〈일본외무성외교사료관 소장문서/한국동학당봉기〉

39 표영삼, 앞의 「경기지역 동학혁명운동」, 27-28쪽.

로 활동하기보다 인근 지역의 동학도와 합세하여 북접통령 손병희의 지휘에 따라 논산에서 전봉준이 이끄는 호남 지역 동학군과 합세하여, 공주 우금티전투에 참여하였다.[40] 우금티에서 패한 동학군(전봉준, 손병희)은 후퇴를 거듭하여 임실까지 내려갔다. 이곳에서 전봉준과 손병희 부대는 각기 나뉘어 손병희가 이끄는 경기, 충청 지역의 동학군들은 해월 최시형 신사를 보위하며 북상(北上) 길에 접어들었다. 보은 북실에서 수천 명이 살육을 당하는 큰 손실을 입고, 금왕읍 되자니(道晴里)에서 1894년 12월 24일 최후의 전투를 치른 후 각기 해산하였다.[41] 여주 지역에서는 1895년 1월 14일경(양력)에 동학군 500여 명이 일본군 가흥수비병과 접전하여 10여 명의 사상자를 내고 흩어졌다. 이 일로 일본군은 용산 수비병 1개 분대를 여주에 파견하였다는 기록(동학농민혁명사연표)이 마지막이다. 한편 당시 일본군 문서에는 "여주목사 이재구는 대원군의 일족으로 동학당과 동류라는 혐의가 있으므로 의심되는 서류를 갖고 있으면 포박해서 송치하라."[42]는 밀령을 현지 파견 일본군에게 내려 보냈다.

동학농민혁명이 좌절된 이후 해월 최시형과 의암 손병희를 비롯한 동학 교단의 주요 지도자들과 생존자들은 강원도 산간 지역 등지로 흩어져 후일을 도모하였다. 그 이후 1898년 동학의 도통은 의암 손병희(義菴 孫秉熙,

---

40 표영삼, 앞의 「경기지역 동학혁명운동」, 33쪽.
41 관변기록인 『나암수록』에 수록된 경기 지역 동학군 희생자는 다음과 같다. "이천접주 李正五, 동학도 徐水榮, 趙仁伊, 元石萬, 金石在. 죽산접주 李瑧榮과 따르는 이 11명, 안성접주(首魁) 兪九西, 접주 金學汝, 접주 金今用(『오하기문』에 있음), 동학도 朴公先(보은에서 체포되어 희생됨), 동학도인 申德甫(懷仁에서 처형됨) 죽산 동학도 朴性益, 접사 崔齊八, 李春五, 張大成. 수원 동학도(접사) 金鼎鉉, 安承寬. 표영삼, 앞의 「경기지역 동학혁명운동」, 45쪽.
42 1894년 11월 9일 이노우에[井上] 전권공사가 이토[伊藤] 병참감에게 보낸 기밀문건.

1861-1922)에게 전수되었으며, 해월은 1899년 6월 2일, 한양의 육군법원에서 교수형으로 처형당한다.[43] 의암 손병희는 1900년에 일본으로 망명하여 세계사의 거대한 흐름을 살핀 후 동학 세력을 주축으로 조선을 근대적 개화혁신의 길로 이끌고자 하였다. 즉 각지의 동학도인을 진보회(進步會)라는 조직으로 편성하여, 1904년 갑진개화혁신운동을 전개한 것이다.

(2) 갑진개화혁신운동 당시 여주 지역 상황

1904년 전국의 20만 진보회원(동학도인)들이 일제히 흰색 옷에 검은 물을 들여 입고, 단발(斷髮)을 단행함으로써 시작된 진보회 운동은 입헌군주제로서의 대한제국을 튼튼히 하면서 민회(民會)를 통해 민중들이 국가 운영에 영향력을 행사하고자 한 개화, 민권 운동이었다. 이것은 일찍이 의암 손병희가 주창한 '삼전론(三戰論)'에 입각하여 동학의 보국안민(輔國安民)과 광제창생(廣濟蒼生) 과업을 시대적으로 실천하기 위한 것이다.

갑진개화운동의 정신은 그 강령에 잘 나타나 있다. 즉, "①황실을 존중하고 독립 기초를 공고히 할 것 ②정부를 개선할 것 ③ 군정과 재정을 정리할 것 ④ 인민의 생명 재산을 보호할 것"[44]의 4개 조항이 그것이다. 이러한 정신에 따라 전국의 동학도들이 일시에 민회운동을 전개하자 "팔역각군(八域各郡)에 진보회(進步會)의 기치가 임립(林立)하니 실로 천지의 장관이요 우주간(宇宙間) 대쾌사(大快事)"[45]라고 하였다.

여주에서도 여기에 참여한 인사들이 적지 않았다. 앞서 동학농민혁명에

---

43 도통전수, 해월 최시형의 처형 이후 여주 천덕산에 안장되는 역사에 대해서는 후술함.
44 이돈화, 『天道敎創建史』, 天道敎中央宗理院, 1933, 44-45쪽.
45 이돈화, 앞의 책, 45쪽.

도 가담했던 임동호가 대표적인 인물이며 그 밖에 김영식(金永植),[46] 신정집(辛精集),[47] 안응두(安應斗),[48] 안태준(安泰俊)[49] 등이 여주 출신으로서 진보회 운동에 가담한 기록이 남아 있다.

그러나 진보회 중심의 갑진개화혁신운동은 의암 손병희가 아끼던 제자이자, 이 운동의 핵심 실행 책임자인 이용구(李容九)의 판단 착오에 따른 배신과 친일 세력의 간교(奸巧)에 의해 그 궁극적인 목적을 달성하지 못하고 일진회(一進會)라는 친일조직에 흡수되면서 변질되고 말았다.

46 김영식(金永植, 純菴): 1886.6.4. 여주군 북내면 오학리 출신. 1902.11.15 金顯台의 권유로 입교, 진보회 가입하고 단발 단행(갑진개화혁신운동), 여주교구의 주요 교직을 두루 역임하고 제6대 여주교구장역임. 삼일운동으로 피체되어 37일 동안 고초를 당했다. 이후 서울로 이주했다가, 1942년 10월에 여주로 還鄉하여 아우 金定植과 함께 여주읍 하리에 초기 한 칸을 얻어 1945년 8월에 여주교구를 복구하고 여주교구장 역임, 이후 이장운 등과 협의하여 읍하리에 대지 159평의 교당을 신축.

47 신정집(辛精集, 檀菴): 1858. 여주 가남면 궁산리 출신, 1894.7 입교, 정심수도로 항상 교인을 대하면 '사람이 도 가운데 사는 것이 마치 물고기가 물속에서 사는 것과 같으니 사람은 도가 없이는 살 수 없다'고 포교를 하였다. 봉훈, 진보회 죽산지회, 陽智(용인) 교구장 대리 및 대안동 교당건축위원을 거쳐 봉황각-제4회 연성(1913.4.6.-5.25)에 참석한 이후 여주대교구장 및 총인원-의사원 외에 주요 교직을 두루 역임.

48 안응두(安應斗, 德菴): 1853년 이천군 청미면 어석리 출신, 1894년에 입교, 진보회 양지지회에서 활동(1904.9), 교구장 및 전교사 등을 역임하고, 1등 천훈장을 받았다. 1922년 음력 2월 10일 오후 12시 청수를 봉전하고 환원하였다.

49 안태준(安泰俊): 천도교인으로 진보회 여주지회에서 활동(1904.9), 진보회경기도부회장(0904.11), 출교 처분(1906.9)

4) 제4기 : 1905년 천도교 대고천하~1945년 해방

(1) 여주대교구의 설치

갑진개화혁신운동의 좌절로 다시금 위기에 처한 동학의 재건을 위해 손병희는 1905년 동학을 천도교(天道敎)로 선포함으로써 근대적 제도종교 시대의 막을 열었다. 1906년 2월에는 서울에 '천도교중앙총부(天道敎中央總部)'를 설치하면서 전국 각 지역에 '교구(敎區)'라는 현지 기관을 설치하였다. 이 시기에 활동한 여주 지역 인물로 민영근[50]이 보인다. 1903년 3월부터 순차적으로 전국에 72개 대교구를 설치하였는데, 1번부터 72번까지의 일련번호를 부여하였다.[51] 이때 여주에는 '47대교구'가 설치되었다.[52]

제47대 교구(교구장대리 김영하)는 임시사무실을 여주군 홍문동에 확정하고, 임원으로 이문원(理文員)에 김세기,[53] 전제원(典制員)에 황영식, 금융원

---

50 민영근(閔泳根): 1869년 경기도 이천군 음죽면(설성면) 신필리 출신, 한성 中署 上麻洞 30통 7호 제11전교실 전교사(1906.3.6), 여주군교구 음죽면 전교사(1914.4), 충주교구 전교사(1915.5), 충주교구 전교사(1915.8), 충주교구 금융원(1915.12-1917.2), 충주교구 공선원(1917.4), 금융원(1920-1921.6), 대신사백년기념회원(1924), 음죽면 위원(1926.3), 이천군 음죽면 서무과 대표위원(1930.1) 등을 역임하다.

51 柳炳德 編著, 『東學・天道敎』, (株)敎文社, 1993, 384-385쪽.

52 李東初 編著, 개벽라키비움-동학천도교인명사전연구회 기획, 『東學天道敎編年史』, 모시는사람들, 2019(한정판, 미발매). 1906년 4월 18일 조.

53 김세기(金世基): 여주군 홍문동 제47교구 이문원(1906.4.18), 이천교구 교구장(1908.5)

(金融員)에 임세현,[54] 서응원(書應員)에 김화용[55] 등을 공천하다.

이날 이후 여주교구는 매 시일(侍日: 일요일) 성화회(聖化會: 集團敎化集會)를 열고 수백 명의 교인이 모여 설교를 듣고 문화행사를 진행하였으며 강습소를 설치하여 천도교의 교리교사는 물론 산술, 농사법, 국어, 시사 등을 강습하였는데, 이때는 일반 군민들도 참집하여 이를 방청하였다.

1906년 12월 24일 인일기념일을 기해 여주대교구장 임순호(林淳灝) 대리 권병익(權丙益)이 취임하였다. 그 밖에 김정식[56] 박원균[57] 이정교[58] 임성의[59]

54 임세현(林世鉉)- 1860년 여주군 주내면 창리 출신. 제47교구 금융원(1906.4.18), 여주교구 서응원 및 금융원(1907.6), 여주군 교구장(1912.1-1912.11), 여주강습소 위원(1912), 여주교구 특별성력(1915), 대신사백년기념회원(1924) 등을 역임.

55 김화용(金和溶)- 1862년생, 제47교구 서응원(1906.4.18), 이천교구 읍내면 전교사(1908.1), 이천교구 교구장(1912.6-1913.6), 이천군 읍내면 중리 대신사백년기념회원(1924) 등 역임.

56 김정식(金定植, 南菴)- 1899.1.13. 여주 주내면 창리 출신, 1904.3.5. 입구, 여주교구 전교사를 시작으로 정성을 다한 신앙에 매진하여 특신기념장, 천훈은동장 등을 수상하였고, 여주교구의 여러 교직을 빠짐없이 역임하였다. 해방 이후 가형 金永植과 함께 여주교구를 복구하고 주요 교직 역임.

57 박원균(朴源均, 規菴)- 1856년 경기도 여주군 주내면 창리 출신, 1894년 입교, 접사, 접주, 대정, 도집, 교수, 여주교구 전제원(1908.4), 여주강습소 위원(1912), 여주종리원 전교사(1913.4-1916.3-), 여주교구 특별성력(1915), 전제원(1917.2), 순회교사(1918.4), 대신사백년기념회원(1924), 순회종리사(1927), 지도집(1931.4), 여주종리원 원장(1932.7-), 여주군종리원장(1933.1)등을 역임.

58 이정교(李貞敎, 鶴菴)- 1866.9.5. 여주 가남면 정단리 출신, 여주교구 전교사(1909.3 및 1913.04), 교구수리특별성력(1915), 여주교구 전제원(1915.10-1917.02), 대신사백년기념회원(1924), 여주종리원 감사원(1932), 여주교회 전제원(1933), 여주교회 전제원(1936), 여주교구장(9대) 등 역임

59 임성의(林聖儀)- 1899.7.7. 강원도 출신으로 여주군 능서면 신지리 거주, 1913년 입교, 여주교리강습소 2년 수료(1912-1913), 여주교구강습회 강사(1921.4), 여주교구 포덕

임성춘[60] 임순철[61] 임중선[62] 등의 인물이 보인다.

(2) 여주대교구의 3.1운동 참여와 이후 활동

그러나 이 무렵 국운이 날로 기울어 가면서 1910년 기어이 조선은 일제의 식민치하에 놓이고 만다. 손병희는 "내 10년 안에 나라를 찾으리라"고 맹세하고 이를 위한 준비에 착수한다. 그중 핵심적인 것이 바로 훗날 있을 독립운동을 위한 인재를 양성하는 일이었다. 이를 위하여 손병희는 당시로서는 경기도 양주에 속한 심산유곡이던 우이동에 봉황각(鳳凰閣)이라는 학숙(學塾)을 짓고 1912년부터 1914년 사이에 전국의 주요 교역자 483명을 모두 7차에 걸쳐 상경케 하여 각각 49일간 특별 교육을 실시하였다.

이때 여주에서는 임순호(제3회, 1913.1.1.-.2.18), 신정집(제4회, 1913.4.6.-

원(1922), 여주종리원 면종리사(1923.5.1), 여주군종리원 위원(1926.1), 여주종리원장 (1931.4-1931.8) 등 활동

60 임성춘(林性春, 傑菴)- 1879.9.6. 여주군 능서면 신지리 출신, 여주강습소 위원(1912), 여주종리원 능서면 전교사(1924), 여주교구 강도원(1921), 전교사(1924), 대신사백년기념회원(1924), 여주군종리원 위원(1926), 정기대회 여주군대의원(1926), 종리원장(1932), 여주교회 교장(1933), 현기원(1935), 여주교구 제10대 교구장(1942-1945) 등 역임.

61 임순철(林淳喆, 格菴)- 1881년 여주군 주내면 하리 출신, 1897년 입교, 대정, 교수, 여주군교구 금융원(1912.1-1915.10), 여주교구 특별성력(1915), 여주군종리원 금융원 (1917.1-1920.9), 여주교구 경리원(1922), 대신사백년기념회원(1924), 여주군종리원 성도집(1934.1) 등 역임.

62 임중선(林仲先)- 1884.8.7. 여주군 능서면 신지리 출신, 1904년 입교, 여주교구 전교사 (1913.4-1915.4), 여주종리원 종리사(1923.5.1), 대신사백년기념회원(1924), 여주종리원 성도집 및 종리사(1931.4), 여주종리원 성도집 및 지도집(1932.8), 여주교회 심계원 (1933), 여주교회 부인강좌준비위원회 위원(1936.3.12.) 등 역임.

5.25), 정용진,[63] 김영하(이상 제5회, 1913.11.1.-12.19), 김맹흠[64](제7회, 1914.2.5.-4.4) 등 모두 5명이 참석하였다. 이 49일 기도 참석자는 엄격한 기율 속에서, 의암 손병희로부터 이신환성(以身換性)을 강조하는 교육을 받고, 대부분 훗날 기미 독립만세운동의 지역 지도자로 활약하였다. 이신환성은 "불생불멸(不生不滅)하는 성령(性靈), 즉 한울님[天主]을 믿고 의지하여, 100년의 일시적인 실체에 지나지 않는 육신에 구애되는 마음을 끊어버림으로써 성령, 즉 한울님을 주체(主體)로 삼고 육신의 나를 객체(客體)로 삼는 정신"을 갖는 것이다. 이것은 훗날 3.1운동 당시 맨몸으로 일제의 총칼에 맞서서 '독립만세'를 부르짖을 수 있는 원동력이 되었다. 다만, 3.1운동 당시 이들의 구체적인 행적은 아직 밝혀지지 않고 있어 앞으로 더 많은 자료 발굴과 사료 조사가 필요하다. 3.1운동 당시 제천에서 활동한 유진화[65]가 후에 여주에 거주하다 환원하였으며, 여주 출신인 이은교[66]는 원주 지역으로 넘

---

63 정용진(鄭容鎭, 觀菴)- 1869.11.21. 충주 출신, 충주교구장(1910)을 역임하고, 우이동 봉황각-제5회연성(1913.11.1.-12.19)에 참여한 이후로는 여주교구장을 비롯한 주요 교직을 역임하고, 다시 충주로 내려가 계속해서 천도교 활동을 전개.

64 김맹흠(金孟欽)- 1870년 이천군 부발면 수정리 출신, 여주교구 강도원과 강습소 위원을 지내고, 봉황각-제7회 연성(1914.2.5.-4.4) 이후 여주교구 공선원 당시 삼일운동으로 피체되어 30일간 혹독한 고문을 받고 복역 후 풀려나와 천도교 활동에 종사.

65 유진화(兪鎭和, 定菴)- 1881년 제천군 봉양면 출신, 천인장(1911.1.1), 삼일운동에 참가하여 활동(1919), 종리사, 특신장(1923.4.30), 원주군종리원 위원(1926.1), 천훈은동장(1916.4.5), 대신사백년기념회원(1924), 종리원포덕과위원(1930.2), 정수월집의춘법문(1931.12.24), 원주군종리원 위원(1932.310), 원주교회 금융원(1933.4), 원주교회 금융원(1934.6.15.) 등 역임. 천훈은동장. 1950년부터 여주에 정착하여 살았는데 1954년 6월 18일 74세로 환원.

66 이은교(李殷敎)- 1890.9.15 출생. 여주교구 2원20전 특별성력(1915), 여주군교구 전교사(1916.8), 1919년 4월 11일 강원도 원주군 부론면 소곡리(蘇谷里)에서 김복기(金福基) 정완용(鄭完用) 이재관(李在琯)등과 만세운동을 할 것을 결의하고 11일 밤에 수십

어가 3.1운동을 함께 전개하여 독립유공자로 추서되었다.

(3) 신문화운동과 여주

여주 출신으로 3.1운동에 참여한 대표적인 인물은 홍병기이다. 1869년 여주군 금사면 이포리에서 태어난 홍병기는 1892년에 동학에 입도하여 동학농민혁명에 참여하였으며, 이후 박인호, 이종훈 등과 함께 일본을 왕래하며 의암 손병희가 지도한 갑진개화혁신운동에 핵심적인 실행자 역할을 하였다. 1905년 동학이 천도교로 개신한 이후 중앙총부의 각종 주요 교직을 맡았으며, 1919년 3.1운동 당시에는 민족대표 33인 중 한 사람으로 참여하여 2년간 옥고를 치렀다. 석방 이후에는 천도교의 제도 혁신에 노력하다가 '천도교연합회'라는 별파(別派)를 조직하여 활동하면서, 만주로 건너가 길림성에서 '고려혁명당(高麗革命黨)' 창당에 참여하였다. 그러나 이 일로 일제당국에 체포되어 신의주 감옥에서 2년간 옥고를 치렀으며, 1929년 가출옥 후 다시 천도교의 중요 교직에 참여하였다. 해방 이후 불의의 사고로 환원하였으며, 국립현충원에 안장되었다. 1962년에는 건국훈장 대통령장에 추서되었다.

3.1운동 이후 천도교는 청년들을 중심으로 '신문화운동'을 전개하였다.[67] 대표적으로는 '어린이, 학생, 여성, 청년, 농민, 노동자, 상인' 등 7개 부문의 민중을 주체이자 운동 대상으로 한 '7대 부문 운동'과 『개벽』, 『어린이』, 『신

명의 주민을 규합하여 봉화를 올리고 독립만세를 고창하였다가 피체되어 징역 8월을 받고 옥고를 치렀다. 1937년 2월 18일 환원, 정부는 2005년 대통령표창을 추서하였다. 〈공훈자료〉.
67 성주현, 『근대 신청년과 신문화운동』(모시는사람들, 2019)은 이 운동에 대해 전면적으로 다룬 최초의 단행본 저작이다.

여성』과 같은 잡지를 통한 문화운동 등을 들 수 있다. 이런 가운데 여주 출신 인물 중에서도 이 시기의 '신문화운동'에 적극 참여한 사람이 나타났다. 이혜숙[68]과 임린[69]은 여주 출신이며 훗날 결혼까지 한 부부로서, 또한 일찍이 일본 유학을 함께한 학우이자 동지로서 여주 지역에서도 활발하게 활동을 전개하였다. 특히 이혜숙은 박호진[70]과 함께 이 시기 천도교 여성운동가를 대표하는 인물로《동아일보》등의 신춘문예를 통해 등단하여 '내성단(內誠團=女性會) 여주지부'에서 활동하면서 〈여성운동에 관한 세 가지 문제: 의지적 훈련, 동지대우〉와 같은 글을 발표하는 등 여권 신장과 계몽에 힘썼다. 임린은 유학에서 귀국하여 여주교구장을 역임하는 등 지역에서의 활동과 중앙 활동을 병행하며, 여주 지역 문화 창달에 힘썼다. 임린은 당시 농촌 지역인 여주 지역의 농민들의 건강이 자기 자신은 물론 지역 발전과 나아가 독립 역량을 위한 기초임을 강조하면서 당시의 농촌 현실을 고발하고 있다. 즉 "현시(現時) 완전한 치료를 받을 수 있는 부귀 계급은 오푼(五分, 5%), 시료(施療)를 받을 수 있는 빈궁(貧窮)한 자는 일할오푼(一割五分, 15%), 그 외

---

68 이혜숙(李蕙淑, 法明堂)- 아호 蕙園, 1910년 5월 1일 경기도 여주군 주내면 하리 출신, 化誠布, 여주보통학교를 졸업, 1927년 임린과 결혼, 남편의 일본 유학을 따라 와세다대학 청강생(1928), 천도교강사양성강습회 청강생(1928.8.16-9.15), 동아일보와조선중일의 신춘문예현상에 시와 논문이 당선(1935), 내성단여주당부에서 활동하면서 문학작품을 다수 썼다.

69 임린(林麟, 覺菴)- 林然, 林海彰, 아호 玄極, 경기도 여주군 주내면 하리 출신, 1924년 입교, 일본대학 종교학과 졸업(1929.2), 여주종리원장(1931.8-1932.6), 지도집(1932.6-1933.5), 여주종리원 법도집(1933.4/1934.3), 청년당경성부 후보집행위원(1934.5), 청년회본부 집행위원(1934.8.15) 등을 역임하였으며 많은 문필활동을 하였다.

70 박호진(朴昊辰)은 남편 이황(李晃-李載坤)과 함께 중국에 유학하고 귀국하여 천도교청년회 및 여성회에서 활동하면서 대외적으로 근우회, 신간회 등에서 활약하였다. 이황은 의열단원으로도 활동하였다.

팔할(八割, 80%)은 극히 불완전한 치료를 받고 있다"고 말하면서 농촌의료문제에 대한 대안을 다섯 가지로 제시하였다. 즉 첫째, 약종상(藥種商)과 의사가 농민 위주의 활동을 할 것, 둘째, 농민 대상 왕진료(往診料)의 할인, 셋째, 1개 면 1명의 의사 두기 운동 전개, 넷째, '돌팔이' 퇴출, 다섯째, 위생 관념 강화와 농민보건운동 전개 등이다. 그 밖에도 임린은 여주 지역의 문화 발전을 위한 문필활동과 전적 운동(全的運動)을 적극적으로 전개하였다.[71]

〈천도교여주교구사〉(필사본)

5) 제5기 : 1945년~현재

해방 이후 여주 지역 천도교의 명맥은 김영식, 김정식 형제를 중심으로 회복되었다.[72] 해방과 동시에 교구장에 취임한 김영식은 흩어진 교세 회복에 노력하자, 교호가 월가일증(月加日增)하여 교호 수가 곧 20여 호에 이르렀다. 1946년에는 3.1절 기념식을 교구 주최로 거행하면서 농악대를 앞세우고 가두행진을 하였는데, 이 무렵에는 이미 교호가 60여 호로 확장되었다. 1947년에는 김연식(金淵植)[73] 교구장이 취임하였으며, 교세 성장에 따라

---

71 성주현, 앞의 책 참조.
72 해방 직전까지 역대교구장 : 김영하(金永夏, 1906, 1908), 주광림(朱光林, 1909), 임동호(林東豪 1911, 1913, 講習所長 林淳顯), 정용진(鄭容鎭, 1915), 임순호(林淳顯, 1916), 김영식(金永植, 1917), 임동호(1918, 1922, 1926-1941), 전성봉(田聖逢, 1924), 임성춘(林性春, 1942). 『天道敎驪州敎區史』(영인본, 포덕147(2006).8.14).
73 김연식(金淵植, 法菴)- 1888년 4월 13일 여주군 능서면 신지리 출신, 여주교리강습

읍내면, 점동면, 가남면, 능서면에 전교사를 두었다. 이후 1956년에 김두운 (金枓云) 교구장이 취임한 것을 비롯하여 김종도(金鍾道, 1960), 김두운(1963), 김영식(1964), 조영수(曺榮守, 1968, 1974, 1977), 허병호(許炳虎, 1971), 최명국(崔明國, 1972), 김학권(金學權, 1983), 유현목(兪賢穆, 1988), 김대명(金大明, 1992), 조영근(曺榮根, 1995), 김학명(金學明, 2001) 등이 계계승승 교구장을 맡으면서 지역의 교인들을 지도하였다.[74]

1962년 4월에는 이장운(李壯云), 이빈암(李斌菴, 평택), 표암(杓菴) 홍두표 (洪斗杓, 이천) 등이 해월 최시형의 묘소를 성묘하였는데 묘소가 쇄락한 것을 보고 송순영(宋淳永) 이병헌(李炳憲) 이용헌(李鏞憲) 김영식(金泳植) 등과 함께 묘소를 개축하는 동시에 위토 수백 평을 마련하여 수호인(守護人) 한순복 (韓順福)에게 위탁하였다. 이어 1977년 4월 대회에서 해월 묘소를 새로이 수찬키로 결의하여 1980년 3월 21일 해월 선생 탄신기념일을 맞아 묘비건립 봉고식을 거행하였다.[75]

소 3년 수료(1912-1915), 신훈, 여주교구장(1946.8-1957), 한국전쟁으로 소실된 교구를 형 김영하, 교인 이장운 등과 협력하여 여주읍 하리에 대지 159평의 교당을 신축(1954), 여주교구 순회교사(1956.8), 포덕백년기념 준비위원(1957.1), 여주교구 순회교사(1957), 여주교구 고문(1959.4), 대신사동상건립성금(1964) 등 활동, 1966년 4월 17일 환원.

74 앞의 『天道教驪州教區史』에 따르면 이 지역의 동학의 연원(가르침) 역사는 수운-해월-의암-춘암(박인호)의 스승님 시대에 이어 최준모(崔俊模, 化菴, 1875-1953) 장로, 한순회(韓順會, 齊菴, 1885-1961) 장로, 임동호(林東豪, 均菴, 1870-1954) 등이 일제강점기 이전의 중요 지도자였다. 현재 여주교구는 경기도 여주군 여주읍 하리에 있다.

75 묘비건립은 1977년 4월 개최된 제17차 정기전국대회의 결의로 1979년 묘비건립위원회(위원장 이영복)를 구성, 총공사비 1천7백28만원(총부 3백만원 포함)으로 ①묘역 360㎡, ②봉분 높이 1.9m, 직경 4m, 둘레 12.6m, 도래석 높이 0.7m ③비석 총높이 12척(비신7.2척, 갓석 2.1척, 좌대석 2척, 하박석 0.7척), 전면폭 2.4척, 두께 1.4척 ④상석 4척, 세로 2.8척, 두께 1.1척, 북석 4개 ⑤기타 화병석 2개, 향로석 1개, 묘비문 이선근,

여주 전거론 전경(ⓒ 표영삼). 표영삼 선생은 현대에 들어 여주 전거론을 최초로 발굴한 분이다. 해월 선생의 최후와 관련된 체포지(원주 송골), 처형지(서울 종로3가 단성사 앞), 이천 앵산동 등지에 모두 기념비나 안내판이 서 있으나 풍부한 동학 역사를 품고 있는 전거론에는 아직 제대로 된 표지판이나 기념비가 없다. 서두르기보다, 역사적, 철학(사상)적 의의에 걸맞은 기념비와 시설이 들어서면, 21세기 동학의 원점으로서 동학을 세계에 널리 알릴 수 있을 것이다.

4. 천도교 시대의 원점, 여주 전거론: 의암의 도통 승계

동학-천도교 역사에서 전거론은 해월에서 의암 손병희로 도통(道通)이 전 승됨으로써, '천도교' 시대를 시작하게 되는 출발점이라고 할 수 있다. 즉 동 학에서 천도교로의 대고천하(大告天下)는 1905년에 이루어지지만, 시대교 체는 이미 1898년 12월 24일, 여주 전거론에서 이루어졌다는 의의가 있는 것이다. 동학농민혁명 이후 전거론에 이르기까지 해월 선생의 행적을 살펴 본다.

글씨 양재한(이동초, 앞의 『동학천도교편년사』 참조) 1981년 11월 11일에는 경북 상 주 원통봉 아래 있던 김씨부인 묘소를 개장하고 유골을 화장하여 이곳으로 옮겼다.

1) 해월 최시형이 전거론에 오기까지

동학농민혁명의 분수령이 되는 우금티전투 이후 전라도 태인까지 남하했던 의암 손병희와 전봉준의 동학군은 이곳에서 각기 헤어졌다. 손병희 통령(統領)은 임실 새목터[鳥項]에 머물고 있어 해월 최시형 선생을 모시고, 장수, 무주, 영동, 청산, 보은(북실), 금왕(되자니)을 거쳐 충주 무극 장터에서 마지막 전투를 치르고, 홍천을 거쳐 1895년 1월에 손천민, 김연국과 함께 인제군 느릅정이 최영서 집에서 12월까지 은거하였다. 이곳에 해월 선생이 머무는 동안 손병희는 동생 손병흠과 함께 한반도 동부 지역을 경유하여 청국까지 넘나들며 장사를 해서 해월 선생을 보필했다. 또 이종훈은 가산을 팔아 생활비를 마련하여 해월 선생을 봉양했으며, 홍병기도 5백냥을 마련하여 해월 선생 일행의 생활비에 충당하였다.

1895년 12월, 해월은 손병희와 함께 원주 수레너미로 이거(移居)하였다. 이듬해(1896) 1월 손병희에게 '의암(義菴)'이라는 도호를, 같은 달 11일에 김연국(金演局)에게 '구암(龜菴)', 손천민(孫天民)에게 '송암(松菴)'이라는 도호를 내렸다. 그리고 이곳에서 의암, 구암, 송암 3인을 불러 앉히고 "그대들 3인이 합심하면 천하가 이 도(道)를 흔들고자 하여도 어쩌지 못하리라"고 당부하며 앞으로는 3인 공동명의로 〈경통(敬通: 公文書)〉을 발송하도록 했다. 이것이 이른바 '3인 집단지도체제'의 시행이다. 이때 3인 공동명의로 해월 선생의 말씀을 기록한 〈통유문〉을 보냈는데, 그 내용은 동학이 시작된 후로 지난 30여 년 동안 우여곡절과 고난이 많았으나 "우리 도가 잘되고 못 되는 것이 마음을 닦는 수도에 얼마나 정성을 기울이는가에 달려 있다. 사람이 지혜로움과 어리석음의 차이가 있다 하더라도 작심하여 정성을 다하면 어리석음이 지혜롭게 되고, 평범한 사람이라도 성인이 될 수 있으니 마음을

밝히고 덕을 닦는 데 힘써서 마음과 덕을 함양하라"는 것이었다.[76]

이어 1896년 2월에 충주 외서촌 마르택, 3월에는 상주 높은터, 음성군 창곡, 청주 산막, 상주 은척원 등을 거쳐 1897년 2월에는 음죽군(현 경기도 이천군 설성면 수산1리) 앵산동으로 옮겼다. 이곳에서 해월 선생은 '향아설위(向我設位)'의 설법을 하였는데, 이것은 여주 전거론에서 한 이천식천(以天食天) 설법과 더불어 동학사상의 전개와 성숙이라는 측면에서 획기적인 내용을 담고 있다.[77]

2) 의암 손병희의 도통 전수와 해월의 체포 위기, 그리고 유택(幽宅)

해월 최시형은 1897년 8월에 앵산동에서 경기도 여주군 전거론(全巨論)으로 거처를 옮겨 이교리(李吏校)라고 변성명하여 지냈다. 이 무렵 해월 선생은 식사하는 것도 불편해 하였고, 간혹 하혈까지 하며 날로 노쇠해져 갔다. 해월은 이제 도의 장래를 위해 마지막 할 일을 하기로 결심하였다. 즉 이해 12월 24일 의암·구암·송암 3인을 불러놓고 "너희 3인 중에 또한 주장이

---

76 이 통유문의 내용이 현재 『해월신사법설(海月神師法說)』 「명심수덕(明心修德)」편의 내용이다.

77 이동초, 「동학혁명 이후 해월신사의 행적-체포에서 순도까지 행적을 중심으로」, 『동학천도교 문화유산 조사연구용역사업보고서-해월신사 체포지에서 묘소까지』(발주: 천도교중앙총부, 시행: ㈜신인간사), 포덕 154(2013).12, 105-112쪽. 이에 앞서 해월 선생은 "한울은 사람에 의지하고 사람은 먹는 데 의지하나니 만사를 안다는 것은 밥 한 그릇(을 아는 데)에 있느니라(天依人 人依食 萬事知 食一碗)"나 식고(食告)의 이치 등 먹는 것과 관련한 설법을 많이 하였다. 이것은 아마도 해월 선생의 신병이 깊어지면서 먹는 것이 여의롭지 못한 가운데 깊이 느껴지는 바를 바탕으로 설법한 것으로 볼 수 있다. "아픈 곳이 몸의 중심"이라는 말을 떠올리게 한다.

없지 못할 것이니 의암(義菴)으로
주장을 삼노라"고 하면서 의암성사
에게 도통을 전수한 것이다. 이로
써 만 2년에 걸친 3인 집단지도체
제가 종식되고 의암 손병희가 동학
의 3세 교조로 자리매김되었다.[78]

의암 손병희 선생은 동학이 가장
어려운 시간에 동학의 운명을 책임
지는 역할을 수행하였다.

한편 도통 전수 이후에도 해월의
신병(身病)에는 차도가 없어서, 거
의 누워서 지내다시피 하였다. 그
런데 1898년 1월 5일경 관군 20여
명이 여주의 도인 권성좌(權聖佐)를
붙잡아 앞세우고 해월 선생이 머
물고 있는 집으로 들이닥쳤다. 그

처형 직전의 해월 선생. 해월 선생의 옷고름이
한쪽으로 돌아가 있는 것은 해월 선생이 몸을
가누지 못할 만큼 쇠약해서 뒤에서 옷고름을 잡아
당겨 지탱하는 것이다. 그럼에도 불구하고 눈빛이
형형하다. 해월 선생의 손이 새카만 것과, 발이
퉁퉁 부어 있는 것이 눈에 띈다. (ⓒ표영삼)

때 의암 선생이 기지를 발휘하여 위기를 모면하고, 김낙철(金洛喆)이 "내가
최시형이다"라고 위계(僞計)하여 겨우 체포를 모면하였다. 김낙철은 그길로
체포되어 한양으로 압송되었다가 후에 해월 선생이 체포된 이후 석방되었
다.[79]

78 일부 기록에는 손천민과 김연국은 이때 없었고, 손병희와 그 측근들만 있었다고 한다
   (표영삼, 『한국사상』 제24집, 360쪽).
79 이동초, 앞의 글, 115-118쪽.

한편 손병희와 김연국, 손병흠을 비롯하여 여주 출신의 임순호 등은 그날 밤으로 전거론을 탈출하여 폭설과 혹한의 산길을 무릅쓰고 지평, 홍천을 거쳐 이듬해(1898) 2월 그믐께 임학선의 주선으로 원주군 송골 원진여(元鎭汝)의 집에 은신하게 되었다.

이때의 정황을 『해월문집』에서는 다음과 같이 기록하였다.

8월 20일께 원주(原州) 전거언리(前巨彦里)로 옮겨서 9월 14일에 사내아이를 낳아 이름을 성봉(聖鳳, 次子 東昊: 인용자 주)이라 지었다. 10월이 되자 김조균이 역시 가족들을 데리고 이웃에 와서 살았고, 세말이 되어 손병희·손응삼·이춘원(李春元)·임경국(林敬局)·박재동·최우범(崔禹範)·김낙헌(金洛憲)·신헌경 등이 함께 과세를 하였다. 무술년(1898)년 정월 초4일 이른 아침에 권성좌(權聖佐)가 이천(伊川) 관속 10여 명과 여주(驪州) 병정 10여 명을 데리고 갑자기 전거리(前巨里)에 들어와서 집집마다 수색을 하니, 뜻밖에 변을 당하여 대처할 계책이 없었다. 이때 선생은 몸이 편치 못하여 자리에 누워 있었고, 손병희·김조균이 옆에서 모시고 방안에 있었다. 선생이 "너희 두 사람은 틈을 엿보아 멀리 피신하라"고 하니 김조균이 말하기를 "옛 말에 하늘이 무너져도 솟아날 구멍이 있다 하였는데 이와 같은 위급한 때를 당해도 눈으로 무위이화(無爲而化)하는 기운을 볼 것이니 바라옵건대 선생님께서는 지나치게 염려하지 마십시오"라고 하였다. 권성좌는 손병희·김조균에게 다그쳐 물었고, 이천의 순교(巡校)들은 김낙헌을 체포하여 무수히 매질을 한 후 김낙헌 한 사람만 붙잡아 갔다. 김조균이 다시 아뢰기를, "사제 간의 도리는 죽어도 피하지 않는 것이요 또 사람의 살고 죽는 것은 운이 통하는 것과 막히는 것에 달려 있어 절로 정해진 분수가 있는 것이니 무슨 걱정이 있겠습니까! 그러나 임경국·손응삼·염창식·이춘원 등 많은 수

가 여기 머물러 있으면 저들의 의심을 살 것입니다." 하고 먼저 피신하게 하
였다. 얼마 안 있어 관속들이 다시 쳐들어와서 그들의 행패는 말로써 표현
할 수 없었다. 그날 밤 이웃에 사는 이치경(李致敬)이 와서 말하기를, "저들
이 갑자기 김낙헌을 붙잡아 여주읍으로 갔으니 반드시 심한 고문을 할 것이
요 후환이 있을 것입니다. 두 댁 안식구들은 제가 맡을 것이니 노소남자들
은 밤을 이용하여 피신하는 것이 옳을 것입니다."라고 하여, 모든 사람들이
그 말을 옳게 여겨 이춘경·이춘원은 가마로 선생을 모시고, 김조균·손병
회·손응삼이 뒤를 따라 출발하였다. 밤은 어둡고 산길은 험하여 넘어지고
자빠지면서 수십 리를 가니 불빛 한 점이 간간이 앞을 인도하여 산 위에 올
라 잠시 쉬다가 겨우 십리쯤 가니 하나의 초막이 있어 찾아가 사립문을 두
드렸다. 주인이 손을 잡고 방으로 들어가 간곡하게 대접을 하였고, 새벽을
기다려 출발하여 신대점(新垈店)에서 조반을 먹고 지평(砥平) 가로포(加蘆浦)
의 이강수(李康秀) 집에 숙소를 정하였다. 이튿날 홍천에 도착하여 서면(西
面) 등지에서 달포 남짓 머물다가 2월 그믐께 원주 송동(松洞)에 도착하니,
가족들이 이미 여기에 와 있어서 단란하게 모여 거처를 정하고 편안히 모셨
다.[80]

그러나 전거론에서 체포 위기를 면했던 해월은 그다음 피신지였던 원주
송골에서 1898년 4월 5일 체포되어 배로 여주에 와서 일시 수감되었다가 함
께 잡혀왔던 임순호는 석방이 되고, 해월 선생은 그곳에서 다시 뱃길로 서
울로 압송되었다.

---

80 薛東寬 번역, 「해월문집(海月文集)」, 『한국사상(韓國思想)』 제24집, 1998, 423-425쪽.

해월 선생이 체포되자 남겨진 제자들은 분주히 움직였다. 옥바라지를 위한 만반의 준비를 하는 한편, 서울로 올라와 경무청과 서소문 감옥을 중심으로 여기저기 흩어져 관의 동정을 살폈다. 이때 가장 전면에서 움직인 이가 정암 이종훈이다. 이종훈은 서소문감옥 청사(廳使: 獄卒頭目)와 결의형제를 맺고 옥중의 해월 선생의 동태를 탐문하였다. 마침내 해월 선생이 병환중이라는 사실을 알게 되고 편지까지 비밀리에 주고받기에 이르렀는데, 해월 선생이

해월 최시형 선생 묘소 전경
(여주 원적산, ⓒ표영삼)

써서 내보낸 편지에는 "나는 조금 염려 말고 수도에 극진하라. 이번 일은 천명이니 마음 편안하게 최후를 기다리노라. 우리 도의 장내는 대도 탕탕할 것이니 내 뜻을 이어 형통케 하라."고 씌어 있었다. 그리고 돈 50냥을 차입케 하여 그 돈으로 떡을 사서 많은 죄수들에게 나누어주었다 한다.[81]

한편 조정에서는 해월의 병세가 심각해지자 옥중 병사(獄中 病死)가 되지 않도록 재판을 서둘러서 7월 18일(음 5월 30일)에는 교수형을 선고했다. 이때 함께 판결을 받은 연루자 중에 여주인 평민 황만이(39세) 외에 옥천인 평민 박윤대(53세), 영동인 평민 송일회(33세)도 있었다. 해월 선생의 죄목 가

---

81 一然 趙基栞,「海月神師의 受刑前後實記」,『신인간』통권 제14호, 1927년 7월호.

운데 가장 중대한 것은 동학농민혁명을 일으킨 사실이 아니라 좌도(左道), 즉 '혹세무민하는 사교'를 시행하여 '백성들을 현혹'했다는 사실을 들었다.[82]

해월 선생은 판결 다음날 6월 2일 오전에 서소문감옥에서 육군법원(종로 3가 團成社 뒷편)으로 옮겨져 오후 5시경 교수형에 처해졌다. 이날부터 사흘 동안 효시되었던 해월 선생의 시신은 5일이 되어야 광희문(光熙門) 밖 공동묘지에 아무렇게나 매장되었다. 이종훈은 그날 저녁 장의용품을 준비하고 일꾼을 사서 '동학괴수 최시형(東學魁首 崔時亨)'이라는 나무 팻말이 꽂힌 무덤에서 해월 선생의 시신을 수습하여 광나루를 건너 광주 송파의 이상하(李相夏) 씨 뒷산에 장사하였다."[83]

그런데 2년 후인 포덕 41년(1900)에 이상하는 이종훈에게 신사의 묘소를 이장해 달라고 간청해 왔다. '국사범(國事犯) 죄인'인 해월의 묘소가 자기 소유의 땅에 있음을 부담스러워한 것이다. 다시 이종훈이 주선하고 박인호가 전부터 염두에 두었던 여주 원적산 천덕봉 아래 현재의 묘소 자리에 안장하게 되었다.

　　손병희와 김연국 등은 원적산에서 기다리기로 하고 박인호는 유해를 거두어 운구하기 위해 송파로 떠났다. 아침 일찍 상제(喪制) 차림을 한 박인호는 단신[84]으로 송파를 향해 떠났다. 송파에 도착한 박인호는 최시형의 묘소

---

82 〈海月崔時亨判決文〉, "崔時亨은 大明律 祭祀編 禁止師巫條 一應 在道亂正之術 惑隱藏圖像燒香集象 夜聚曉散伴修善事 扇惑人民爲首者律로 絞에 처하고…." 표영삼, 「해월신사의 생애」, 『한국사상(韓國思想)』 제24집, 1998, 372쪽.

83 趙基栞, 앞의 「海月神師의 受刑前後實記」.

84 표영삼은 이때 이종훈과 동행하였다고 하였다. 표영삼, 앞의 「해월신사의 생애」, 376쪽.

에 예를 올린 후에 유해를 거두어 준비해 가지고 간 칠성판에 두상으로부터 순서대로 모시고 칠포로 칭칭 감고 유지(油脂)로 쌌다. 석양이 다 되어 박인호는 신사의 유해를 등에 지고 송파를 출발하여 빠른 걸음을 재촉하여 그 밤으로 원적산에 당도할 예정이었다. 그러나 날이 어스름해지면서부터 비가 쏟아지기 시작하더니 밤이 깊어갈수록 더욱 세차게 쏟아졌다. 박인호는 도저히 갈 수가 없게 되자 음고개 마루턱에 있는 외딴 주막집 처마 끝에 최시형의 성골(聖骨)을 모셔 놓고 죽장을 집고 시립(侍立)해서 비가 멎기를 기다리면서 주문을 외우고 있었다. 주막집 주인이 박인호의 거동을 내다보면서 아무리 효자기로서니 저럴 수가 있느냐면서 따뜻한 국을 끓여 야참을 해주었다. 새벽이 되어 비가 잦아들자 박인호는 다시 유해를 등에 지고 걸음을 재촉하여 원적산에 당도하였다. 박인호를 기다리고 있던 손병희를 비롯한 근처에서 모여 있던 동학도들이 울분과 비통을 삼키면서 유해를 안장하였다.[85]

이렇게 여주군 금사면 주록리 원적산(圓積山) 천덕봉(天德峰, 630미터) 아래 산중턱에 유택을 마련한 것은 1900년 3월 12일의 일이다.[86]

1900년대 중반까지만 해도 서울에서 해월 선생의 묘소를 성묘하거나 참배하기 위해서는 최소한 1박 2일의 일정을 잡아야 했다. 1924년 11월 16일에는 해월 선생의 수제자 중 한 사람으로서, 해월 선생의 묵교(黙敎)에 따라 천도교 3세 교조 의암 손병희 선생을 보필하고, 의암을 이어 4세 대도주가

---

85 이동초, 앞의 글, 121-122쪽.
86 『侍天教宗繹史』庚子年條. "庚子三月十二日 緬移于利川之 天德山乾坐之原." 『天道教會史草稿』에는 '5月 1日'로 되어 있다.

해월신사 묘소 참례 당시 사진(1924년). 앞줄 왼쪽부터 이인숙 최린 최석련 (묘소) 오세창 권동진 정광조. 뒷줄 왼쪽 네 번째부터 박래홍 (묘소) 한순회, 홍일창

된 춘암 박인호 선생이 해월 선생의 묘소를 참례하였다.[87] 당시 기록을 보면, 서울에서 도보로 출발하여 광주(성남)을 거쳐 이천을 경유하여 여주의 해월 선생 묘소에 이르는 경로가 눈에 보이는 듯 선명하다.

　　(훈련원-동대문운동장 근처-전차 종점을 출발하여) 살곶이다리(箭串橋), 뚝섬 [纛島]을 지나 서남으로 삼전도(三田渡)를 훑어보며 송파나루[松坡津]를 건너기는 10시경이다. 나루터 가 주막[津頭江店]에서 요기하고 몇 이랑[數畝]을 더 가니 산기슭에 엿이 놓여 있는데, 이는 지키는 주인도 없고 다만 엿 목판만 길가에 놓아 두어 누구나 돈을 놓고 엿을 집어 먹게 된 순후(純厚)한 시골풍경이 그대로 표현되었더라. 일행은 호기심으로 각 1푼의 돈을 던지고서 각

87 박래홍(朴來弘), 「해월신사 묘소 참례기」, 『천도교회월보』 제171호, 포덕65년(1924, 대정13), 12월호, 28-29쪽.

각 1개씩 엿을 집어서 먹고 가며 한참 동안 이 사회 조직이 어떠하니, 사회 도덕이 어떠하니 하며 의론이 분분한 화제가 되어 가는 줄 모르게 남한산 밑에 다다랐다. 시원한 시냇가 모래밭[清溪邊白沙上]에서 준비성이 많은 낙재(樂齋 洪一昌) 군이 가지고 온 흰떡[白餠]을 나누어 먹고 한달음[一路]에 곧장 진남루(鎭南樓)로 올라가니 이곳은 남한산성 남문이다. (중략) 시남해막(市南海幕)에서 점심을 하고 동문을 나서니 인가는 하나도 없는데, 즐비한 물방앗간은 하나의 기이한 풍경이며, 길가에 기해주필(己亥駐蹕: 임금이 나들이하는 도중에 수레 가마를 잠시 멈추고 머무르거나 묵는 일)이라고 큰 글자로 쓴 거대한 바위가 있으니, 이는 이조 종종 임금이 기해년에 영릉(寧陵)에 행차하실 때 이 바위에 주필하였다 한다. 이 길로 산을 넘고 물을 건너 경안면(慶安面) 경안리에 이르니, 이곳은 군청소재지요 때마침 농산물 품평회의 제2일이라. 인산인해를 이루었고 각종 경기와 연예로 불야성을 이루었더라. 여기에서 3정(町) 떨어진(許) 역리(驛里)에 광주군 종리원이 있는지라 종리원에 이르니 종리사 한순회(韓順會) 씨 외 10여 명의 교우(教友)가 막 저녁 식사를 하고 있던 중이요, 시간은 오후 8시경이더라. 15일 이른 아침 6시 출발. 서리가 내리고 꽁꽁 언 길[霜天凍路]을 10리쯤 가서 대쌍령(大雙領) 고개에 이르니 붉은 해가 막 떠오르더라. 발걸음을 재촉하여 곤지암 주막에 이르러 휴식을 취하니 (중략) 실촌(實村) 장곡(長谷)을 지나 동북으로 원적산(圓積山)에 오를 때, 산은 해발 460여 척의 준봉이라. 산의 서쪽 기슭[麓] 길재마루로 넘으니 산은 동북으로 삼중사중으로 둘러쳐진 심산(深山)이요, 주봉 중에 배불뚝이로 튀어나온 곳[腹突起處]에 신사 산소가 있는지라. 우리 일동은 산소에 참배한지 얼마 지나지 않아서 춘암 선생 이하 3주임(崔麟, 李仁淑, 崔碩連-신도관 관정)과 한암[閑菴 吳世昌] 실암[實菴 權東鎭] 현암[玄菴 鄭廣朝] 3도사가 자동차로 현방리(玄方里, 산소에서 10리)에 내려서 오시므로, 우리 보행단 일행은 산에서 내려가 마중[奉迎]하였다. (춘암 선생은 이날 휴식하고 다음날 오전에 해월 선생 묘소를 성묘함-편집자 주)[88]

5. 다시 여는말: 21세기 동학의 원점, 여주 전거론

21세기에 접어든 지 시간적으로는 이미 1/5이 지난 현 시점에서 현대사회가 요구하는 가장 중요한 가치는 전 지구적인 생태 위기를 해결하는 것과 점점 외소해지고 소외되는 인간의 정신적 영역의 독자성과 존엄성을 회복하는 것이다. 전자, 즉 생태 문제의 해결을 위해서는 인간이 환경에 대하여 관계 맺는 방식의 근본적인 변화가 필요하며, 후자, 즉 인간 정신의 성숙을 위해서는 마음의 힘을 강화하고, 공감(共感) 공화(共和) 공공(公共) 능력을 키우는 것이다.

이런 점에서 여주는 동학이 21세기의 세계를 위하여 귀중한 사상적 자원 마련해 둔 곳이라 할 수 있다. 이것은 해월이 전거론에서 설법한 이천식천(以天食天) 설법과 이심치심(以心治心)의 설법을 두고 하는 말이다.[89]

88 앞의 글.
89 일부 기록에는 이해(1897) 10월 28일 수운대신사 탄신향례를 인제 느릅정이 최영서 도인 집에서 지낼 때 이 설법을 하였다고 기록하였다. 전거론의 은거처를 외부에 노출시키지 않으려고 많은 사람이 모이는 행사는 1895년 1년 동안 머물렀던 최영서가에서 진행했을 수도 있다. 그러나 '이천식천' 설법을 비롯한 '식(食)'과 관련한 설법은 동학농민혁명 이후 곳곳에서 진행하였고, 10월 28일에 최영서가에 가셨다 하더라도 일시적인 출타였으므로, 전거론을 이천식천 설법의 핵심지로 볼 수 있다.

1) 이천식천(以天食天), 한울님이 한울님을 먹는다

이천식천(以天食天)은 곧 "한울님이 한울님을 먹는다" 또는 "한울님으로서[자격] 한울님을 먹는다"는 뜻이다. 한울님은 동학에서 말하는 궁극적 실재로서, 인내천(人乃天) 사상에서 '천(天)'에 해당하는 순우리말이다.

이 이천식천의 의미를 이해하기 위해서는 물물천 사사천(物物天 事事天)과 삼경(三敬) 사상을 이해해야 한다. 물물천 사사천은 "이 세상 만물과 (사람의 手足語默動靜과 같은) 일거수 일투족이 모두 한울님이고, 한울님의 작용"이라는 뜻이다. 이것은 동학 사상의 핵심인 시천주(侍天主)에서 '한울님을 모신' 주체가 사람만이 아니라 이 세상 만물도 모두 한울님을 모시고 있다는 것을 의미한다. 그러므로 사람은 경천(敬天)하고 경인(敬人)할 뿐만 아니라, 경물(敬物), 즉 물건까지도 공경하여야 한다는 동학의 삼경 사상이 나오게 된다.

그러므로 사람이 먹는 밥(쌀)이나 반찬 또한 한울님이고, 그것을 먹는 사람도 한울님이니, "한울님이 한울님을 먹는다"는 논리가 성립되는 것이다. 이 말에는 첫째, '한울님을 먹는 존재'로서의 '한울님(사람)'다움을 갖추고 있어야 한다는 것, 둘째, 내(사람)가 먹는 것이 '한울님'이므로 이를 소중히 여기고 공경히 대하여야 한다는 것, 셋째, 이 음식이 나에게 이르기까지 수많은 한울의 작용이 있었음을 알고 그 은혜를 잊지 않고 고마워하여야 한다는 것 등의 의미가 포함된다. 이것을 해월 선생은 동질(同質)적 존재 사이의 '상호부조(相互扶助)'로서 '기화(氣化)'를 이루고 이질(異質)적 존재 사이의 '이천식천(以天食天)'으로서 기화를 이룬다고 표현하였다.

"만일 한울 전체로 본다 하면 한울이 한울 전체를 키우기 위하여 동질(同

質)이 된 자는 상호부조(相互扶助)로써 서로 기화(氣化)를 이루게 하고, 이질 (異質)이 된 자는 이천식천(以天食天)으로써 서로 기화(氣化)를 통하게 하는 것이니, 그러므로 한울은 일면(一面)에서 동질적 기화(同質的 氣化)로 종속(種屬)을 양(養)케 하고 일면에서 이질적 기화(異質的 氣化)로써 종속과 종속의 연대적(連帶的) 성장 발전(成長發展)을 도모하는 것이니, 총(總)히 말하면 이천식천(以天食天)은 곧 한울의 기화작용(氣化作用)으로 볼 수 있는 데, 대신사(大神師: 水雲 崔濟愚-인용자)께서 시(侍) 자를 해의(解義)할 때에 내유신령(內有神靈)이라 함은 한울을 이름이요, 외유기화(外有氣化)라 함은 이천식천(以天食天)을 말한 것이니 지묘(至妙)한 천지(天地)의 묘법(妙法)이 도무지 기화(氣化)에 있느니라.[90]

이 설법은 이기식기(以氣食氣)는 동학의 지기일원론(至氣一元論)과 관련되며 이천봉천(以天奉天)은 사람 섬기기를 한울님 섬기듯이 하라는 사인여천(事人如天)의 법설과 관련되며, 이선화선(以善化善)은 무위이화(無爲而化)와 조화(造化)에 관한 법설과 관련되며, 이심치심(以心治心)은 물약자효(勿藥自效)와 심화기화(心和氣化)와 관련되는 등 이 짧은 법설의 내용에는 동학사상의 정수가 거의 모두 들어 있다고 해도 과언이 아니다. 이천식천(以天食天)이라는 법설에는 이러한 모든 이치가 다즉일(多卽一)의 형식으로 통섭되어 있는 것이다.

이 이천식천 법설은 그 밖에 "기운으로서 기운을 먹는다[以氣食氣]" "(한울)기운으로서 (사람)기운을 다스린다[以氣治氣]" "(한울)마음으로서 (사람)마음

90 『해월신사법설(海月神師法說)』「이천식천(以天食天)」.

을 다스린다[以心治心]" "한울님으로서 한울님을 봉양한다[以天奉天]", "한울님의 선함으로 세상을 선하게 변화시킨다[以善化善]"는 말씀과 함께 한 것으로 기록되어 있다.

以氣食氣하며 以氣治氣하며 以天食天하며 以天奉天하며 以心治心하며 以善化善은 是 吾道의 大化니 人이 來하거던 人이 來하엿다 云치 勿하고 天이 來하신다 云하라.[91]

이천식천을 설명하는 '이질적 기화론'은 근대 세계가 '약육강식(弱肉强食)'이라고 설명해 온 제국주의적이고 인간중심주의적인 논리를 타파하는 혁명적인 논리라고 할 수 있다. 한울과 한울이 서로 먹이고, 서로 살리는 상생의 정신이 이 세계의 운용원리라는 점을 사람들이 인식하고 인정하게 되면 인간의 편의와 욕망을 위하여 자행하는 무분별한 자원남용과 그에 따른 환경위기[기후붕괴], 그리고 전쟁과 무역 분쟁 등은 설 자리를 잃고 만다.

「이천식천」의 가르침은 생태 · 생명의 문제 해결은 물론 우주적 삶, 곧 정체와 개체, 인간과 자연, 신과 인간, 서양과 동양, 남성과 여성, 인종과 인종을 비롯한 모든 이원적인 대립과 모순을 극복하여 조화와 균형을 이루는 데 그 핵심이 있다. 나아가 이것은 오늘의 포스트모던 시대가 안고 있는 문제인, 자기 아닌 타자를 자기 속에 귀속시킴으로써 자기 동일성을 확보하고자 하는 폭력으로부터 벗어나는 길이며, 사람과 사람, 사람과 자연이 서로

---

91 『천도교서(天道敎書)』〈제2편〉; 윤석산, 『일하는 한울님-해월 최시형의 삶과 사상』, 모시는사람들, 2014.8, 284쪽에서 재인용.

어우러져 조화와 균형의 삶, 진정한 생태·생명의 길을 여는 것이라고 하겠다. 즉 이성의 도구화, 과학기술의 이데올로기화 등으로 인하여, 이 우주마저 인간에 종속시키려는 포스터모던의 시대, 해월의「이천식천」은 인간 중심에서 생명 중심으로 인류의 행보를 옮겨 놓고자 하는 가르침을 담고 있는 법설이다. 해월의 이와 같은 가르침은 오늘의 우리 현실 속에서 가장 절실하고, 또 필요한 가르침들이다. 현대사회 속에서, 인류가 가장 심각하게 직면하고 있는 생태·생명의 문제를 포함한, 모든 이원적 대립으로 인하여 야기되는 문제의 대안을 근원적인 면에서 제기하고 있다. 이와 같은 점에서 해월의 사상은 다만 근대에 머물지 않고, 근대를 뛰어넘어 현대 철학적인 의미를 지니고 있음을 확인할 수 있다.[92]

해월 선생은 동학사상의 핵심이 이천식천에 있으며, 이천식천을 함으로써 (한울)사람이 (본래)한울로 거듭날 수 있다고 강조하였다.[93]

이런 점에서 이천식천(以天食天)은 물물천 사사천(物物天事事天-)과 삼경(三敬)을 아울러 21세기 동학의 정수이자, 이 세계를 진정한 새 시대, 새 문명으로 이끌어갈 등대가 될 수 있다. 여주(전거론) 동학의 의의는 바로 여기에서 빛을 발한다.

---

92 윤석산, 앞의 책, 291-292쪽.
93 『해월신사법설(海月神師法說)』「영부주문(靈符呪文)」, "우리 도의 뜻은 한울로써 한울을 먹고, 한울로써 한울을 화할 뿐이니라. 만물이 낳고 나는 것은 이 마음과 이 기운을 받은 뒤에라야 그 생성을 얻나니, 우주만물이 모두 한 기운과 한마음으로 꿰뚫어졌느니라(吾道義以天食天-以天化天 萬物生生裏此心此氣以後 得其生成 宇宙萬物總貫一氣一心也)."

2) 이심치심(以心治心), 한울마음으로 마음의 병을 고치다

여주 전거론에서 행한 법설 내용 가운데 이천식천의 법설과 더불어 현재의 시점에서 주목할 또 하나의 법설은 이심치심(以心治心)이다. 이것은 오늘날 세상 사람들의 마음과 혼란과 갈등과 분쟁과 빈곤이 사그라들지 않는 세상 형편, 그리고 기후붕괴와 같은 '6번째 대멸종'의 위기에 직면한 문명사적 위기 전체를 '치유'하는 데 대한 핵심 대안을 내포하고 있다. 여기서 치유의 주체가 되는 '이심(以心)'의 심은 천심(天心)을 말하고, 치유의 대상이 되는 치심(治心)의 심은 인심(人心)을 말한다. 이 천심과 인심을 이해하자면, 천어(天語)와 인어(人語)의 차이와 동일성을 이해해야 한다.

본래 천어(天語)는 수운 최제우 선생이 동학을 창도할 당시 수운에게 강림(降臨)한 한울님[天主]이 수운에게 말씀하신 '선어(仙語)'로부터 시작된다. 즉 이때 수운 선생은 한울님과 문답(問答)을 주고받는 과정에서 동학의 영부(靈符)와 주문(呪文)을 받은 것을 비롯하여 철학과 사상을 정립하게 된다. 그런데 해월은 천어(天語)는 강화(降話) 즉 한울님으로부터 비롯되는 말씀이기는 하지만, 이것은 별세계(別世界)의 존재가 아니라 "사람의 사욕(私慾)과 감정(感情)으로 생기는 것이 아니요, 공리(公理)와 천심(天心)에서 나오는 것"으로서 "이(理)에 합(合)하고 도(道)에 통(通)한다 하면 어느 것이 천어(天語) 아님이 있겠느냐"라고 하였다.[94]

해월 선생은 이러한 천어와 인어의 차이와 동일성의 원칙이 마음에도 그대로 적용된다고 말하였다. 즉 사람의 마음은 본래 하나이지만, "마음이 이

---

94 『해월신사법설(海月神師法說)』「천어(天語)」.

치에 합하여 심화기화(心和氣和)가 되면 천심(天心)을 거느리게 되고, 마음이 감정에 흐르면 협착군박(狹隘窘迫)하여 모든 악덕(惡德)이 이로 생기"는데, "도 닦는 사람은 천심으로서 항상 인심을 억제하여 말 모는 이가 사나운 말을 잘 몰고 가는 것처럼 하면 화(禍)가 복이 되고 재앙이 상서로운 일로 바뀔 수 있다"[95]고 한 것이다. 즉 바깥에서 들려오는 천어(天語)에 귀 기울이는 것은 수도의 초보단계일 뿐이고, 정심(正心)으로써 사심(邪心)을 치유하게 되면 모든 것을 천어(天語)로 들을 수 있다[96]는 뜻이다.

현대 사회의 많은 병폐들은 '마음의 병[스트레스]'으로부터 비롯된다는 것은 이제 상식이 되었다. 이것은 단지 한 개인의 심리적(心理的)인 문제뿐만 아니라 인간과 인간 사이의 관계의 단절 등으로부터 오는 소외의 문제나 많은 사람들이 '이웃'과 '지인'들의 도움을 받지 못하고 자살(自殺)로 내몰리는 상황['자살당하다']까지를 포함하는 마음 상태를 의미한다. 즉 개인적 마음에서부터 '사회적 마음'까지 아울러서 말하는 것이다.

이러한 마음의 병까지도 약물치료에 의존하게 된 것은 인간이 점점 물질의 지배력 하에 놓이게 됨으로써, 스스로의 치유력을 잃어버리고 잊어버리는 악순환에 빠져드는 결과를 낳는다. 마치 집약식 농법에서 토양이 지력(地力)을 잃어버려 생산력이 감퇴되고 그 위에서 자라는 작물들은 병해충에 취약해지고, 이를 보완하기 위하여 농약과 비료를 가중(加重)하는 악순환이 되풀이 되는 것과 같다. 해월 선생은 이심치심의 이치를 밝게 알고 심화기화(心和氣和)하게 되면, 냉수조차 약으로 쓰지 않고도 병이 낫게 된다고 말한다.

---

95 『해월신사법설(海月神師法說)』 「이심치심(以心治心)」.
96 『해월신사법설(海月神師法說)』 「기타(其他)」.

마음으로써 마음을 상하게 하면 마음으로써 병을 나게 하는 것이요, 마음으로써 마음을 다스리면 마음으로써 병을 낫게 하는 것이니라. 이 이치를 만약 밝게 분별치 못하면 후학들이 깨닫기 어렵겠으므로, 논하여 말하니 만약 마음을 다스리어 심화기화가 되면 냉수라도 약으로써 복용하지 않느니라.[97]

심화기화(心和氣和)는 일찍이 수운 최제우 선생이 질병에 시달리는 동학도인들에게 써준 글(「題書」)에 나오는데, 곧 새로운 세상을 기다리는 마음가짐으로 제시한 것이다. 여기서 기운과 마음은 둘이 아닌 하나이며, 기화(氣化)하여 순일무잡(純一無雜)의 상태를 유지하는 것이다. 1863년 11월경, 때마침 북도(北道)[98] 지역 교인들 사이에 고질병[風濕]이 돌자 그 지역의 박하선 도인에게 이 「제서(題書)」를 내려 치병(治病)의 방도로 삼게 하였다.

얻기도 어렵고 구하기도 어려우나 실제로 이것은 어려운 것이 아니다. 마음이 화(和)하고 기운이 화(和)해서 봄같이 화해지기를 기다리라. (得難求難 實是非難 心和氣和 以待春和)

마음과 기운이 화하게 하는 묘방은 사람의 마음[人心, 慾心, 私心, 利己心]을 돌이켜 한울님 마음[天心, 正心, 公心, 利他心]을 회복하는 데 있다. 그리고

---

97 『해월신사법설(海月神師法說)』「영부주문(靈符呪文)」, "以心傷心以心生病 以心治心 以心愈病 此理若不明卞 後學難曉故 論而言之 若治心而心和氣和 冷水不可以藥服之."
98 북도(北道)는 수운 선생이 살고 있는 경주(慶州) 용담(龍潭) 이북 지역의 동학 분포지를 지칭한다.

이러한 천심을 회복하는 개인적인 수양법이 동학의 21자 주문(呪文, 至氣今 至 願爲大降 侍天主 造化定 永世不忘 萬事知) 공부[99]이다. 그러나 수도로서의 동학의 수양법은 일상생활의 일용행사(日用行事)에서 일동일정(一動一靜), 기거출입(起居出入)할 때에 반드시 심고(心告)하는 등의 일상생활 전반에 걸쳐 동학의 가르침에 따라 살아가는 것을 말하기 때문에 생활 친화적이고, 현실 지향적이고, 인문 치유적인 특징을 나타낸다.[100]

3) 땅 아끼기를 어머니 살같이 하라

해월 선생이 전거론에 머물 때의 일이다.[101] 어느 날 방에 누워 있었는데 한 아이[102]가 나막신을 끌며 지나가는 소리가 들려왔다. 해월 선생은 놀라서

---

99 주문공부는 수련(修煉) 또는 수도(修道)라고 하는데, 기본적으로는 정좌(正坐) 또는 궤좌(跪坐)하여 21자 주문을 현송(顯誦)이나 묵송(黙誦) 또는 염송(念誦)이나 암송(暗誦)으로 외는 것이다. 이렇게 되면 한울님의 기운을 체감[降靈]하고 한울님의 가르침을 들으며[降話], 신체적 질병의 치유[靈符]나 마음의 개벽[解脫, 自由心]을 體得하게 된다.

100 박길수, 「東學 天道敎 儀禮와 마음 治癒」, 『종교와 의례, 인문치유』, 한국종교학회 2019추계학술대회, 2019.11.15.~16, 경희대학교 서울캠퍼스, 223-231쪽 참조.

101 天道敎史編纂委員會 編, 『天道敎百年略史(上)』, 天道敎中央總部出版部, 布德 122(1981).1, 300-301쪽.

102 이때의 '한 아이'는 정황상 해월 선생의 장남 '최동희(崔東羲)'인 것으로 보인다. 최동희는 1890년생으로 와세다(早稻田)대학 정경학부를 졸업한 재원이다. 귀국 후 천도교중앙총부에서 일하다가 중국을 유람(망명)한 후 귀국, 1919년 삼일운동 후에 다시 상해(上海)로 망명하여 '고려혁명위원회'를 조직하고 활동하였다. 1926년 길림성에서 '고려혁명당' 활동하였으나 1927년 1월 상해 홍십자병원에서 폐병으로 환원하였다. 1999년에 해월 선생의 묘역에 있는 묘소에 묘비가 건립되었다[婦 洪東嬅(?~1971) 合葬]. 그 밖에도 해월 선생 묘역에는 해월 선생의 부인 손시화(孫時嬅, 1864-1938), 長孫 최익환[崔益煥, 1913-1999; 婦 洪昌燮(1913-1996) 合葬]의 묘소가 있다.

일어나 가슴을 어루만지며 "내 가슴이 아프다"고 하였다. 이 내용은 해월의 법설에도 수록되어 있다.

> 내가 한가히 있을 때에 한 어린이가 나막신을 신고 빠르게 앞을 지나니, 그 소리 땅을 울리어 놀라서 일어나 가슴을 어루만지며,「그 어린이의 나막신 소리에 내 가슴이 아프더라」고 말했었노라.[103]

이것은 우주에 가득한 것이 혼원한 한 기운[渾元之一氣=至氣]으로서 서로 이어져 있기 때문이다. 사람과 만물이 모두가 시천주한 존재[侍天主者]라는 것도 같은 말이다. 이것이 앞서 말한 '이천식천설'과 '이심치심설'을 말하는 근거가 된다.

해월 선생은 이러한 동기감응(同氣感應)의 경험담으로부터 "땅 아끼기를 어머니 살같이 하라"는 '다시개벽'의 큰 선언을 내놓는다. 그리고 이것이 "이 큰 도의 진실 된 이야기"라고 강조하였다.

> 땅을 소중히 여기기를 어머님의 살같이 하라. 어머님의 살이 중한가 버선이 중한가. 이 이치를 바로 알고 공경하고 두려워하는 마음으로 체행하면, 아무리 큰 비가 내려도 신발이 조금도 젖지 아니 할 것이니라. 이 현묘한 이치를 아는 이가 적으며 행하는 이가 드물 것이니라. 내 오늘 처음으로 대도의 진담을 말하였노라.[104]

---

103 『해월신사법설(海月神師法說)』「성경신(誠敬信)」, "余閑居時一小我着屐而趨前 其聲鳴地 驚起撫胸曰「其兒屐聲我胸痛矣」."
104 『해월신사법설(海月神師法說)』「성경신(誠敬信)」, "惜地如母之肌膚 母之肌膚所重乎

오늘날 환경 위기에 처한 지구촌 인류에게 이만한 복음(福音)은 없을 것이다. 특히 해월 선생의 '땅 아끼기를 어머니 살같이 하라'는 가르침은 이미 오래전부터 오늘날의 환경문제의 해법을 제시하는 근본적인 마음가짐이자 이치를 담고 있다고 평가되어 왔다. 이러한 가르침이 결국 해월 선생의 가르침인 천지부모(天地父母) 설법(說法)을 반영한 것으로, 물오동포(物吾同胞), 인오동포(人吾同胞)의 의미를 재조명하면서 오늘날 세계가 인간 중심주의를 벗어나 동식물은 물론 무기물의 세계와 더불어 살지 않으면 안 되는 상황에 유일무이(唯一無二)한 철학적 비전을 제시해 준다는 것이다.[105]

이러한 이천식천(以天食天), 이심치심(以心治心), 모지기부(母之肌膚)는 21세기 동학(東學)의 핵심 사상으로서, 여주(驪州)가 추구해야 할 정신적 가치를 잘 보여준다고 할 수 있다. 특히 여주의 동학 사적과 밀접한 관련을 맺고 있는 원주 지역에서는 '원주학파(原州學派)'라는 말이 나올 만큼, 원주 지역에서 해월 이후 오늘에 이르는 동학사상의 계승과 발전에 관한 연구가 이루어지고 있다. 또 향아설위(向我設位)[106] 개벽적인 제사법(祭祀法)을 설법한

一襪子所重乎 的知此理體此敬畏之心 雖大雨之中 初不濕鞋也 此玄妙之理也 知者鮮矣 行者寡矣 吾今日 始言大道之眞談也"

105 박길수,「東學의 同歸一體 思想 硏究-八節과 修道法을 중심으로」, 성균관대학교한국 철학과 석사논문, 2019 참조; 기본적으로 이러한 思考는 윤노빈,「동학의 세계사상적 의미」,『東學思想과 東學革命』, 청아출판사, 1989(重版), 143-170쪽으로부터 영감을 받은 것이다.

106 향아설위에 대해서는 다음 글을 참조. 김지하,「개벽과 생명운동」,『신인간』통권 487호, 신인간사, 1990.10, 16-18쪽, "(向壁設位는) 벽 쪽으로 위패를 놓고, 메밥을 벽 쪽으로 놓고 상제(喪制)가 그 앞에 엎드려 기도하고 비는 … 향벽설위는 저 벽 쪽에, 내 시선의 저쪽, 시간적으로는 미래에, 내일에 신이 있고, 천국이 있고, 행복된 낙원이 있다는, 천국이 있다는 식의 구조입니다. … 따라서 모든 종교들이 자기 노동의 결

이천(앵산동)이 지역적으로나 역사적으로 여주(전거론)와 인접하여 있다는 점을 고려하여, '21세기 동학 연대'와 같은 지역 벨트를 구상하여 이러한 가치를 살려나갈 때 여주는 21세기 동학의 원점으로서 새롭게 자리매김할 것이다.[107]

과와 자기의 꿈과 모든 희망을 미래에로, 저 벽 쪽으로 갖다 놓고 그쪽에 절하면서 오늘을 견디고 오늘을 희생하는, 오늘을 없이하는, 오늘을 무가치하게 만드는 생활을 해온 것이 인류 고금동서의 역사 전체를 통해서 본 종교 생활의 총체적 내용입니다. … (向我設位는) 지금 여기 제사 드리고 있는 상제 즉 사람, 나, 우리 속에 살아 있는 신, 우리 속에 살아 있는 우주생명, 우리 속에 지금 여기서 실현되어야 할 행복과 낙원, 이것에 대한 확신입니다. 따라서 향아설위는 메밥의 위치를 벽에서부터 제사 지내는 상제 앞으로 돌려놓음으로써 인류 문명사 전체를 개벽시키는, 사상적으로 개벽시키는 일대 전환점을 만든 것입니다. … 이것은 제사인 동시에 사회정의 실현인 것이며, 사회정의 실현인 동시에 문화적인 자기실현인 것입니다."

107 그 밖에도 해월 선생이 전거론에 계실 때 '기운과 이치에 관한 법설' '강화의 해석에 대한 법설' '후천개벽에 대한 법설' '이심치심설' '이천식천설' '양천주설'(이상, 『天道敎書』), '향아설위설' '삼경설(三敬說)' '천어(天語)의 해석' '이심치심설' '이천식천설' '양천주설'(이상, 『天道敎創建史』), 이중 '향아설위설'은 이해 4월 5일 이천 앵산동에서 한 것-인용자 주), '이천식천설' '이심치심설' '대인접물에 대한 설법' '사인여천에 대한 설법'(이상 『侍天敎歷史』) 등의 설법을 남겼다고 한다(이상, 표삼암, 앞의 「해월신사의 발자취(3)-여주 전거언」 65쪽에서 재인용) 앞으로 이에 대해 더 깊은 연구를 통해 '여주 동학'의 사상적 의의를 더 깊고 넓게 구명(究明)하고 현창(顯彰)시켜 나갈 수 있기를 바란다.

부록

시천주와 흙의 경전
대지라는 거룩한 경전

홍일선 _ 시인

일생

그대

하루 일 마치고

무사히 집에 돌아왔다면

대문 들어서기 전

크게 숨 들이켜 심호흡하고

신발 밑바닥

조용히 살펴보시기를

오늘이라는 일생

걸어온 길

삼가 돌아보시기를

그대

귀한 밥

땅은
하늘님이 주신 선물이고
밥은
땅이 주신 축복입니다
어진 땅에서
따순 밥 귀한 밥 나옵니다
천지부모께서 차려주신
거룩한 밥상 마주보며
삼가 향아설위
두 손 모읍니다
큰 절 올립니다

들깨

잘 익어
아주 가벼워진 들깨 몸에
낫 대기가 송구하여
잠시 머뭇거리는데
들깨가 조용히 말하였다지
그간 보살펴주어 고마웠다고
달맞이꽃도 만나보았고
단양쑥부쟁이 섧운 말씀도 들었으니
오늘은 처음의 나
자재연원 깊은 시간으로
돌아가기 좋은 날이라고
비우고 비워서 가벼워진 그이를
이천식천 경전 위에 뉘어놓고
어머니께서 들녘 향해
공손히 두 손 모으셨다지

당원증

밥이
하늘님이라고 믿으신
아버지와 어머니는 흙님당
무명 당원이셨습니다
나는 그 당원증을 무난히 승계하였습니다
아울러 나는 숲님당 당원입니다
그리고 늘푸른 강님당 당비도
꼬박꼬박 내고 있습니다
또 나는 햇빛님당 오래된 당원이며
곡식님당 풀뿌리 당원이기도 합니다
내일 감자를 캔 뒤에는 흰구름님당에 입당
많이 늦었지만 제대로 된
시천주 경인 경천 경물
권리 당원이 될 생각입니다

어머니 흙이 품으신 법설

오른손으로는 호미를 쥐고 왼손으로 흙위에

시...詩.,侍라고 삐뚤삐뚤 가만히 써봅니다.

시...詩...말씀의 사원이었고 侍...사람의 사원이었습니다.

그리하여 시는 공경의 노래 詩였고 공경의 온갖 모심인 侍였다고 생각합

니다.

옛농부들은 모두 시인이었다는 확신입니다.

단 한 줄의 시를 읽거나 쓰지 않고서도 시인이었던

옛농부들을

한 갑자전인 60여년전 제 조부님께선

논밭이나 들에게도 눈이 있고 귀가 있으니 논밭 가까이에서

함부로 말을 해서는 안된다는 말씀이 생생합니다.

지게를 세워놓고 기역자를 겨우 터득하셨던 조부모님은

필시 공경이라는 말씀을 자비라는 경전 풀이를

천지부모의 농업적 삶으로 저에게 들려주신 것입니다.

논에게 밭에게 생명을 회임하는 들녘에게 고맙다는 말을 하시는

농부의 어진 마음이야말로 경인 경천 경물의 본체가 아니었겠는지요.

그러고 보면 지난 날 우리가 고단했던 시절

어머니 흙이 품은 법설을 경청하며 고난을 감내 향유하던 '오래된 미래'가

이미 와 있었던 것이 아닌가라고 질문해봅니다.

그때는 누구나 골고루 가난해야만해서

가난의 평등, 무위평등의 간곡함을 온몸 온정신으로 살았던 시절이라고
감히 규정해봅니다.

오늘 어머니 대지가 땅이 자본에 포획된 시대.

대지가 황금을 쫓는 부동산이 된 시대...

대지의 어머니를 내다버린 패륜을 참회해야하는 시간이 있었음 좋겠습
니다.

시 없이도 행복한 시대

시를 이야기해야하는 고역이 오늘 있습니다.

그래서 저는 여강에 나가면 모래톱에

개망초뿌리를 붓삼아 詩人이라고 侍人이라고 써봅니다.

슬픔을 눈물을 울음을 모시는 사람이

시인이었음 좋겠습니다.

수줍음 많은 윤동주 시인이 그런 시인이시겠지요.

그리하여 이땅의 시인들이 삼라만상에 깃든 영혼의 울림을 경청하고

그것을 받아적는 사람이 많아졌음 좋겠습니다.

두 갑자전 경천 경인 경물을 간곡히 일러주셨던 해월선생님은

지극한 시인이셨습니다.

이 말씀을 꼭 전해드리고 싶었습니다.

한울이 한울을 먹는구나 (1897년 가을과 겨울, 여주 전거론)

장주식_ 동화작가

1. 벽이 아닌 나를 향해 (1897년 봄과 여름, 음죽군 앵산동)

마당가 산수유 노란 꽃이 흐드러졌다. 마을 앞 벌판을 구불거리며 흐르는 개천 굿배미 가에 미루나무들도 물이 올랐다. 머리카락을 흔들며 지나가는 봄바람에 향기가 실려 온다. 평상에 앉은 해월은 깊게 숨을 들이마신다.

'이 봄을 내가 또 맞을 수 있을까?'

요즘은 자주 무릎 연골에서 힘이 빠져나가는 걸 느낀다. 걷다가도 자꾸만 앉을 곳을 찾는다. 일흔 살을 넘기면서부터 그런 일이 부쩍 잦아졌다.

"예뻐요."

손시화가 산수유꽃송이를 두 손으로 감싸며 말했다.

"응. 그래요, 그래."

해월이 빙긋 웃으며 젊은 아내를 바라본다. 눈이 저절로 아내 아랫배로 갔다. 눈에 띄게 봉긋하다.

"산달이 얼마나 남았지요?"

"구월이에요."

"그렇다면…… 한 여름을 다 지나야 하니, 고생 좀 하겠구려."

해월이 아내 손을 꼭 잡았다. 손시화는 살보다 뼈가 더 많은 늙은 남편 손이지만 말할 수 없이 따뜻한 느낌을 받았다. 그런 남편 손을 손시화는 부드럽게 마주 잡았다. 그때 아들 양봉이 소리 지르며 집으로 뛰어왔다.

"외삼촌들 오셔요."

해월은 아내 손을 놓고 일어섰다. 마을 어귀에 있는 큰 참나무 밑을 지나오는 손병희와 병흠 형제가 보인다. 양봉이 늙은 아버지를 부축한답시고 쫓아와 옆에서 허리를 안고 선다. 이제 겨우 여덟 살이지만 손에 제법 힘이 올랐다. 해월은 빙긋 웃으며 아들 머리를 쓰다듬었다.

손병희, 병흠 형제는 침채를 한 사발씩 맛나게 들이켰다. 먼 길을 걸어오느라 지친 몸에 생기가 돈다. 손병희가 해월에게 말했다.

"이번에는 꽤 많이들 오겠지요?"

"그럴 것 같네. 다행이야."

해월은 지그시 눈을 감는다. 그 참담했던 날들도 벌써 세 해가 흘렀다. 죽창 하나 들고 나섰다가 쇠탄환에 맞아 속절없이 죽어간 도인들. 시체는 쌓여 산이 되고 피는 흘러 붉은 강이 되었다. 한 명, 열 명, 백 명, 천 명, 만 명, 수십만 명이 그렇게 죽어갔다. 추위도 빨리 찾아온 1894년 갑오년 12월, 충주 되자니에서 해월은 모든 전투를 끝냈다. 엄청난 화력으로 무장한 일본군과 관군의 협공에 당해낼 재간이 없었다.

동도대장 전봉준과 대접주 손화중, 김개남 등은 다 잡혀 처형당했다. 그러나 해월은 용케 잡히지 않고 도망쳐 아직까지 살아남았다. 살아남은 데에는 누구보다 손병희 힘이 컸다. 손병희는 힘도 장사지만 기지가 남달랐다. 관군이 바로 옆에서 위협해도 눈썹하나 깜짝하지 않았다. 충주에서 도망쳐 강원도 홍천을 지나 인제 느릅정이에 가서 안정될 때까지 손병희는 해월 옆에 딱 붙어서 스승이자 매형을 지켜냈다.

　해월이 눈을 떴다. 가만히 기다리고 앉았던 손병희가 씩 웃으며 해월 눈을 마주본다. 해월은 고개를 끄덕였다. 이제 말할 때가 되었다고 해월은 결심한다.

　"이보게, 의암."

　"예."

　손병희가 지체 없이 대답한다. '병희야, 처남' 등으로 부르지 않고 호를 부른다는 건 뭔가 중요한 얘기를 할 작정임을 알고도 남았다. 더구나 '의암'이라는 호는 정말 특별한 것이었다. 해월이 지난해인 1896년 2월, 그 많고도 많은 제자들 중에 세 명만 불러서 '암'자가 들어간 호를 줬던 것이다. 손천민에게는 송암(松菴), 김연국에게는 구암(龜菴)을 줬다. 암은 맑은대쑥이 가득 우거진 모양이라 여럿이 함께 어우러진다는 뜻을 가진다. 거기에 소나무 송이나 거북이 구 같은 뜻이 좋은 글자를 앞에 하나씩 붙였다.

　손병희는 자기에게 '정의롭다'는 뜻을 가진 '의(義)'를 주셨으니 감사하기도 하지만 어깨가 더욱 무겁다고 생각하고 있었다. 손천민과 김연국은 손병희보다 나이도 위고 동학에 입도한 것도 빨랐다. 하지만 해월은 세 사람에 똑같이 호를 주고 함께 도인들을 지도하라고 했다. 아니 손병희에게 더 큰 신뢰를 보인다는 것을 누구나 알만했다.

　"의암. 내일 제례에서 말일세."

　해월이 말을 멈춘다. 손병희는 가만히 기다린다. 해월이 바람에 흔들리는 산수유 노란 꽃을 잠시 바라보다가 말했다.

　"제사를 지낼 때 벽을 향해 위를 베푸는 것이 옳은가, 나를 향하여 베푸는 것이 옳은가?"

"나를 향해야 합니다."

손병희는 조금도 망설이지 않고 대답했다. 그것이 손병희의 큰 장점이다. 옳다고 결정한 것, 정의롭다고 생각하는 것은 곧바로 실천하는 단호함. 손병희는 이미 해월의 물음에 답이 있다는 것을 알았다. 지금까지 늘 벽을 향해 위를 베풀어 왔다. 그런데도 이렇게 묻는다면, 그것은 뻔하지 않은가. 지금 해월은 그동안 해 왔던 제례법을 바꾸겠다는 의지를 드러낸 것이다. 역시 해월이 미소를 지었다.

"이젠 바꿀 때가 되었어. 내가 마음속으로 생각한 지가 올해로 벌써 스무 해가 넘었구만. 법을 바꿔야겠다는 처음 생각을 했던 그 해가 을해년인가 그랬지. 그해는 말일세. 슬픔이 가득한 날들이 지나가고 있었지. 게다가 조금이나마 새로운 기쁨이 움트던 해였네."

그랬다. 을해년인 1875년 1월에 해월의 첫 아들 덕기가 태어났다. 하지만 수운대선생의 사모님과 큰 아들 세정이 죽고 하나 남았던 둘째 아들 세청이 마저 1월에 병으로 죽었다. 슬픔과 기쁨이 뒤섞이는 날들이었다. 그때 해월은 이름을 최경상에서 최시형으로 바꾸었다. 시(時)는 때에 따라 움직임이 달라져야 한다는 뜻을 가진다. 물도 한 곳에만 고여 있으면 썩는 법이다. 때에 따라 움직여야 부드러우면서도 힘이 강해진다. 당연히 제사를 지낼 때마다 신위를 벽에다 세워 놓고 절을 하는 것은 고정되는 위험이 있다. 해월은 그렇게 생각했던 것이다.

그러나 자신할 수 없어 제례법까지 바꾸지는 못했다. 그래서 당시 도차주였던 강수에게 이렇게 묻기도 했다.

'제례법을 바꾸어 보면 어떤가? 고기를 쓰지 말고 물만 한 그릇 놓고, 신위도 벽에 세우지 말고 말일세.'

잔뜩 기대를 하고 물었는데 강수는 이렇게 대답했다.

'형님이 대도주이신데 형님이 법을 세우면 그만이지, 저한테까지 물어보실 일이 있습니까.'

다 알아서 하라는 대답이었다. 결국 해월은 결정을 하지 못하고 흘려보낸 세월이 그렇게 길었던 것이다. 그런데 손병희는 강수와 달랐다. "나를 향해야 한다!"고 딱 부러지게 대답하고 있다. 이렇게 덧붙이기까지 한다.

"저도 이번에는 바꾸자고 말씀드릴 참이었습니다."

해월은 힘이 솟았다.

"그래. 그러세. 이따 사람들 오면 내가 아주 아퀴를 짓도록 하겠네."

오후가 되자 사람들이 속속 도착했다. 손천민, 김연국, 박인호, 홍병기, 임학선, 임규호 등 각지에서 중요한 도인들이 찾아왔다. 쌀도 지고 오고 과일도 들고 오고 고기도 싸서 왔다. 종이와 나무 그릇과 무명천도 구해서 들고 왔다. 저녁밥을 지어 먹고 사람들이 둘러앉았다. 해월이 입을 열었다.

"늙은이 말이라 하여 버리지 말고 한 번 새겨서 들어들 보시오."

미리 언질을 두니 사람들이 귀를 기울인다.

"내일은 마침 대선생 득도일이니 법을 바꾸기에 아주 좋은 날입니다. 그래서 내가 이번엔 아주 결정을 하려고 합니다."

"말씀해보십시오."

다들 침묵하는 가운데 김연국이 말했다. 해월은 김연국을 먼저 바라보고 눈길을 옮겨 한 사람 한 사람 눈여겨 본 뒤 말을 이었다.

"제단을 설하지 않고 위도 세우지 않으려 하오."

"까닭이 있습니까?"

이번엔 임규호다. 임규호도 모를 리가 없다. 해월이 그동안 누누이 말해왔던 것이니까. 그렇지만 이번엔 해월 결심이 아주 단단해 보여 한 번 더 까닭을 듣고 싶은 것이다. 해월도 그 마음을 알고 정성들여 말한다.

"내 몸뚱이를 낳아 준 부모는 첫 조상부터 수만 대에 이르도록 혈기를 이어 나에게 온 것이오. 또 부모가 가진 심령은 한울님에게서 받아 수만 대를 이어 나에게 이르렀소. 부모가 죽은 뒤에도 혈기가 나에게 있고 심령도 나에게 남았으니 부모가 곧 나요, 한울님이 곧 나인 것이오. 그러니 따로 제단을 설하고 따로 위를 세울 필요가 없습니다."

다들 고개를 끄덕이며 가만히 있는데 김연국이 다시 나섰다.

"그럼 상제님은 어찌합니까?"

"말해 보시게."

해월이 고개를 끄덕이자 김연국이 말을 잇는다.

"동경대전에도 있지 않습니까. 수운대선생께서 득도하실 때에 상제님이 오셔서 '세상 사람들이 나를 상제라 하는데 너는 상제를 모르느냐?' 말씀하시고 '내가 이룬 공이 없어 너를 세상에 내어 사람들을 가르치려 하니 조금도 의심하지 말라.'고 하셨습니다. 이렇게 경전을 봐도, 저 위에 상제님이 계심이 분명한데 상제님을 위하여 위를 세움이 마땅하지 않습니까?"

"구암 말이 옳으이."

해월은 일단 긍정을 한 다음 여러 사람에게 이렇게 말했다.

"헌데 그 상제님이 어디 다른데 계신 것이 아니라 내 안에 내가 모시고 있습니다. 대선생께서 득도하셨다는 건 바로 그것을 깨달으신 것이지요. 이미 내 안에 모셔져 있는 상제님을 모르고 있다가 바야흐로 알게 되신 겁니다. 상제님이 이렇게 내 안에 계시니 나를 향해 위를 세움이 맞습니다."

"그렇다면 어떻게 해야 합니까? 제사상을 차리고 내 위패를 세워야 합니까?"

"아니지요. 제사상에 위패를 세우려면 모인 사람 모두의 위패를 세워야 하니 안 될 일입니다. 제사상은 정성껏 차리되, 내 안에 모셔져 있는 한울님께 심고를 하면 됩니다."

"심고요?"

"그렇지요. 마음속으로 아뢰면 됩니다. 밥을 먹을 땐 밥을 먹습니다, 책을 읽을 땐 책을 읽습니다, 밭에 김을 맬 땐 김을 맵니다, 하고 아뢰는 것이지요."

김연국이 방바닥을 내려다보며 잠깐 뜸을 들이다가 말했다.

"오늘부터 모든 법을 그렇게 합니까?"

"그렇게 합시다. 이법을 '향아설위'라 하겠소."

해월이 단호하게 말하자 김연국이 입술을 달싹였으나 더 말하지는 않고 물러나 앉았다.

밤이 지나고 4월 5일이 되었다. 수운대선생이 상제를 만나고 한울님이 가슴 속에 모셔져 있음을 깨달은 날이다. 대선생은 사람마다 다 한울님을 모시고 있으니 사람은 누구나 다 한울님처럼 귀하고 높다고 말했다. 그 깨달음이 해월에게 전해지고 온 나라에 퍼졌으며 갑오년에 동학농민군이 혁명을 일으키기도 했고, 구암과 의암과 송암은 물론 오늘 음죽군 앵산동에 찾아온 수많은 도인들에게 전해졌다. 도인들이 한 가지 두 가지 들고 오고, 지고 오고, 이고 온 물건들이 마루며 부엌에 그득했다.

"제사상을 어떻게 합니까?"

해월이 어제 한 말이 있어 손병희가 물었다. 어떤 물건도 놓지 않고 오직 물 한 그릇만 떠 놓아도 충분하다고 해월은 자주 말하곤 했었다. 그런데 뜻밖에도 해월이 이렇게 대답했다.

"이번엔 한 번 그득하게 차려보세."

"예?"

"저기 장독대 앞에 평상을 놓고 상을 차려 보세. 한지로 만든 큰 등 7개를 달고 나무 그릇 7개를 준비하게. 13되들이, 9되 들이, 8되들이, 7되들이, 5되들이, 4되들이, 3되들이. 모두 해서 49되 쌀을 담고 역시 13필, 9필, 8필, 7필, 5필, 4필, 3필 모두 49필 백목으로 그릇을 감싸놓도록 하게. 상 맨 앞에는 큰 그릇 가득히 맑은 물을 담아 올리고."

"알겠습니다."

손병희가 시원스럽게 대답했다. 요것조것 따지지 않는 손병희의 대범함을 해월은 사랑했다. 공주 가섭사에서 기도를 할 때 해월은 손병희의 진면목을 봤다. 그때는 갑신정변으로 나라가 떠들썩하던 1884년이었다. 손병희가 동학에 입도한지 얼마 되지 않던 해였다. 박인호, 송보여, 손병희가 해월과 함께 가섭사에 들어가 49일 기도를 했다.

마당에 가마솥을 걸어 밥도 하고 국도 끓여 먹기로 했다. 해월은 손병희에게 솥 거는 일을 시켰다. 아래에 쌓은 벽돌이 평형이 안 맞아 솥이 약간 비스듬하게 걸렸다. 무시해도 좋을만한 기울기라 솥을 쓰는 데는 아무런 문제가 없어 보였다. 해월이 보고 웃으며 말했다.

"솥을 다시 걸게."

"예."

손병희는 솥을 다시 걸었다. 이번엔 균형이 잘 맞았다. 그런데 웬일인지 해월이 이렇게 말했다.

"다시 걸게."

"옛."

손병희는 절반쯤 벽돌을 허물고 다시 쌓아 솥을 걸었다. 이젠 누가 봐도 솥이 잘 걸렸다. 그러나 해월은 고개를 흔들고 말했다.

"다시 걸게. 아예 벽돌을 다 허물고 첨부터 다시 쌓는 게 좋겠군."

"그러지요."

손병희는 아무런 질문도 없이 솥을 들어내고 쌓은 벽돌을 다 허물고 다시 쌓았다. 그러나 해월은 3번을 더 '다시 걸라'고 명령했다. 손병희가 일곱 번째 솥을 걸자 그제서야 해월이 고개를 끄덕였다.

"좋군. 솥이 아주 잘 걸렸네."

"감사합니다."

손병희가 해월에게 고개를 숙이며 말했다. 해월은 손병희에게 '왜 아무런 저항을 하지 않는가?' 하고 묻지 않았다. 손병희도 해월에게 '왜 이런 시험을 하십니까?' 하고 묻지 않았다. 다만 해월은 고개를 끄덕이고 손병희는 고개를 숙였을 뿐이다.

깊어가는 밤, 장독대 앞에 달린 등불이 노랗다. 백목으로 감싼 쌀과 맑은 물이 놓인 제사상 앞에 도인들이 모여 섰다. 해월이 말했다.

"이 제사상은 나를 위해 차린 것이오. 천지부모가 내 몸 내 마음 안에 깃들어 계시니 소중하게 잘 모시기 바라오. 시천주 조화정."

해월이 눈을 감고 주문을 왼다. 다들 중얼중얼 주문을 왼다. 와글와글, 봄 무논에 개구리 울 듯 가을숲 속에 귀뚜라미 울 듯 주문을 왼다. 저 하늘에 따로 있는 한울님도 아니고 저 땅에 따로 있는 지하님도 아니고 내 몸 안에 내 마음 안에 있는 한울님과 지하님을 향한 주문이다.

-중얼 중얼 중얼 중얼

얼마나 주문을 외었을까. 해월이 말했다.

"자, 이제 그만하고 밥을 먹도록 합시다."

기름 냄새, 된장 냄새, 초장 냄새 가득한 음식상에 무더기무더기 둘러앉았다. 평상에도 앉고 마당에 편 멍석에도 앉고 마루에도 앉고 방에도 앉고 그득하게들 앉아 음식을 먹는다. 그렇게 밤이 이슥하도록 정다운 이야기를 나누었다.

여름이 되었다. 6월부터 무더위가 심하다. 가만히 앉아 있어도 목덜미로 땀이 흐른다. 7월에 접어들면서 해월은 밥을 잘 먹지 못했다. 약간 체증이 있기도 했지만 이상하게 밥을 먹으면 소화가 잘 되질 않았다. 참외를 한 개 먹었다가 한 조각도 삭히지 못한 채 아래로 다 쏟아놓기도 했다. 해산달이 얼마 남지 않은 손시화도 몸이 무거워 해월을 살뜰하게 보살피기 어려웠다. 손시화가 안쓰러운 얼굴로 말했다.

"하룻밤에 이백리 길도 가던 분이. 마을 어귀 참나무까지도 쉬엄쉬엄 가시니, 이를 어째요?"

"허허. 어쩌긴. 내 나이 일흔 하나요. 옛날부터 드물게 사는 나이라. 몸이 허해지는 건 자연스러운 이치라오. 조금도 걱정할 일이 아니오."

해월은 활짝 웃으며 아내를 위로한다. 해월 몸은 하루하루 약해져 가지만 좋은 소식이 있었다. 초승달이 서쪽 하늘에 꽤 높이 걸린 칠월 초 밤이었다. 손천민이 해월에게 찾아와 말했다.

"지목이 다 풀렸습니다. 이제 사방에서 두목들이 찾아올 겁니다."

"오, 그런가?"

해월은 가라앉던 몸에 힘이 돌아나는 느낌이었다. 3년 전 참혹한 전투가 끝났지만 살아남은 도인들은 숨조차 제대로 쉴 수 없었다. 동학도인이 아닌 사람도 동학도인으로 몰아 재산을 빼앗거나 심지어 곤장을 때려죽이는 판이었다. 탐관오리들은 청군을 이긴 일본군을 등에 업고 더욱더 잔인하게 백성들을 쥐어짰다.

해월은 물론 동학농민군 북접 통령이었던 손병희와 맹장 손천민, 서장옥 등의 목에는 어마어마한 현상금이 걸려 있었다. 특히 동학괴수 해월을 잡는 사람에겐 노비라 하더라도 신분을 묻지 않고 상금 1000냥과 원하는 지역 군수나 부사를 시켜준다고 했다. 그런데 3년이 지나자 그 관의 지목도 느슨해지고 있는 것이었다.

손천민 말대로 여러 지역 접주들이 찾아오기 시작했다. 강원도, 경상도, 충청도, 경기도는 물론 전라도, 함경도에서도 찾아왔다. 어느 날 꽤 많은 접주들이 모였을 때 해월이 손천민에게 말했다.

"송암, 받아쓰시게."

"예."

손천민은 재빨리 먹을 갈고 종이를 폈다. 해월이 말했다.

"심신회수라, 마음과 믿음을 수운대선생에게 돌이켜 생각하라. 우리 법은 모두 수운대선생에게서 나왔으니 우리는 그 뿌리를 잊어선 안 되네."

수운은 해월 최경상의 스승이자 동학을 창시한 최제우의 호다. 수운은 물과 구름이요 해월은 바다와 달이다. 35년 전, 최제우가 최경상에게 동학도의 주인자리를 물려줄 때 이렇게 말했다.

물은 흘러 바다에 이르고 구름이 걷히면 달이 나온다. 물과 구름 '수운'은 나이며 바다와 달 '해월'은 너이다.

그래서 최경상은 해월이 되었고 동학의 2대 교주가 되었던 것이다.

손천민은 해월의 말을 받아쓰면서 살짝 손을 떨었다. 어찌 손천민 뿐이

라. 손병희, 김연국은 물론 서장옥, 홍병기, 박인호, 임학선 등 내로라하는 각지의 두목들도 다 긴장했다. 바야흐로 해월이 3대 교주를 정하려는 것으로 다들 받아들였다. 해월 마음속에는 누가 들어 있는가. 분명히 '삼암'이라 불리는 의암 손병희, 송암 손천민, 구암 김연국 가운데 한 명임에 틀림없을 것이다. 해월이 계속 말했다.

"이제 '북접법헌'이란 인장을 쓰지 않고 '용담연원'으로 쓰겠네. 우리 도의 모든 직첩에 찍는 도장을 그렇게 바꾸도록 하겠다."

과연, 해월은 자기 시대를 마무리 하고 있는 거였다. 북접대도주라는 명칭은 수운대선생이 해월에게 준 것이었다. 법헌은 동학 법의 벼리라는 뜻이니 해월이 동학의 교주임을 나타내는 것이었다. 그런데 이제 그 인장을 거두고 '용담연원'으로 쓰겠다는 것이다. 경상도 경주 땅 용담은 수운대선생이 도를 깨닫고 처음으로 포덕을 시작한 곳이다. 용담연원은 용담에 그 뿌리를 둔다는 뜻이니, 해월이 이제 동학의 뿌리를 잇는 사람을 지정하겠다는 말과 같았다.

해월은 '심신회수'를 해야 하는 까닭과 '용담연원'으로 인장을 바꾸는 내용으로 통유문을 쓰게 했다. 손천민이 정성들여 해월이 이르는 대로 통유문을 다 쓰고 나자 해월이 사람들을 둘러보며 말했다.

"심신회수와 용담연원을 잊지 말게."

그걸로 끝이었다. 사람들이 듣고자 했던 대도주 지명은 없었다. 사람들은 한편으론 가슴을 쓸어내리고 한편으론 헛기침들을 했다.

8월이 되었다. 여름 막바지 더위가 기승을 부린다. 해월은 몸이 나아지지 않고 오히려 설사가 심해졌다. 먹은 것이 몸속으로 들어가지 못하고 그대로 쏟아졌다. 설사가 잦아지자 나중엔 피까지 섞여 나왔다. 찾아오는 도인들마다 비방을 내놓고 약도 가져와 먹었지만 나아지지 않는다.

　걱정이 된 손병희는 아예 앵산동에 들어와 같이 살았다. 곧 가을이 찾아올 것이고 환절기가 되면 노인들은 더 견디기 어렵다. 손병희는 해산날이 다가온 동생 손시화도 걱정이었다. 집 뒤 앵봉이라 불리는 언덕에 올라가 들판을 바라보던 손병희는 생각했다.

　'아무래도 집을 옮겨야겠어. 이곳은 툭 트인 맛이 시원하기는 해. 하지만 들판을 지나오는 바람이 사방에서 달려드니 병에 차도가 없지. 좀 더 아늑한 곳으로 옮겨야겠다.'

　그런 생각을 하는 중에 멀리 굿배미 개울을 건너오는 사람 둘이 보였다. 손을 이마에 올리고 집중해서 보니 여주 사는 임학선과 홍병기다.

　'그래. 저 사람들한테 의논을 좀 해 보자.'

　손병희는 두 사람을 맞이하러 언덕을 내려갔다.

　몸 기운이 많이 가라앉았으나 해월은 꼿꼿하게 허리를 펴고 앉아 손님을 맞이했다. 볼이 움푹 들어간 해월 얼굴을 안타까워하며 임학선이 말했다.

　"더위가 물러가면 좀 낫겠지요?"

　"허허, 자연이 알아서 하겠지. 음식이 내 몸에 머물지 않고 그냥 통과하는 건 다 그럴만한 이유가 있지 않겠나."

　해월이 눈을 반달로 만들면서 환하게 웃는다. 그 웃음에 임학선도 홍병기도 마음이 놓인다. 옆에 앉았던 손병희가 임학선에게 물었다.

　"그래서요. 가을이 오기 전에 거처를 옮겼으면 하는데 혹시 마땅한 곳이 있을까요?"

　"어떤 곳을 찾으시는지요?"

　"산이 북풍을 막아주는 좀 아늑한 곳이면 좋겠는데요."

　"그런 곳이라면…… 어디보자, 임순호가 집을 다 지었지요?"

임학선이 홍병기를 돌아보며 묻자 홍병기가 고개를 끄덕인다.

"오, 마침 잘 되었습니다. 여주에 사는 임순호 도인이 마침 집을 두 채 지었습니다. 여주 전거론이라는 곳인데, 집 뒤에 북풍을 막는 산이 감싸고 있는 곳이지요."

"그렇습니까?"

손병희가 펄쩍 뛰듯이 좋아한다. 그런 손병희를 바라보며 해월은 가만히 미소만 지었다. 임학선과 홍병기가 여주로 돌아가 임순호에게 말을 전했고 임순호는 잠시도 망설이지 않고 좋다고 했다.

8월 중순. 해월 일행은 음죽군 앵산동을 떠났다. 앵산동에서 전거론까지는 백오십 리 정도 되었다. 길은 그리 멀지 않았지만 설사와 하혈로 약해진 해월은 여러 번 쉬어 가야 했다. 해산이 한 달도 남지 않았지만 젊은 몸이라 손시화는 씩씩했다. 여주군 가남과 점동을 지나 도리마을 나루에서 남한강을 건너 강천으로 들어갔다. 마감산 고갯마루에 올라선 일행은 아래를 내려다보며 길게 숨을 내쉬었다.

해월이 임순호 집이 있는 전거론을 둘러보며 감탄한다.

"잘 안긴 곳이구나."

그리 높지 않은 산이 마을을 포근히 감싸고 있었다.

산에서 마을로 까마귀 몇 마리가 너울너울 날아간다. 마을에서 까치 떼가 푸르르 산으로 몰려간다.

'마무리하기엔 더없이 좋은 곳이다.'

해월은 마음속으로 스스로에게 심고하고, 빙그레 웃으며 사람들을 바라보았다.

2. 한울이 한울을 먹는구나(1897년 가을과 겨울, 여주 전거론)

임순호가 새로 지은 집은 규모가 작지 않았다. 게다가 사람들이 많이, 자주 드나들었다. 몇 집 안 되는 마을이지만 사람들이 수상하게 여길만했다. 그래서 아예 임순호가 미리 소문을 내놨다.

'교리벼슬을 지내던 분이 낙향하셨다. 워낙 인품이 훌륭해 찾아오는 손님이 많아 따로 집을 한 채 더 지어 손님들이 머물게 한 것이다.'

벼슬이 너무 높으면 안 된다. 여주목사가 인사한다고 찾아오고 지방에 사는 유림이나 선비들이 누군가, 하고 도리어 관심을 가지게 된다. 교리벼슬은 그리 낮지도 높지도 않은 적당한 지위라 신분을 위장하기 딱 좋았다.

산 바로 아래 집에는 해월 가족과 손병희 형제가 살고 울타리를 같이 쓰는 아래 집에는 김연국이 김낙철, 김낙봉 등과 같이 살았다.

산에 포근히 안긴 새 보금자리를 얻었지만 해월의 몸 상태는 나아질 기미를 보이지 않았다. 오히려 다리에 힘이 풀려 혼자 뒷간을 다니기도 어려웠다. 소변도 받아내고 대변도 받아냈다. 잠잘 때가 아니면 눕는 법이 없던 해월이지만 앉아 있기 어려웠다. 손병희 형제와 손천민, 김연국, 임순호, 이종훈 등 제자들이 사방으로 뛰어다니며 좋다는 약을 구해왔다. 그러나 별 효과를 보지 못하고 9월이 되었다.

다들 근심이 가득한 가운데 기쁜 일이 생겼다. 손시화가 아들을 낳았다. 구월 열나흘이었다. 해월은 허약한 몸이었지만 온 몸에서 기운이 솟고 열기가 일었다. 희한하게 설사도 멈추고 다리에도 힘이 생겨났다. 일흔 한 살에 얻은 아들이다. 해월은 아내 손을 잡고 말했다.

"고맙소. 그대가 수도를 극진하게 했으니 이놈은 훌륭한 그릇이 될게요."

"네."

손시화는 남편 손을 꼭 잡았다. 해월은 일찍이 내수도문을 써서 도인들 집에 보낸 적이 있다.

〈아이를 갖거든 고기를 먹지 말며, 바닷고기도 먹지 말며, 논의 우렁도 먹지 말며, 도랑의 가재도 먹지 말며, 고기 냄새도 맡지 말라. 아무 고기라도 먹으면 그 고기 기운을 따라 사람이 나면 모질고 탁하니라. 한 달이 되거든 기울어진 자리에 앉지 말며, 잘 때는 반듯이 자고 모로 눕지 말며, 채소와 떡도 기울게 썰어 먹지 말며, 남의 말 하지 말며, 무거운 것 들지 말며, 가벼운 것이라도 무거운 듯 들며, 방아 찧을 때도 너무 되게 찧지 말며, 급하게 먹지 말며, 기대앉지 말며, 비스듬히 서지 말며, 남의 눈을 속이지 말라.〉

해월은 하늘과 땅이 부모이며 부모는 곧 하늘과 땅이라고 했다. 그러니 어머니가 아이를 배 속에 가진 것은 하늘과 땅이 들어앉은 것이나 마찬가지였다. 해월은 그래서 입버릇처럼 이렇게 말했다.

"도인들 집에서 부인이 어린아이를 때리면 이는 한울님을 때리는 것이라."

아이는 하늘과 땅을 몸 받아 태어났으니 갓난아이가 곧 한울님이라는 것. 부모가 하늘과 땅과 함께 정성을 들여 낳은 아이이니 얼마나 귀한 것인가.

해월은 어미젖을 물고 있는 아들을 바라보며 말했다.

"애 이름은 성봉이라 하겠소. 잘 길러 봅시다."

늙고 병든 몸이지만 해월은 아이를 보면서 가슴 속 깊은 곳에서 일어나는 기쁨을 감출 수 없었다. 벙글벙글 웃음이 절로 났다. 그러나 한편 해월은 자신이 아이가 걷는 것을 못 보리라는 것도 짐작하고 있었다. 뒤를 쫓는 병사들을 피해 도망자로 살아온 지 삼십여 년. 이제 그 끝이 다가오고 있음을 해월은 온몸으로 느끼고 있었다. 손시화도 남편 눈빛에서 그런 마음을 읽었다. 가슴이 찢어지는 고통이 일어났지만 손시화는 미소를 지으며 말했다.

"그럼요. 누구 아들인데요. 양봉이 성봉이 둘 다 제 몫을 충분히 하는 사람이 될 거에요."

"그래요, 그래. 허허허."

그런 부부를 지켜보는 사람들도 가슴이 뿌듯했다.

10월 28일이 되었다. 이날은 수운대선생이 세상에 온 날이다. 오래전부터 '탄신제례'라는 이름으로 도인들이 모여 기도를 했다. 이날도 여러 곳에서 제자들이 찾아왔다. 전거론 작은 마을에 수십 명이 모여들어 흥성거리는 잔치마당이 되었다.

4월 5일 앵산동에서 내놓은 법대로 제례는 치러졌다. 수운대선생 탄신제례지만 수운대선생이 따로 존재하는 것이 아니라 도인들 각자 품속에 있었다. 그러니 수운대선생은 제사상 위에 위패로 앉을 필요가 없었다. 도인들 마음속에 수운대선생이 들어 있으니 도인들은 각자의 마음을 향해 '심고'를 하면 되었다. 제사상에 차려진 음식들은 모여든 도인들이 나눠 먹을 것들이었다.

그렇게 각자 심고를 마치고 둘러앉아 음식을 나눴다. 와자하게 떠들며 웃음소리 낭자한 가운데 손천민이 말했다.

"주인께서 법설을 내려주시지요."

해월이 고개를 끄덕였다. 좋은 음식을 많이 차렸지만 해월은 먹지 못했다. 몸에 걸친 옷이 빙빙 돌아갈 정도로 몸은 깡마르고 얼굴엔 광대뼈가 도드라졌다. 그러나 해월은 웃음을 잃지 않았다. 눈동자는 오히려 더욱 맑고 빛이 났다. 사람들이 모여들어 잔치를 벌이는 만큼 해월도 계속 앉아서 버

티는 중이었다. 해월이 입을 열었다. 목소리는 낮았으나 떠받치는 힘이 단단했다.

"대선생께 상제님이 말씀하셨소. '나는 세상에 이룬 공이 없다. 그런 까닭에 너를 세상에 내어 사람들을 가르치려 한다.' 여기서 상제님이 공이 없다고 말하는 세상은 '앞 세상'이니 선천이며 지금은 '뒤 세상'인 후천입니다. 후천개벽, 그러니까 후천을 새롭게 열어가야 할 책임을 대선생이 맡았고, 그 가르침을 우리에게 남기고 떠나셨어요. 우리는 한시도 그 가르침을 잊지 말고 이어나가야 합니다."

"후천개벽은 말하자면 다시개벽이라 할 수 있는데, 과연 그 때는 언제입니까? 지난 갑오년에 수많은 희생을 치렀지만 우리는 개벽에 실패했습니다."

손천민이 물었다. 둘러앉은 제자들은 갑오년의 참혹함이 떠올라 다들 침통한 표정이 되었다. 해월이 대답한다.

"실패라고 단정할 순 없지요. 죽음 위에 새 삶이 있는 법이니. 갑오년 희생이 헛된 일은 아닙니다. 그건 다시개벽을 위한 길이었어요. 자, 그렇다면 다시개벽 그 때는 언제일까요? 새 한울 새 땅에 사람과 만물이 모두 새로워지는 그때 말입니다. 그때를 나는 이렇게 봅니다."

해월이 기침을 하느라 말을 멈췄다. 몸 전체가 울리는 모습을 제자들은 안쓰럽게 바라보았다. 사람이 늙으면 기침을 하다가도 갈비뼈가 부러진다고 했다. 먹는 것이 몸에 남아나지 않은 허약한 몸으로 해월이 기침을 한다. 기침이 끝나고 후, 길게 숨을 한번 내신 뒤 해월이 말을 이었다.

"산이란 산은 다 검게 변하고 길이란 길은 다 비단을 펼 때가 그때입니다."

"……."

손천민은 더 묻지를 못했다. 자리에 함께 있는 다른 이들도 다 마찬가지였다. 해월이 한 말을 금방 이해할 수 없어 무슨 뜻인지 곰곰이 따져 보는 중이었다. 누구도 '아, 알겠습니다.'하고 나서질 못하는 중에 김연국이 말했다.

"산이 검어진다는 건, 혹시 산마다 가득가득 나무와 풀이 들어차는 때를 말하는 것입니까? 숲이 무성하면 산은 검게 보이니까요."

해월이 말없이 빙그레 웃자 김연국이 덧붙인다. 목소리에 자신감이 묻어났다.

"지금 산이란 산은 죄다 헐벗어서 누런 흙이 그대로 드러나 있으니 말입니다. 민둥산이 검은 숲이 되려면 아직 수십 년은 더 기다려야 한다는 것입니까?"

"그렇군요. 구암형 말을 들으니 이제야 좀 알겠습니다."

손병희가 나섰다.

"비단이란 아주 비싼 물건입니다. 길마다 비단이 깔린다는 건 그만큼 나라가 부유해진다는 것 아니겠습니까. 길에도 비단 같은 그 뭔가가 깔린다는 것이니까요. 또 산이 헐벗은 건 나무를 베다가 땔감으로 쓰기 때문입니다. 그렇다면 나무를 대신할 땔감이 새로 생긴다는 뜻이로군요. 맞습니까?"

손병희가 해월에게 확인하자 해월이 역시 빙그레 웃는다. 해월이 웃기만 하고 말이 없자 손천민이 참지 못하고 말했다.

"좀 더 자세히 알려 주십시오."

"허허. 너무 마음을 급하게 먹지들 말아요. 때는 때가 되어야 오는 것이니. 조급히 부르지 않아도 자연스럽게 올 겁니다. 만국과 교역을 하고 만국의 병마가 우리 땅에 왔다가 물러갈 바로 그때에요. 다만 때가 오면 놓치지는 말아야 합니다."

"만국의 병마라면."

손병희가 일단 말을 꺼내놓고 좌중을 한번 둘러 본 뒤 다시 말했다.

"왜놈들이나 양이를 말씀하시는 겁니까?"

"양이는 지금 얼마나 들어와 있는가?"

해월은 대답대신 질문을 한다.

"다섯 나라가 들어와 있는 걸로 압니다. 청국은 양이라고 할 수가 없지요?"

손병희는 영국, 미국, 프랑스, 러시아, 네덜란드를 머리 속에 떠올리며 말했다. 청나라는 어떻게 봐야할지 정리가 안 되어 그렇게 되물었다. 청나라는 일본과 싸워 패했으므로 일단 물러가 있는 중이기도 했다. 하지만 청나라는 호시탐탐 다시 들어올 기회를 노리는 중이다.

"청국도 만국 병마에 당연히 들어가야지요."

해월 목소리는 단호했다. 김연국이 고개를 갸웃하더니 이렇게 말했다.

"그들이 순순히 물러가겠습니까?"

"맛 좋은 먹잇감을 눈앞에 둔 맹수들이니 서로 으르렁대겠지요. 그러나 언젠가 물러가긴 물러갈 겁니다. 우선 센 놈이 약한 놈을 몰아 낼 테고, 하나 둘 떠나겠지요. 다만 우리 땅이 싸움터가 될 테니 그게 문제에요. 아마도 큰 고통을 피하진 못할 겁니다."

해월이 눈을 감는다. 몸의 기운을 다스리느라 호흡을 고른다. 아마도 오랫동안 앉아 있는데다 말도 많이 해서 그럴 것이다.

"주인께서 쉬시게 물러들 갑시다."

손병희 말에 사람들이 일어섰다.

다음 날 사람들이 떠났지만 손병희는 남았다. 손병희는 점점 쇠약해져 가는 해월을 바라보는 마음이 괴로웠다. 갓난아이를 안고 있는 누이동생을 보는 마음도 안쓰럽다. 홀로 계시는 스승을 모시는 것이 좋지 않겠느냐고 누이동생에게 말한 건 손병희 자신이었다. 어떻게든 해월이 건강을 다시 회복할 수 있도록 해야 한다. 손병희는 동생 병흠에게 간곡하게 일러 보냈다.

"괴산에 사는 김도인에게 설사에 좋은 약이 있다고 들었어. 얼른 가서 꼭 구해오도록 해."

동생뿐 아니라 사람들 보내는 일을 다 치루고 짬이 나서 마당가 평상에 앉았을 때다. '쿨럭' 하는 기침 소리가 나서 돌아보니 해월이 마당에 내려서고 있다. 손병희가 얼른 쫓아갔다.

"바람도 차가운데 왜 나오십니까?"

"방에만 있으니 갑갑하이."

해월이 느릿느릿 마당을 걷는다. 손병희가 해월 오른 팔을 붙잡고 같이 걸었다. 마당 어귀를 나서자 사과나무 밑에 붉은 잎이 한 가득 떨어져 있다.

"참 아리땁군."

해월이 노란 빛이 감도는 붉은 사과 잎을 보면서 미소 지었다.

"예. 사과나무는 단풍 든 잎이 참 보기 좋습니다."

"허허. 그래. 그렇게 보기 좋은 마침이어야 할 텐데 말일세."

"……."

손병희는 가슴에 쿵 하고 내려앉는 게 있어 대답을 못했다. 해월도 묵묵히 사과나무를 바라보았다. 그때 까치가 한 마리 날아왔다. 날갯짓이 어색한 것을 보니 아직 어린 듯하다. 어린 까치는 날개를 펄럭이며 사과나무 가지에 앉더니 사과를 쪼아 먹기 시작한다. 사람들이 다 따먹고 높은 가지에 두어 개 남겨둔 것이다.

"그래. 그래. 다 한울님이구나. 까치도 사과도."

해월이 노래하듯 읊조렸다.

"무슨 뜻입니까?"

"사과가 가진 신맛이며 단맛이며 살이나 물기가 다 까치에게 들어가 까치 몸이 되겠구나. 까치 또한 누군가에게 자기 몸을 내줄 것이니. 결국 기운이 기운을 먹는 셈이고 한울이 한울을 먹는 셈이다. 이천식천이라."

손병희가 고개를 끄덕였다.

"그렇다면 세상 모든 것이 다 이천식천이겠군요. 사람도 죽어 땅에 묻히면 벌레들이 파먹으니 말입니다."

"그렇고 말고. 일마다 다 한울님이요 물건마다 다 한울님이라."

해월이 대답했다. 스승과 제자이자 매형이자 처남인 두 사람은 까치를 가만히 바라보았다. 어린 까치는 실컷 먹었는지 사과를 반이나 남겨두고 펄럭펄럭 날아갔다.

겨울이 왔다. 해월은 몸이 나아지지도 않고 더 나빠지지도 않았다. 그저 그렇게 견디는 중이다. 하지만 날씨가 점점 추워지고 있었다. 몸에 느껴지는 기운은 작년보다 훨씬 더 센 추위가 올 거라는 걸 알려주고 있다.

섣달도 막바지였다. 이제 며칠만 지나면 새해가 밝을 것이다. 12월 24일, 사람들이 그득하게 전거론에 모였다. 해월이 송암 손천민, 구암 김연국, 의암 손병희 세 사람은 물론 각 지역의 두목들을 모두 불렀다. 이렇게 한꺼번에 두목들을 불러 앉힌 건 매우 드문 일이다.

모인 사람들 얼굴에 하나같이 긴장감이 떠돌았다. 두목들 중 누구도 말을 하지 않았지만 해월이 왜 불렀는지는 다 알았다. 드디어 해월이 3대 교주, 그러니까 동학의 다음 대도주를 지명하려는 것이었다. 해월 몸이 점점 쇠약해져 가고 있으므로 후계자를 정하는 일이 올해를 넘기지 않을 것임을 다들 알고 있었다. 그리고 '삼암'이라 불리는 세 사람 중에 한 사람이 될 것임은 분명했다.

사람들 모인 자리에 해월이 들어섰다. 풀 먹여 잘 다린 옷을 입고 머리엔 삼층관을 썼다. 보기 좋은 수염은 곱게 다듬고 온화한 미소를 머금고 한 사람 한 사람 눈을 맞춘다. 키도 작아지고 몸집도 줄어들었지만 눈은 더욱 깊고 넓어졌다. 건장하던 육신을 잃은 것을 해월은 조금도 애달아하지 않았다. 해월이 손천민을 돌아보며 말했다.

"받아쓰시게."

"네."

손천민은 이미 지필묵을 준비하고 있었다.

"하몽훈도전발은(荷蒙薰陶傳鉢恩), 수심훈도전발은(守心薰陶傳鉢恩)."

해월이 한 자 한 자 정성을 들여 말한다.

"어리석음을 깨우쳐 주는 가르침 받은 은혜, 내 마음에 잘 지켜 이 가르침 또한 대를 이어 전해야 하리."

해월이 수운대선생으로부터 전해 받은 가르침을 이제 전하겠다는 뜻이다. 좌중이 고요한 가운데 해월이 말했다.

"갑오년 이후 내가 삼암에게 마음을 합해 우리 도를 지키라고 했소. 하지만 이제 세 사람 중에도 주장이 있어야 하니, 세 사람은 앞으로 가까이 나와 앉으라."

손천민, 김연국, 손병희가 해월 가까이로 나왔다. 해월이 고개를 끄덕이고는 말했다.

"의암은 내 앞에 바짝 다가오라."

손병희 혼자서 해월에게 바짝 다가앉았다. 해월은 손병희 얼굴을 두 손으로 감싸고 입을 벌리라고 했다. 손병희가 시키는 대로 하자 해월은 아랫배

깊숙한 곳으로부터 숨을 끌어올려 손병희 입속으로 흘려 넣었다. 그런 다음 손병희 얼굴 감싼 손을 놓고 좌중을 둘러보며 말했다.

"의암을 오늘부터 북접대도주로 삼겠다."

북접대도주라는 명칭은 해월이 스승 수운으로부터 받은 것이었다. 경주 지방에서 수운이 살았던 용담은 남쪽이요, 해월이 살았던 검곡은 북쪽이었다. 그래서 수운이 해월을 북접의 대도주라 했던 것이다. 자연스레 수운은 남접주인인 셈이었다. 아니 수운은 동학 그 자체였다. 따라서 해월은 자신이 물려줄 수 있는 것은 스승에게서 받은 '북접대도주'가 전부라고 생각했던 것이다. 하지만 북접대도주란 말은 해월의 겸손일 뿐 결국 동학 그 자체이기도 한 거였다.

구암 김연국과 송암 손천민 얼굴에 섭섭한 기운이 서렸다. 구암은 의암보다 4살, 송암은 의암보다 7살이 위였다. 두 사람은 동학에 입도한 시기도 의암보다 빨랐다. 그러나 후계자를 정하는 일은 오로지 해월 몫이었다.

"구암과 송암은 내 뜻을 잘 받아주길 바란다."

해월이 특별히 김연국과 손천민을 번갈아보며 말했다. 손천민이 손병희에게 고개를 숙여 보이며 "대도주를 잘 모시겠습니다." 하고 말했다. 김연국도 손천민처럼 고개를 숙여 보이고 "주인." 하고 불렀다. 다른 두목들도 모두 손병희를 정식 후계자로 인정하는 예를 보였다. 해월이 만족스러운 얼굴로 말했다.

"이제야 보따리를 내려놓게 되었구나. 고맙고도 고마운 일이다."

해월은 바람에 날아가는 깃털처럼 가벼워 보였다. 손병희는 그런 스승의 모습에 기쁘면서도 마음 한편이 묵직해지는 건 어쩔 수 없었다. 손병희가 조심스럽게 말했다.

"오늘 같은 날, 법설 한마디 주십시오."

"그리하세."

해월이 허락한 뒤 좌중을 둘러보며 물었다.

"한울님과 사람 중에 누가 더 귀한가요?"

"똑같이 귀합니다."

두목 가운데 누군가 대답했다.

"그렇지요. 그렇다면 길바닥에 박힌 돌멩이와 길을 걷는 사람 중에 누가 더 귀한가요?"

"……같이 귀합니다."

대답했던 사람이 한번 뜸을 들인 뒤 대답했다.

"잘 말했어요. 한울님이나 사람이나 돌멩이나 똑 같이 귀하지요. 우리는 한울님을 공경하듯 사람을 공경하고, 사람을 공경하듯 돌멩이를 공경해야 합니다. 의암, 이만하면 되겠는가?"

해월이 손병희에게 눈을 맞추며 물었다.

"예."

손병희는 앉은 자리에서 깊숙이 허리를 숙여 절을 했다.

해가 바뀌었다. 새해 첫날부터 폭설이 내렸다. 해월은 자리에 눕는 일이 앉는 일보다 더 많아졌다. 뒤를 이을 대도주 자리를 정했으니 마음은 가벼웠으나 몸은 그렇질 못했다. 며칠째 내린 눈이 온 세상을 하얗게 만들었다.

정월 초사흘, 눈이 아직 많아 사람들이 오가기 어려웠다. 그런데도 여주 읍내에서 임순호가 한밤중에 달려왔다.

"이천 사는 도인 권성좌가 관군에 붙잡혔답니다. 성좌가 고문에 못 이겨 실토한 모양입니다. 병사들이 곧 들이닥칠 것 같으니 어서 피하시지요."

임순호가 숨을 헐떡이며 말하고 둘러선 이들도 하나같이 근심이 가득하다. 손병흠이 말했다.

"발각되었다면 지체 없이 달려올 것입니다. 한시가 급하니 바로 피하시지요."

그러나 손병희에게 기대앉은 해월은 고개를 흔든다.

"급할수록 돌아가라 했다. 일이 이미 이렇게 되었다면 천명을 기다려볼 수밖에 없다."

밖에는 멈췄던 눈이 다시 내리기 시작했다. 바람도 심하게 불어 뒷산 나무들이 횡횡 소리를 낸다.

다음날 아침엔 눈이 그쳤다. 손병희 형제가 간곡하게 해월을 설득하여 집을 옮기기로 하고 떠날 준비를 하는 중이다. 점심을 막 먹고 났을 때다. 동네가 시끌시끌하더니 수십 명 병사들이 권성좌를 앞세우고 들어왔다. 병사들은 울타리 아래에 있는 김연국 집으로 먼저 들어섰다. 김연국과 김낙봉은 외출했고 김낙철 혼자 있었다. 병사가 김낙철에게 창을 겨누고 권성좌에게 물었다.

"이 자는 누구냐? 최법헌이냐? 손응구냐? 김치구냐?"

최법헌은 해월이요, 손응구는 손병희요, 김치구는 김연국을 말한다. 관군들이 '동학괴수'라고 부르며 너무나 잡고 싶어 하는 동학지도자들이다. 권성좌는 김낙철 얼굴을 잘 안다. 하지만 짐짓 모른체하며 이렇게 말했다.

"목이 말라 죽겠으니 물 한 그릇 주시오."

김낙철이 얼른 물을 떠다 주자 권성좌가 꿀꺽꿀꺽 마시고 나서 후유, 하고 한숨을 쉰 뒤 말했다.

"이 사람은 아무도 아니오."

그러자 병사 두 명이 "이놈! 사람을 놀리느냐." 하며 권성좌를 방망이로 때렸다. 병사들은 권성좌 뒷덜미를 잡아끌며 울타리 위에 있는 해월의 집으로 들어갔다. 이때 집에는 손병희 형제와 해월 가족 그리고 임순호, 염창순 등이 있었다. 마루에 홀로 나와 선 손병희가 들어오는 사람들에게 소리쳤다.

"노인이 병환이 들어 몇 달째 누워계신 집에 누가 이리 무례하게 침입하는가!"

늠름한 몸집에 큰 눈을 뒤룩룩 굴리며 우레 같은 소리로 꾸짖자 다들 움찔했다. 권성좌 뒷덜미를 잡고 있던 병사는 그래도 담이 센 자였다. 약간 주눅이 든 목소리이긴 해도 권성좌를 몰아세웠다.

"저 자는 누구냐? 보아하니 늙은 최법헌은 아니고 손응구냐? 김치구냐?"

그러자 손병희가 마루에 놓여 있던 목침을 집어 들고 마루바닥을 쳤다. 참나무 등치 같은 팔로 목침을 내려치니 마루 송판이 짜개지는 소리가 났다.

"나를 잘 봐라! 네가 나를 아는 사람이냐? 알면 안다고 말해라!"

권성좌가 손병희를 어찌 모르랴. 그러나 손병희가 으르릉 땅땅 을러대니 권성좌는 혼이 반쯤 나갔다.

"모르오. 난 당신이 누군지 모르오."

권성좌가 손을 내젓자 병사 둘이 달려들어 또 방망이로 무수히 때린다.

"이놈. 이놈. 여기에 다 있다고 하지 않았느냐."

"아이고. 내가 잘못 알았소. 여기가 아니고 저기 삿갓봉아래 마을이오."

"삿갓봉은 어디냐?"

"저리로 가야 하오."

권성좌가 삿갓봉 쪽을 가리켰다. 삿갓봉은 전거론에서 십리쯤 가야 하는 곳이다.

"어서 가자. 거기에도 없으면 너는 죽은 목숨이다."

병사들이 호령하여 권성좌를 끌고 마을을 떠났다.

겨우 잡혀가는 위기를 넘겼으나 잠시라도 더 머물 수가 없었다. 해월은 '천명이라면 어쩔 수 없다.'며 전거론을 떠날 뜻이 없다고 했지만 손병희 고집이 대단했다. 해월 허락이 없었지만 손병희는 짐을 챙겼다. 그리고 때마침 찾아온 이춘경, 이용한에게 해월을 번갈아가며 업고 가길 부탁했다. 해월도 더는 말릴 수 없었다. 해월은 전거론에 들어설 때 '마무리하기엔 더없이 좋은 곳이로구나.' 하고 마음먹었었지만, 더 고집을 부리는 것도 자연스럽지 않다고 해월은 생각한다. 해월은 이춘경 등에 업혀 길을 나섰다. 손병희, 손병흠, 임순호, 이종훈 등도 짐을 짊어지고 전거론을 떠났다. (이하 줄임)

최시형과 여주 동학

채길순_ 명지전문대학

1. 여주 동학 개관

최시형 만년의 도피처, 도통 전수의 성지

여주 출신 접주로는 임순호(林淳灝), 임학선(林學善), 홍병기(洪秉箕), 권풍식(權豊植), 신수집(辛壽集) 등이 거론되는 것으로 미루어 여주는 교세가 성했던 곳이다. 이들은 대부분 청산대회를 거쳐 논산에 집결하여 이인과 공주 우금치 전투에 참여했다. 현지에 남아있던 동학군은 9월 말부터 10월 20일경까지 맹영재의 민보군에 의해 토벌 당했다.

최시형은 동학혁명이 끝나고 여전히 쫓기던 시기인 1897년 8월에 이천 앵산동에서 이곳 여주군 강천면 도전리(康川面 道全2里 전거언 혹은 전거론)로 이주하여 4개월을 머물면서 '이천식천설(以天食天說)'과 같은 위대한 법설을 했고, 손병희에게 도통을 전수한 뜻깊은 곳이다.

전거언의 법설과 도통전수

최시형이 머무는 동안 가족과 동학지도자 손병희, 김연국, 손병흠, 김낙철(金洛喆, 1858-1917은 부안읍 봉덕리 쟁갈마을 출생으로, 700석 정도를 거두는 부자로 글을 읽는 선비였다. 1890년에 동생 낙봉과 함께 동학에 입교했다. 동학의 지도자들과 접촉하면서 만년의 최시형을 접한 동학 간부였다.) 김응삼(金應三), 신현경(申賢景) 염창순(廉昌淳) 이용한(李容煥=漢) 이춘경(李春敬)이 주변 마을에 가깝게 있었다. 당시 최시형은 71세의 고령으로 인한 신병으로 자리에 눕는 날이 많았지만 병중에도 법설을 이어갔다.

천도교창건사에는 4월 5일에 "많은 법설이 있었으니……① 향아설위(向我設位) ② 삼경설 ③ 천어의 해석 ④ 이심치심설 ⑤ 이천식천설(以天食天說) ⑥ 양천주설(養天主說)이 있었다."고 했다. 그리고 최시형은 12월 24일에 이르러 도통을 손병희에게 전수했다. 최시형은 71세의 고령에다 날이 갈수록 건강도 나빠지자 불투명한 장래에 대한 영감이 있었던 듯하다. 도통 전수의 자리에는 3암 중 김연국이 없었던 것 같다. 천도교서에 "신사·도통을 의암에게 전하시고 송암·구암에게 위하사 왈, 여등 3인 중에 주장이 불무할지라 고로 의암으로써 대도주를 삼노라 하시다"라고 기록했다.

위기모면의 전후 관계

1898년 1월 3일, 최시형은 여주 병정들의 급습을 받고 간신히 위기를 모면했다. 그 경위에 대해서 살펴보기로 하자.

당시는 동학혁명 뒤여서 관에서는 전국에 걸쳐 동학군을 섬멸하는 강력한 정책을 펴고 있었다. 각 군의 관아는 물론이요, 민보병까지 동원되어 동학군을 끊임없이 괴롭히고 있었다. 따라서 동학 2세 교주 최시형을 체포하기 위해 혈안이 되어 사방에 탐문의 눈초리를 펴던 때였다. 그런데 죽산군(竹山郡) 보야평(普野坪)에서 뜻하지 않은 일이 터졌다. 김연국 연원의 동학 도인 권성좌(權聖佐)의 가벼운 입놀림으로 관에서 냄새를 맡게 되었다. 권성좌를 붙잡아 매질하여 최시형의 소재를 알아내고 죽산군 병정이 이천군 병정과 합세하여 출동했다.

최시형은 병정들이 체포하러 온다는 다급한 전갈을 듣고도 자리에 그대로 누운 채 천사님께 고할 따름이었다.

병정들이 최시형의 집에 밀어닥치자 손병희도 크게 당황했으나 본능적으로 위기에 대처한 듯하다. 손병희가 썩 나서면서 "무례하게 사대부(士大夫)의 집에 함부로 들어오느냐" 하고 호통을 쳤다. 손병희의 당당한 호통에 오히려 병정들이 기가 죽어 머뭇거렸다.

"저희들은 이 자가 동학괴수가 이 집에 있다기에 체포하러 왔소" 하고 병정 대표가 어물거렸다. 손병희는 장작을 집어들고 권성좌를 향해 "이놈! 너는 어떤 놈이관대 사대부의 집을 동학괴수의 집이라 무고하느냐" 하며 호통쳤다. 권성좌는 "매에 못 이겨 저도 모르게 나온 말이오" 했다. 그러자 병정들은 권성좌를 끌고 나가 다시 심한 고문을 가한 끝에 아랫동네로 내려가 서재 훈장이라는 김낙철(金洛喆)을 최시형으로 알고 체포해갔다.

최시형은 전거언 윗마을에 머물고 김낙철 집은 아랫마을에 있었던 것 같다. 일설에 의하면 김낙철은 위기를 알고 자청해서 '내가 최시형'이라 하여 스스로 체포되었다고 한다. 최시형은 이곳에 한시라도 더 머물러 있을 수가 없었다. 급히 서둘러 그날 밤을 타서 양평(옛날에는 지평) 쪽으로 떠났다. 이용환(한)과 이춘경이 가마를 메고 손병희 김연국 손병흠이 뒤따랐다. 초 3일 밤이었으므로 캄캄하기 이를 데 없었고 숲이 우거진 산길은 폭설마저 내려 덮였고 엄동의 찬바람이 뼈를 에듯 몰아붙였다. 결국 최시형은 1898년 4월 5일 원주 송골에서 관병 송경인에게 체포된다.

최시형 묘소의 위치

최시형의 묘소는 경기도 여주군 금사면 주록리(驪州郡 金莎面 走鹿里) '안산'이란 골짜기 우측 능선에 있다. 이 일대에서 제일 높은 원적산(圓積山 또는 天德峰 634미터) 정상에서 북동쪽으로 내려다보면 좌우로 두 줄기의 큰 산맥이 힘차게 내달리고 있다.

최시형은 1898년 음력 6월 4일 서울 시구문 앞 신당동 공동묘지 자리에 묻혔다가 이종훈(李鍾勳)이 몰래 파다가 송파에 사는 동학 교도 이상하(李相夏) 소유의 뒷산에 묻었다. 뒷날 관가의 지목이 두려워 교중에 묘소를 이장해 갈 것을 재촉했다. 당시 이종훈은 실촌면(實村面) 곤재(곤지암) 장터 부근인 사동(寺洞 절골)에 살았는데, 교중에 의논하여 현 위치에 2년 만인 1900년 음력 3월 12일에 이장했다.

여주 유적지
최시형 도피터, 도통 전수 터(현 강천면 도전2리)

최시형 묘소(현 금사면 주록리 '안산')

이종훈 동학포교 본부(현 여주군 실촌면 유사리)

2. 여주 지역 동학농민혁명 사적 답사

답사 일정(2019년 11월 9일, 토) / 안내 : 채길순

① 해월 선생 추모비(고산교) ② 최시형 피체지(원주시 호저면 고산리 송골마을) ③ 여주나루 이송지(현 여주시 천송동, 최시형은 문막을 거쳐 여주나루에서 나룻배를 타고 한양으로 옮겨졌다.) ④ 최시형 도피처 전거론리(全巨論里, 현 여주시 강천면 도전리) ⑤ 이천 앵산동 향아설위 제례법 반포터(수산리 마을회관, 이천시 설성면 진상미로 924번길 175-5) ⑥ 최시형 묘소(여주시 금사면 주록리 산138)

최시형의 체포와 묘지 안장 과정 사적 (요약)

현재 단성사(육군 법원자리)가 2대 교조 최시형이 처형된 순교 터이다.

최시형이 체포된 것은 1898년 4월 6일 새벽이었는데 그 전날 4월 5일은 교조 최제우가 동학을 득도한 날이어서 손병희와 김연국 등 제자들이 많이 모여들었다. 이미 관군의 추적이 임박했음을 알고 있었던 최시형은 제자들을 모두 돌려보낸 후 관병에게 체포되어 서울로 이송되었으며, 그 후 광화문 경무청에 수감되어 10여 일 동안 취조받은 후 감옥으로 옮겨졌다. 결국 6월 2일, 최시형은 평리원에서 교수형 선고를 받은 후 감옥에서 육군법원(전 좌포청자리)으로 옮겨져 오후 5시경에 교형 집행을 맞았다. 죄명은 좌도난정이었다. 최시형의 시신은 광화문 밖에 버려졌으며, 이종훈이 수습하여 송파에 살던 이상하의 집 뒷산에 안장하였다가 1900년 3월 12일 여주군 금사면 주록리 천덕산으로 이장하였다. 현재 이 좌포청 자리에는 최시형 순교 터라는 표지석이 세워져 있다. 최시형 체포 당시 손병희는 섬배(현 원주시 소초면 의관리 윗섬배) 이화경(李和卿) 접주의 집에 머물렀고, 김연국은 옥직리(현 횡성군 서원면 옥계리 옥지기)에 머물렀다.

최시형 피체지

해월 선생 추모비(고산교)

해월 선생 추모비(고산교)와 멀리 송골 피체지가 보인다.

최시형 묘소(여주시 금사면 주록리 산138)

최시형 도피처 전거론리(全乬論里, 현 여주시 강천면 도전리)

이천 앵산동 향아설위 제례법 반포터
(수산리 마을회관, 이천시 설성면 진상미로 924번길 175-5)

최시형 처형터(종로구 돈화문로 26(묘동 56) 단성골드빌딩,
종로3가역 9,10번 출구)

참고문헌

여주의 동학과 해월 최시형의 최후에 관한 연구 / 임형진

『동경대전』
『時聞記』
『시천교역사』
『시천교종역사』
『조석헌역사』
『천도교교회사초고』, 천도교중앙총부, 1920.
『海月先生文集』
姜洙, 『崔先生文集道源記書』, 1879(『東學思想資料集』壹, 亞細亞文化史, 1979)
『甲午實記』十月二十四日條.(『東學農民戰爭史料叢書』6).
『沔陽行遣日記』(『東學亂記錄』上).
『兩湖右先鋒日記』1. 九月二十六日條.(『東學農民戰爭史料叢書』15).
『일성록』
『天道教書』
『聚語』(『東學農民戰爭史料叢書』2)

「수원종리원연혁」, 『천도교회월보』 191, 1926.
『신인간』, 1977년 5, 6월 합동호, 「해월신사의 조서 및 판결문」
『주한일본공사관기록』 1, 국사편찬위원회, 1986.
『천도교백년약사』, 천도교중앙총부출판부, 1981.

羅龍煥, 「神聖兩席을 처음 모시든 그 때」, 『新人間』 通卷第25號 1928年 7月號.
성강현, 「해월 최시형 평전」, 『울산저널』, 2019. 10. 3일자.
성봉덕, 「해월신사의 순도경위」, 『신인간』, 1990년 6월호.
성주현, 『동학과 동학혁명의 재인식』, 국학자료원, 2010.
순암 임순호, 해월신사의 최후」, 『신인간』, 1979년 6월호.
이돈화, 『천도교창건사』, 천도교중앙종리원, 1933.
이병헌, 「수원교회낙성식」, 『천도교회월보』 292, 1936.
一然 趙基栞, 「海月神師의 受刑前後實記」, 『新人間』, 通卷 第14號, 1927年 7月號.

林淳灝,「海月神師의 隱道時代」,『천도교회월보』, 通卷 第248號 1931, 8月 號.

조성운,「일제하 수원지역 천도교의 성장과 민족운동」,『경기사론』4, 2001.

표삼암,「원적산에 모신 묘소」,『신인간』, 통권 358호, 1978.

표영삼,「경기지역 동학운동」, 천도교중앙총부 교리교사 자료. 1997.

표영삼,『해월신사의 생애』, 천도교중앙총부, 1997.

한성대 역사연구팀, "서소문역사공원과 동학의 관련성 검증을 위한 역사고증 학술용역 연구결과 보고", 2016.

여주 동학인 홍병기의 동학사상 실현과 민족운동의 전개 / 황묘희

『每日申報』『皇城新聞』『동아일보』『중앙일보』『조선일보』

『日省錄』

『舊韓國官報』제1권,

『東學亂記錄』상·하권

『駐韓日本公使館記錄』제1권

국가보훈처,『獨立有功者功勳錄』제2권(상), 1986.

국가보훈처,『쌍공 정이형회고록』, 1996.

국사편찬위원회,「聚語」,『東學亂記錄』상, 1971.

국회도서관,『한국민족운동사료(3.1)운동편)』1, 1977.

독립운동사편찬위원회,『독립운동사자료집』5권, 1971.

『동학사상자료집』1권, 아세아문화사, 1979.

『동학농민전쟁사료총서』1권, 아세아문화사, 1979.

동학혁명백주년기념사업회,『동학혁명백주년기념논총』상하, 1994.

의암손병희선생기념사업회,『의암손병희선생전기』, 1967.

문일민,『한국독립운동사』, 1956.

신용하,『동학과 갑오농민전쟁연구』, 일조각, 1993.

오지영,『동학사』, 아세아문화사, 1979.

윤석산,『천도교』, 천도교중앙총부, 2005.

이돈화,『천도교창건사』, 천도교중앙종리원, 1933.

이병헌,『3.1運動秘史』, 시사시보출판사, 1959.

이현희,『3.1운동과 대한민국임시정부』, 집문당, 1984.

조규태,『천도교의 민족운동연구』, 선인, 2006.

조규태,『종교계의 민족운동』, 독립기념관, 2008.

조기주 편저,『천도교종령집』, 천도교중앙총부출판부, 1983.

황선희,『동학 천도교역사의 재조명』, 2009.

김정인,「일제강점기 천도교단의 민족운동연구」,『서울대박사학위논문』, 2002

김창수,「고려혁명당의 조직과 활동-1920년대 중국 동북지방에서의 항일독립운동」,『산
　　운사학』4, 1990.

조규태,「일제의 한국강점과 동학계열의 변화」,『한국사연구』114, 한국사연구회, 2001.

조규태,「동학인 홍병기의 종교적 활동과 민족운동」,『한성사학』제24집, 2009.

표영삼,「해월신사의 발자취」,『신인간』, 1978, 12월호.

동학의 민주 평화 통일 사상과 여주의 정신 / 조극훈

천도교중앙총부,『천도교경전』, 서울: 천도교중앙총부출판부, 1980.

『동경대전』,「논학문」

『동경대전』,「불연기연」

『해월신사법설』,「삼경」

『해월신사법설』,「개벽운수」

『해월신사법설』,「대인접물」

강준만,『지방식민지 독립선언』, 고양: 개마고원, 2015.

강준만,「왜 대중은 반지성주의에 매료되는가?」,『정치, 정보연구』제22권 제1호, 한국정
　　치정보학회, 2019.

김경순,「한국근대 지방자치연구」,『한국지방자치학회보』제13권 제2호, 한국지방자치
　　학회, 2001.

김기전,「장유유서의 말폐, 유년남녀의 해방을 제창함」,『개벽』1920년 7월호.

김양식,「동학농민전쟁기 집강소의 위상과 평가」,『역사연구』제19집, 역사학연구소,
　　2010.

김명식,『철학적으로 도시 읽기』, 서울: 스페이스타임, 2014.

김춘성,「해월 사상의 현대적 의의」, 부산예술문화대학 동학연구소 엮음,『해월 최시형
　　과 동학사상』, 서울: 예문서원, 1999.

리처드 호프스태터 지음, 유강은 옮김,『미국의 반지성주의』, 파주: 교유서가, 2017.

남태욱,「동학의 평화통일 이념에 관한 연구」,『한국지방자치학회보』제13권 제2호, 한국지방자치학회, 2001.

노태구,『동학과 신문명』, 서울: 아름다운 세상, 2000.

노태구,「동학의 공동체 원리와 통일 이념」,『한국지방자치학회보』제30권 제2호, 한국지방자치학회, 2001.

신용하,『동학과 갑오농민전쟁연구』, 서울: 일조각, 1993.

이창언 외,『갈등을 넘어 협력 사회로』, 서울: 살림터, 2014.

이현희,「동학과 근대성」,『민족사상』제2호, 한국민족사상학회, 2008.

임상욱,「21세기 동학적 유무상자의 실천과제」,『동학학보』제48호, 동학학회, 2018.

임형진,『동학의 정치사상』, 서울: 모시는 사람들, 2002.

임형진,「동학사상과 민족통일운동의 방향」,『동학학보』제36호, 동학학회, 2015.

전창렬,「갑오농민전쟁연구」, 연세대학교 박사학위논문, 1991.

정현주,『지방자치는 우리의 삶을 어떻게 바꾸는가』, 서울: 정한책방, 2019.

조극훈,「동학의 불연기연과 변증법」,『동학연구』제29집, 한국동학학회, 2010.

조극훈,「동학의 신개념에 대한 변증법적 해석」,『동학연구』제31집, 한국동학학회, 2011.

조극훈,「동학 문화콘텐츠 개발을 위한 인문학적 기반 연구」,『동학학보』제30호, 동학학회, 2014.

최민자,「동학의 인식과 존재의 변증법」,『동학학보』제20호, 동학학회, 2010.

떼오도르 폴 김,『사고와 진리에서 태어나는 도시』, 서울: 시대의창, 2009.

황묘희,「집강소의 농민사회 신질서 수립을 위한 개혁활동」,『동학학보』제19호, 동학학회, 2006.

해월 최시형 선생 묘소 활용 방안 / 장원석

은정태, "박정희시대 성역화사업의 추이와 성격."『역사문제연구』15, 2005.

이동초,『동학 천도교 인명사전』, 서울: 모시는사람들, 2019.

표영삼,『동학 2』(해월의 고난 역정), 서울: 통나무, 2014

천도교중앙총부,『천도교경전』, 서울: 천도교중앙총부출판부, 1988.

"여주팔경은 사라지고 있지만 지금도 여강은 충분히 아름답습니다"

http://cafe.daum.net/jedphoto/IVW/2624?q=%EC%97%AC%EC%A3%
BC%EC%8B%9C%20%EB%8B%B9%EC%82%B0%EB%A6%AC%20

%ED%8F%AD%EA%B2%A9%EC%9E%A5

동학 여성지도자 구현의 가능성 / 이상임

『동경대전』
『용담유사』
『해월신사법설』

강숙자, 『한국 여성해방 이론』, 지식산업사, 2005.
김미정, 「동학ㆍ천도교의 여성관의 변화」, 『한국사학보』(25), 고려사학회, 2006.
김용환, 『동학적 상상력과 동학의 공공행복』, 서울: 모시는사람들, 2012.
김용휘, 『우리 학문으로서의 동학』, 서울, 책세상, 2007.
라명재 주해, 『천도교경전 공부하기』, 서울: 모시는사람들, 2013.
셸던 월린, 강정인ㆍ공진성ㆍ이지윤 옮김, 『정치와 비전 1』, 서울: 후마니타스, 2002.
숀 세이어즈, 김요한 옮김, 『숀 세이어즈의 플라톤「국가」해설』, 서울: 서광사, 2008.
오문환, 『해월 최시형의 정치사상』, 서울: 모시는사람들, 2003.
오트프리트 회페, 이강서ㆍ한석환ㆍ김태경ㆍ신창석 옮김, 『철학의 거장들 1』, 서울: 한길
　　사, 2002.
요한네스 휠쉬베르거, 강성위 옮김, 『서양철학사 상권』, 서울: 이문출판사, 2004.
임형진, 『동학의 정치사상』, 서울: 모시는사람들, 2002.
정병석 역주, 『주역』, 서울: 을유문화사, 2010.
정혜정, 『동학의 한울 교육사상』, 서울: 모시는사람들, 2007.
황선희, 『동학ㆍ천도교 역사의 재조명』, 서울: 모시는사람들, 2009.
헬렌 피셔, 정명진 옮김, 『제 1의 성』, 서울: 생각의 나무, 2005.
플라톤, 김태경 옮김, 『정치가』, 경기도: 한길사, 2009.
플라톤, 박종현 역주, 『플라톤의 국가ㆍ政體』, 서울: 서광사, 1997.

여주, 21세기 동학의 원류 / 박길수

〈자료〉
『侍天敎宗繹史』

『天道教書』

『天道教會史草稿』

『海月神師法說』

『天道教創建史』

『侍天教歷史』

박래홍(朴來弘), 「해월신사 묘소 참례기」, 『천도교회월보』 제171호, 포덕65년(1924, 대정13), 12월호.

편집실, 「수원종리원연혁」, 『天道教會月報』 제191호, 1926년 11월호.

趙基栞, 「海月神師의 受刑前後實記」, 『新人間』 통권 제14호, 1927년 7월호.

이돈화, 『天道教創建史』, 天道教中央宗理院, 1933.

여주시, 『여주시사-여주 지역의 동학운동과 그 역사』

〈논문〉

김지하, 「개벽과 생명운동」, 『신인간』 통권 487호, 신인간사, 1990년 10월호.

박길수, 「동학·천도교의 개벽사상과 개벽운동-의암 손병희의 인물개벽론과 현대적 계승을 중심으로」, 『한국종교』 제46집, 원광대학교종교문제연구소, 2019.08.

박길수, 「東學의 同歸一體 思想 研究-八節과 修道法을 중심으로」, 성균관대학교대학원 석사논문, 2019.10.

박길수, 「東學 天道教 儀禮와 마음 治癒」, 『종교와 의례, 인문치유』(자료집), 한국종교학 회 2019추계학술대회, 2019.11.15.~16.

안외순, 「여주 동학인 홍병기의 근대 개혁 인식과 민족운동의 전개」, 2019 동학농민혁명 제125주년 기념 여주추계학술대회-동학의 글로컬리제이션(Glocalization): 동학농민혁명과 경기도 여주〉(자료집), 2019.11.8.

薛東寬 번역, 「해월문집(海月文集)」, 『한국사상(韓國思想)』 제24집, 1998.

이동초, 「동학혁명 이후 해월신사의 행적-체포에서 순도까지 행적을 중심으로」, 『동학 천도교 문화유산 조사연구용역사업보고서-해월신사 체포지에서 묘소까지』(발주: 천도교중앙총부, 시행: ㈜신인간사, 포덕 154(2013).12.

임형진, 「여주 동학과 해월 최시형의 최후에 관한 연구」, 〈2019 동학농민혁명 제125주년 기념 여주추계학술대회-동학의 글로컬리제이션(Glocalization): 동학농민혁명과 경기도 여주〉(자료집), 2019.11.8.

박맹수, 「한국 근대 민중종교와 비서구적 근대의 길」, 『개벽의 꿈-동아시아를 깨우다: 동학농민혁명과 제국 일본』, 모시는사람들, 2012.9(2쇄).

최익환, 수송, 「천도교의 항일독립운동/대담-고려혁명당(상)(하)」, 『신인간』 통권359-

360호, 포덕 119(1978)년 7월호~8.9월 합병호.

표삼암(영삼),「해월신사의 발자취(3)-여주 전거언」,『신인간』 통권 제360호, 포덕119 (1978), 8·9월 합병호.

표영삼,「해월신사의 생애」,『한국사상』 제24집, 1998.

표영삼,「영해 교조신원운동 이야기」,『표영삼의 동학이야기』, 모시는사람들, 2014.

표영삼,「경기지역 동학혁명운동」,『표영삼의 동학혁명운동사』, 모시는사람들, 2018.

표영삼,「전라도 남원지역 동학혁명운동」,『표영삼의 동학혁명운동사』, 모시는사람들, 2018.

허남진,「근대 한국 개벽종교의 토착적 근대」, 원광대학교원불교사상연구원 편,『근대한국 개벽사상을 실천하다』, 모시는사람들, 2019.

〈단행본〉

박맹수,『생명의 눈으로 보는 동학』, 모시는사람들, 2015(2쇄).

성주현,『근대 신청년과 신문화운동』, 모시는사람들, 2019.

柳炳德 編著,『東學·天道教』, (株)教文社, 1993.

윤석산 역주,『도원기서』, 모시는사람들, 2012.

윤석산,『일하는 한울님-해월 최시형의 삶과 사상』, 모시는사람들, 2014.

이동초 편, 동학천도교인명사전연구회/개벽라키비움 기획,『동학천도교인명사전』(제2판), 모시는사람들, 2019.

이이화 외,『1871년 경상도 영해 동학혁명』, 모시는사람들, 2014.

조성환,『한국 근대의 탄생-개화에서 개벽으로』, 모시는사람들, 2017.

조성환·이병한,『개벽파선언-다른백년 다시개벽』, 모시는사람들, 2019.

채길순,『새로 쓰는 동학기행』 1, 모시는사람들, 2012.

天道教史編纂委員會 編,『天道教百年略史(上)』, 天道教中央總部出版部, 布德122(1981). 1

찾아보기

지역별 동학농민혁명 연구 총서

새로운 세상을 꿈꾸며 궐기한 동학농민혁명이 조선 전역에서 전개된 운동이었음을 실증적으로 구명하기 위한 지역별 동학농민혁명 연구 총서로 현재까지 총 12종을 발간하였다. 영해, 남원, 공주, 대구, 홍천, 구미, 김천, 청주, 수원, 영동, 원주, 전주지역의 동학농민혁명 운동과 역사를 소개하였다.

01

**1871년 경상도
영해 동학혁명**

동학학회 엮음 | 352쪽 |
15,000원

02

**전라도
남원 동학농민혁명**

동학학회 엮음 | 320쪽 |
15,000원

03

**공주와 동학
농민혁명**

박맹수 정선원 | 392쪽 |
18,000원

04

**경상도 대구
동학농민혁명**

동학학회 엮음 | 288쪽 |
15,000원

05

**강원도
홍천 동학농민혁명**

동학학회 엮음 | 384쪽 |
17,000원

06

**경상도
구미 동학농민혁명**

동학학회 엮음 | 288쪽 |
15,000원

07

**경상도
김천 동학농민혁명**

동학학회 엮음 | 328쪽 |
15,000원

08

**충청도
청주 동학농민혁명**

동학학회 엮음 | 312쪽 |
15,000원

09

**경기도
수원 동학농민혁명**

동학학회 엮음 | 328쪽 |
15,000원

10

**충청도
영동 동학농민혁명**

동학학회 엮음 | 304쪽 |
15,000원

11

**강원도
원주 동학농민혁명**

동학학회 엮음 | 288쪽 |
15,000원

12

**전라도
전주 동학농민혁명**

동학학회 엮음 | 320쪽 |
16,000원

동학총서 13

경기도 여주 동학농민혁명

등록 1994.7.1 제1-1071
1쇄 발행 2020년 2월 5일

엮은이 동학학회
지은이 임형진 황묘희 조극훈 장원석 이상임 박길수 홍일선 장주식 채길순
펴낸이 박길수
편집장 소경희
편 집 조영준
관 리 위현정
디자인 이주향
펴낸곳 도서출판 모시는사람들
      03147 서울시 종로구 삼일대로 457(경운동 88번지) 수운회관 1207호
전 화 02-735-7173, 02-737-7173 / 팩스 02-730-7173
홈페이지 http://www.mosinsaram.com/

인 쇄 (주)성광인쇄(031-942-4814)
배 본 문화유통북스(031-937-6100)

값은 뒤표지에 있습니다.
ISBN 979-11-88765-61-4 94900
SET 978-89-97472-72-7 94900

이 도서의 국립중앙도서관 출판예정도서목록(CIP)은 서지정보유통지원시스템 홈페이지(http://seoji.nl.go.kr)와 국가자료공동목록시스템(http://www.nl.go.kr/kolisnet)에서 이용하실 수 있습니다. (CIP제어번호: CIP2020000579)

* 이 책은 여주시의 지원으로 출간되었습니다.